本书得到
大连市人民政府专著出版
辽宁省哲学社会科学规划项目
大连大学学术著作出版基金
大连大学中国古代社会与思想文化研究中心　　资助

辽代金银器研究

张景明·著

文物出版社

封面设计　知　宇
责任印制　陈　杰
责任编辑　李　飏

图书在版编目(CIP)数据

辽代金银器研究／张景明著.—北京:文物出版社,2011.8

ISBN 978-7-5010-3127-6

Ⅰ.①辽…　Ⅱ.①张…　Ⅲ.①金银器(考古)-研究-中国-辽代　Ⅳ.①K876.434

中国版本图书馆 CIP 数据核字(2010)第 253275 号

辽代金银器研究

张景明·著

文物出版社出版发行

(北京东直门内北小街 2 号楼)

http://www.wenwu.com

E-mail:web@wenwu.com

北京中达兴雅印刷有限公司

新华书店经销

889×1194mm　1/32　印张:11.5

2011 年 8 月第 1 版　2011 年 8 月第 1 次印刷

ISBN 978-7-5010-3127-6

定价:38.00 元

目　录

插图目录

绪　论

辽朝是中国北方游牧民族契丹族所建立的一个政权，经历了原始部落制、奴隶制、封建制三个发展阶段。从考古学实物资料、历史学文献资料中看出，辽朝是目前中国北方游牧民族文化最为繁盛的一个时期，由于辽代统治者在文化上实行“兼容并蓄”的政策，在继承前代北方游牧民族文化的基础上，创造了独具特色的本民族、本时代的文化内涵，同时吸收了中原地区、南方地区的唐文化、宋文化和西方文化的因素，并且发扬光大，这种文化上的繁荣促进了辽代社会经济的发展。特别是表现在物质文化方面，无论是金银器、陶瓷器，还是玉石器、皮木器等，都显示出文化交融与文化多样的特征，尤其是金银器方面更加突出，有力地推动了草原丝绸之路的全面盛况。

金银器的研究，在中国学术界属于考古学专题研究中的一个内容。从国内外的研究状况看，对唐代金银器的研究力度较大，这方面的考古报告、简报、研究论文和著作比较多见。著作有：陆九皋、韩伟编著《唐代金银器》（文物出版社，1985 年）、韩伟编著《海内外唐代金银器萃编》（三秦出版社，1989 年）、齐东方著《唐代金银器研究》（中国社会科学出版社，2003 年）、齐东方主编《花舞大唐春》（文物出版社，2003 年）、谭前学著：《盛世遗珍：唐代金银器巡礼》（三秦出版社，2003 年）、冉万里著《唐代金银器纹样的考古学研究》（日本株式会社雄山阁，2007 年）、卢兆荫著《玉振金声——玉器·金银器考古学研究》（科学出版社，2007 年）、俄罗斯学者马尔萨克（B. N. Mapwak）《粟特银器》（co un-ckoe Ccepe6po. MockBa，1971）。其中，《唐代金银器》一书共有研究性论文 7 篇，涉及了银器的冶炼与铸造、金银器的分期、艺术特征等，并选有代表性的器物 164 件，附纹饰线图，每件器物均有简要介绍；全书有器物彩版 9 幅，单色版 293 幅。这是新中国成立以来的第一部唐代金银器研究专辑。《海内外唐代金银器萃编》是韩伟先生在《唐代金银器》的基础上，将海内外珍藏的唐代金银器进行汇编，主要是器物的汇编与说明。《唐代金银器研究》一书以 500 件有代表性的器物为基础，综合前人研究成果，解决了考古学的分期研究、唐代金银器的历史渊源和兴盛原因的研究、唐代金银器与外来文化的研究等重大问题，是近年来中国学者研究金银器集大成的一部著作。《唐代金银器纹样的考古学研究》运用考古类型学的理论与方法，对唐代金银器的纹样进行了综合、系统的研究，从纹样流变史的角度，探讨了唐代各种纹样的渊源关系及其祖型。以此为视角，探索了在东西方文化交流视野下，传统文化要素和外来文化要素的结合方式，将唐代文化的国际性和历史特质放在中古时期欧亚大陆文化交流的时空环境下进行了新的诠释，取得了新的认识和一系列研究成果。

关于唐代金银器方面的发掘报告、研究论文等有：陕西省博物馆《西安南郊何家村发现唐代窖藏》（《文物》1972 年第 1 期）、喀喇沁旗文化馆《辽宁昭盟喀喇沁旗发现唐代银器》（《考古》1977 年第 5 期）、内蒙古文物工作队等《呼和浩特市附近出土的外国银币》（《考古》1975 年第 3 期）、敖汉旗文化馆《敖汉旗李家营子出土的金银器》(《考古》1978年第2期)、安新英《新疆伊犁昭苏县古墓葬出土金银器等珍贵文物》(《文物》1999年第9期)、郭文魁《和龙渤海古墓出土的几件金饰》(《文物》1973年第8期)、丹徒县文教局等《江苏丹徒丁卯桥出土唐代银器窖藏》(《文物》1982年第11期)、陕西省法门寺考古队《扶风法门寺塔唐代地宫发掘简报》(《文物》1988年第10期)、夏星南《浙江长兴县发现一批唐代银器》(《文物》1982年第11期)、徐良玉等《扬州发现一批唐代金首饰》(《文物》1986年第5期)、贺林等《西安发现唐代金杯》(《文物》1983年第9期)、保全《西安市文管会收藏的几件唐代金银器》(《考古与文物》1982年第1期)、洛阳市第二文物工作队《伊川鸦岭唐齐国太夫人墓》(《文物》1995年第11期)、李长庆等《西安北郊发现唐代金花银盘》(《文物》1963年第10期)、樊维岳《陕西蓝田发现一批唐代金银器》(《考古与文物》1982年第1期)、王维坤《试论日本正仓院珍藏的镀金鹿纹三足银盘》(《考古与文物》1996年第5期)、陕西省博物馆《陕西省耀县柳林背阴村出土一批唐代银器》(《文物》1966年第1期)、明堂山考古队《临安县唐水邱氏墓发掘报告》(《浙江省文物考古研究所学刊》,1981年)、齐东方、张静《唐代金银器皿与西方文化的关系》(《考古学报》1994年第2期)、日本学者深井晋司《镀金银制八曲长杯》(《ペルシア古美术研究》,吉川弘文馆,1967年)、桑山正进《一九五六年来出土の唐代金银器とその编年》(《史林》六〇卷六号,1977年)、瑞典学者俞博发(BoGyllensvard)《唐代金银器》(Tang Gold Siluer, No. 29. – Bulletin of the Museum of Fastern Eastern An tiq ui ties 1957)等。这些报告和论文,针对唐代金银器的某一发现地点或者问题进行论述,缺乏全面而系统的整理。

对其他朝代金银器专题研究的著作较少,但综合性研究的论著和专题性研究的论文较多。代表著作有：成都市文物考古研究所等编著《四川彭州宋代金银器窖藏》（科学出版社，2003年）、朱天舒著《辽代金银器》（文物出版社，1998年）。《四川彭州宋代金银器窖藏》按照器物的质地和种类分别描述了每件器物的情况，从器物的铭记、形制、纹样及工艺等几方面作全面分析，并对宋代金银器的使用和制作进行了研究。关于金银器综合性研究和鉴赏方面的著作有：龚国强著《与日月同辉：中国古代金银器》（四川教育出版社，1998年）、徐湖平编著《南京博物院珍藏系列——金银器》（上海古籍出版社，1999年）、铁源著《古代金银铜器》（华龄出版社，2002年）、曹燕萍著《金银器流金岁月》（上海书店，2003年）、段清波著《中国古金银器》（湖北美术出版社，2003年）、孙建华著《内蒙古珍宝·金银器》（内蒙古大学出版社，2004年）、关善明著《中国银器》（沐文堂美术出版社，2004年）、张景明著《中国北方草原古代金银器》（文物出版社，2005年）、杨伯达主编《中国美术分类全集·金银器1、2、3》（河北美术出版社，2005年）、陈晓启主编《中国金银珐琅器收藏与鉴赏全书》（天津古籍出版社，2005年）、李飞著《中国传统手工艺文化书系·中国传统银器》（人民美术出版社，2005年）、刘道荣《金银鉴赏与工艺》（百花文艺出版社，2005年）、申秦雁著《解读国宝丛书·精美绝伦的金银器》（陕西人民出版社，2006年）、于建设主编《赤峰金银器》（远方出版社，2006年）、吕济民等著《中国传世文物收藏鉴赏全书·金银器卷》（线装书局，2007年）、刘玉平著《银器》（青岛出版社，2007年）、夏风著《古人铸宝·金银佩饰》（浙江古籍出版社，2007年）、夏风著《古人银饰·寓物辟邪》（浙江古籍出版社，2007年）、华文图景收藏项目组编著《金银器收藏实用解析》（中国轻工业出版社，2007年）、方东、胡湘燕著《中国古金银器收藏鉴赏百问百答》

（中国轻工业出版社，2008 年）、贺云翱、邵磊著《文物名家大讲堂——中国金银器》（中央编译出版社，2008 年）、张静、齐东方著《古代金银器》（文物出版社、2008 年）、李飞著《中国传统金银器艺术鉴赏》（浙江大学出版社，2008 年）等。这些论著多数都是将馆藏金银器作简单的介绍，或者属于图录和鉴赏的范畴，只有少数将金银器涉及的方方面面作了较为详细的论述。

研究辽代金银器，离不开辽代历史的背景，在某种程度上应该为辽代历史发展的一个组成部分，其内容涉及了辽代历史的许多方面。对于辽代金银器，在国内外的研究者甚少，研究著作和文章也比较少。在国外，如日本学者岛田贞彦的《古银铜面具考》（《文物参考资料》第 5 期，1983 年），涉及了契丹贵族死后戴银、铜面具的特殊葬俗，并论述了面具的功能和世界范围内戴面具风俗的民族。在国内，朱天舒的《辽代金银器》一书，包括了辽代金银器的出土情况、分期及演变规律、器形、装饰手法、工艺特点、纹样、文化探讨、葬具与服饰、使用、制造，只注重辽代金银器的造型艺术，没有谈及辽代金银器的功用、发展历史以及在社会生活中的体现，而且分类研究和资料收集都不够全面。内蒙古自治区文物考古研究所编著的《辽陈国公主墓》，只是以一个墓葬出土的金银器资料，作了分类研究和文化的探讨，属于考古学的个案研究。韩建武的《试论辽代金银器的分期及特点》（《陕西博物馆馆刊》第 3 辑，1996 年），根据辽代的分期法将金银器分为三期，并简单论述了各期金银器的主要特点。黄雪寅的《契丹族金银器的动物纹样》（《北方文物》2003 年第 3 期），从辽代金银器入手，论述了动物纹的种类和特点、与其他民族的比较、所体现的文化特征。孙建华的《契丹王朝的金银器》（《中国宝石》2002 年第 11 卷第 3 期），简述了契丹王朝的发展历史、金银器的工艺及文化特色。李缙云的《一批辽代金银器的初步研究》（《文物春秋》1991年第3期），从1990年6月在英国伦敦展出的一批中国金银器谈起，特别是辽代金银器不仅精美珍贵，而且多刻有款识，有重要的艺术价值和历史意义。濡川的《辽文忠王府金银器小考》（《文物春秋》1991年第3期），从英国伦敦展出的辽代金银器上錾刻的器物供用地点、用途、所有者、供纳人、器物编号、制造年月等铭文，来考证金银器的归属问题，并描述了辽代金银器的工艺特点。韩伟的《辽代太平年间金银器錾文考释》（《故宫博物院院刊》（台湾）第11卷第9期），以英国伦敦展出的一批辽代太平年间金银器为例，分析论证了这批金银器的錾文与特点。杨富学、杜斗城的《辽鎏金双龙银冠之佛学旨趣——兼论辽与敦煌之历史文化关系》（《北方文物》1999年第2期），以辽宁建平张家营子辽墓出土的鎏金双龙纹银冠入手，分析了辽代冠制与佛教之间的关系，并推及辽代与敦煌历史文化的关系。其他辽代金银器的资料都散见于各个发掘简报或报告中，只是对金银器具体的描述。本书作者在研究中国北方草原地区金银器之时，也对辽代金银器的考古发现、分类、造型艺术、文化内涵、文化交流等方面进行了论述，如《论辽代金银器》（《考古与文物》2001年第2期）、《论辽代早中期金银器的唐风格》（《内蒙古大学学报》1999年第2期）、《辽代金银器的器形、纹饰演变及工艺》（《北方文物》2000年第1期）、《辽代金银器的特征及造型艺术》（《大连大学学报》2006年第1期）、《辽代金银器之西方文化和宋文化因素》（《内蒙古大学艺术学院学报》2006年第1期）、《辽代金银器在社会生活和风俗习惯中的反映》（《中国古代社会与思想文化研究论集》第一辑，黑龙江人民出版社，2006年）、《论金银器在草原丝绸之路文化交流中的作用》（《论草原文化》第四辑，内蒙古教育出版社，2008年）、《辽代金银器造型艺术的唐文化因素》（《论草原文化》第六辑，内蒙古教育出版社，2009 年）。但没有很好地结合当时的社会历史背景，从而不够全面和系统，没有以金银器为主线进一步探讨辽代历史的发展脉络。

金银器在中国古代社会中多数为皇家和上层贵族所拥有的奢侈品，在一定程度上代表着一个国家或民族文化的精髓。金银器在契丹建国初期就已经发现有出土的实物，到辽代中期时无论是数量还是种类，都达到北方草原地区最鼎盛的时期。辽代中期以后，政府几次下令禁止随葬金银器，但受到权贵的反对许以随葬银器，考古发现证实了这一历史事实。从文化内涵看，辽代金银器在保持契丹民族风格的基础上，早中期多受唐文化和西方文化的影响，晚期却多融宋文化因素或者直接从宋地输入。由此可看出辽代金银器的文化内涵和发展规律。另外，以辽代金银器为载体，可以反映其社会生活、风俗习惯、文化交流等诸多方面的历史，对研究辽代社会发展历程具有重大的历史意义。同时，金银器属于工艺文化的主要组成部分，对发掘民族文化艺术遗产的继承和创新有较大的现实价值。

在对辽代金银器的研究过程中，把金银器融入到辽代社会历史发展过程中，通过金银器的物质载体，了解辽代契丹民族物质文明、制度文明和精神文明的发展程度，进一步探讨辽代社会的文化内涵和历史现象。在研究思路上，在掌握现有资料的基础上重新进行辽代金银器的实地调查，将金银器的有关资料尽可能地全部收集起来，进行分类、分期和特征的研究，论述其造型艺术，进而探讨辽代的社会生活、风俗习惯、发展脉络、文化交流以及在草原丝绸之路发展历史中的作用。在研究方法上，运用历史学、考古学、民族学、艺术学等学科的理论、方法和资料，跨学科综合性研究辽代金银器的文化内涵和发展历史。历史学中的文献分析方法，有助于研究契丹族的族源和发展历史、社会经济、丧葬礼俗、宗教信仰、尊老爱幼、人际交往等方面的内容。考古学中的类型学方法，可以研究辽代金银器的类型、分期、特征等。民族学的直接参与观察方法，指导我们对辽代金银器的资料收集和对文化内涵的分析。艺术学中的造型艺术原理和方法，对辽代金银器的器形、纹样、装饰手法、工艺有着直接的指导作用。

研究辽代的金银器，还需要将北方草原地区出土的金银器的发展序列作一个简单的介绍。北方草原地区出土的金银器，是历代北方游牧民族文化的精髓，在吸收中原文化、西方文化的基础上，形成了具有草原民族特色的风格，以其生动优美的造型、精雕细琢的纹饰、新颖高超的工艺，推动着中国古代金银器的发展，是古代艺术中绚丽多彩的瑰宝。

西方的古埃及文明，在五千年前就出现了比较发达的金银器，在中国发展则较为缓慢。中原地区殷商时期始有金器，长江流域地区的商周时期的遗迹中才有金器，然而北方草原地区的夏家店下层文化遗址（夏晚期）就已经出土金器，说明这一地区是中国金银器出土最早的地区之一。金银器在青铜文明发展到一定程度的基础上产生，分布于西拉木伦河流域、老哈河流域的夏家店下层文化，相当于中原地区的夏至早商时期，除出土有小型青铜器外，还有大型青铜器——鼎、甗，而且采用了分范合铸的技术工艺。在这种条件下，当时人类冶炼青铜时，从中提炼金银原料，并制作成实用器物。

在内蒙古发现的夏家店下层文化的墓葬中，出土了金丝编制的耳环，除代表墓主人的特殊身份外，还能说明在石、铜质装饰品盛行的情况下，出现少量的贵重金属制品，人类的审美意识有了一定的提高。北京地区商代墓葬出土的扁喇叭形金耳坠，具有夏家店下层文化的特征，当为从北方草原地区传入的金制品。

西周至春秋中期，出土的金器仅见于夏家店上层文化遗址，该文化的分布中心在老哈河流域，向北跨越西拉木伦河，南界达冀北滦河上游，目前学术界定其族属为山戎所创。夏家店上层文化发现的金器主要为装饰品，此时北方草原地区的青铜文明已达到鼎盛时期，青铜器的类型包括装饰品、车马具、兵器、饮食器、礼器等，数量很多，铸造技术精湛，为金银器制作创造了更加有利的条件。这一时期的金制品，采用了铸造、镂空的技法。纹饰以动物纹为主，在装饰布局上成群的动物排列整齐划一，缺少动感，显示出讲求平稳和端庄的艺术风格；单体动物呈反转式，整体造型呈卧姿，有一种飘逸之感（图1）。这种用金制作的装饰品，多数出土于大、中型墓葬，墓主人为上层贵族，佩戴金胸饰、带饰，或用金饰牌装饰兵器和日常用具，体现其雍荣华贵的地位和装饰上的外观美。

图1　马形金饰牌
西周至春秋中期
内蒙古宁城县那四台出土
（刘洪帅　绘）

战国时期匈奴的金银器，从用途上分装饰品、兵器饰件、马饰具三大类。以装饰品为大宗，包括头饰、耳饰、项饰、首饰、缀饰、带饰。匈奴金银器多表现为单体造型，分草食和肉食动物。草食动物有马、牛、羊、鹿，肉食动物有狼、虎、豹、野猪等，还有刺猬、禽类和怪兽等，鸟、鹿、马、羊、虎是动物纹的主体。同时，出现了多种动物组合构图，如虎牛、虎狼、虎鹿等图案。表现出每个动物的特征，尤其要表现出动物的精神状态，如虎的造型为体形厚重，四肢有力，把虎刻画成凶猛的神态，突出兽中之王的威风形象。图案化形象的动物纹相当普遍，在写实的基础上予以夸张，具有抽象性的艺术。如各种鸟纹扣饰和饰牌，以最具特征的鸟首居于突出的位置。对于猛禽的表现，以夸张的手法，极力突出猛禽的嘴，并将猛禽的头部排列于野兽的头、背、尾部，将野兽凶猛的性格更加形象化（图2）。除动物纹装饰外，还出现几何纹、火焰纹、涡纹等，使器物图案趋于多样化，增加艺术造型种类。在工艺上多采用浮雕的手法，使金银器装饰具有较强的立体感。制作工艺有铸、模压、锤鍱、抽丝、炸珠、编结、焊接、镂空等。其中，浮雕、圆雕、圆浮雕已大量使用，工艺非常精湛。动物造型中的怪兽纹，与分布于黑海北岸、北高加索地区斯基泰人的金饰品相近，这又是受西方文化影响，说明匈奴对外文化交流已很频繁。

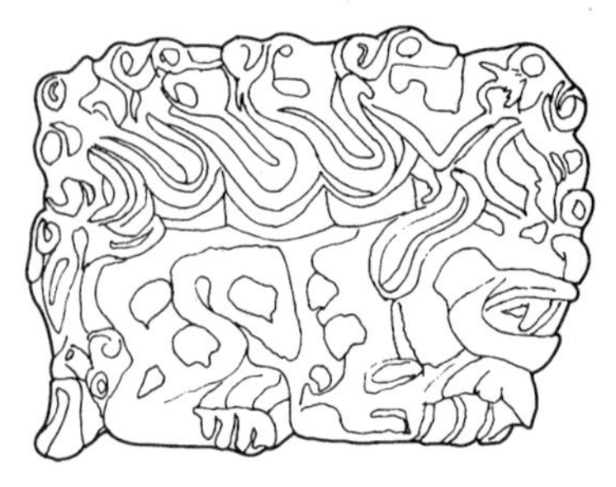

图2　嵌宝石虎鸟纹金带饰
战国
内蒙古杭锦旗阿鲁柴登墓葬出土
（谢天　绘）

汉代匈奴遗物发现较少，金银器数量比战国时期减少，仍以装饰品为多，新增生活器皿。所表现的动物种类有虎、怪兽、马、羊、鹿等，还有卷云纹、卷草纹。动物讲究对称图案，构图规范是这一时期的特色，动物纹由写实开始向图案化过渡。表现形式有单体动物、对称式复合动物和动物咬斗三种。西汉时期，由于匈奴与汉和亲，汉文化渗入较多，金银器出现了银筒、银匙等生活用具，均素面，用银片锤制，显示出原始的粗朴之风。装饰品上的纹饰，也讲求和祥气氛，反映了匈奴金银器的时代特征（图3）。在工艺上，已由浅浮雕发展为高浮雕，透雕技法已开始使用，新出现包金、掐丝等工艺，使匈奴金银器成熟发展起来。

东汉时期，拓跋鲜卑的金银器从用途上看，以装饰品为大宗，包括冠帽饰、耳饰、项饰、腕饰、带饰、缀饰等，还有少量的饮食器皿。装饰品的纹饰仍以动物纹为主，常见的有鹿（图4）、驼、马、羊、狼、野猪，还有神兽纹、凤鸟纹、云纹、纠结纹、缠枝花纹等。有单体动物和动物组合的表现形式。带饰掌握了单模浇铸，辅以锤鍱修饰。镶嵌工艺在先秦时期已产生，随着草原丝绸之路的开通，在与中原地区和西方地区的频繁交往中，复模镶包技术发展起来。与此同时，另一新增工艺焊接联珠技法也已出现，联珠特别牢固，若珠子剥落后，金片上无一点痕迹，工艺精细。

两晋十六国时期，拓跋鲜卑已经迁徙到今内蒙古大青山以南地区，但发现的遗迹、遗物较少。金银器的纹饰和造型以熊、虎、兽居多，突出表现兽的面部。工艺采用透雕、浮雕、浅浮雕与高浮雕结合和浅浮雕、高浮雕与镶嵌结合的手法。慕容鲜卑在这一时期进入辽西地区，受当地上层贵族的影响，在墓葬中大量随葬金银器，仍以装饰品为主，其他日常用品极少（图5）。装饰品的种类有一定的变化，有冠饰、头饰、耳饰、腕饰、带饰、缀饰等。慕容鲜卑的金银器纹饰，

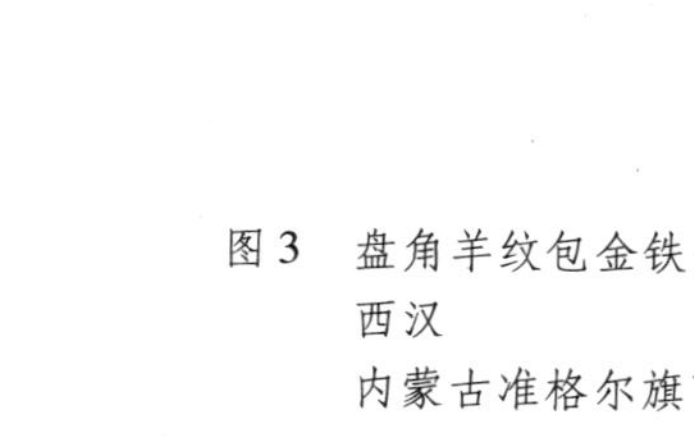
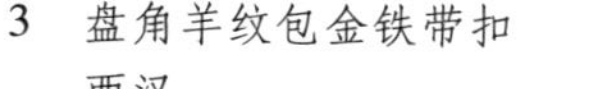

图3　盘角羊纹包金铁带扣
西汉
内蒙古准格尔旗西沟畔四号墓出土
（谢天　绘）

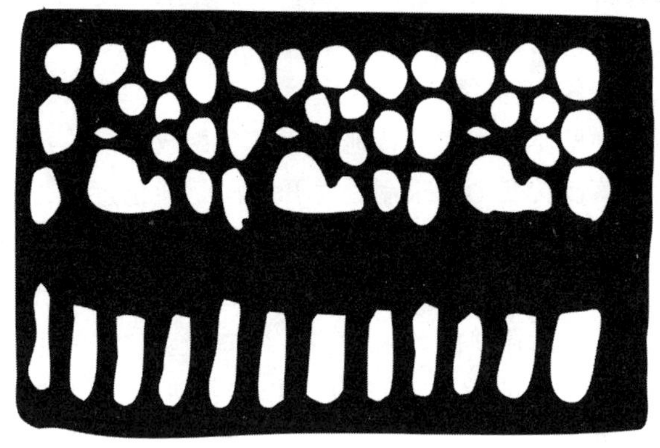

图4　三鹿纹金饰牌
东汉
内蒙古察哈尔右翼后旗井滩村出土
（刘洪帅　绘）

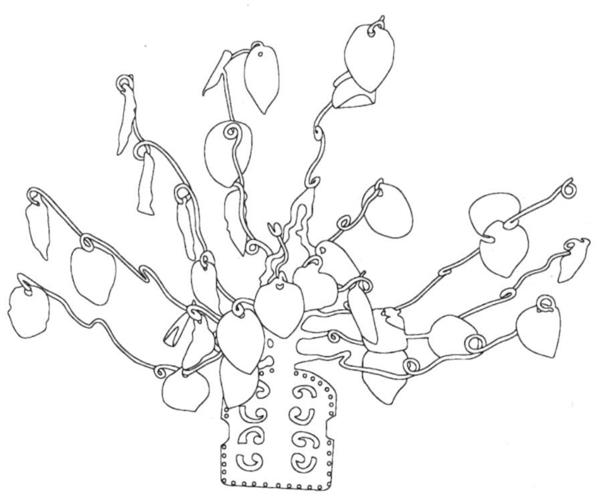

图5　花树状金步摇冠饰
晋
辽宁省朝阳市田草沟墓葬出土
（谢天　绘）

虽然仍有动物纹出现，但不普遍，素面占有一定比例，龙凤纹是受汉族文化影响的产物。制作工艺采用锤鍱、錾压等技法，使器物有轻逸之感。

拓跋鲜卑在今呼和浩特地区建立北魏政权后，社会组织由原始部落制转变为奴隶制，并开始向封建化过渡，北方草原地区的社会经济出现了繁荣景象，文化交流更加频繁。金银器受中原汉族文化和西方文化的影响甚大，类别有了较大变化，日常生活器皿的数量增多。纹饰以动物纹为主，多取材于草原上常见的狼、羊造型，出现了动物首部和立体动物。采用铸、锤鍱、焊珠、镶嵌等工艺，使动物造型装饰生动、优美。金银制作的日常生活器皿多为饮食器，以素面居多，其中不乏西方风格的器物。这一时期慕容鲜卑的步摇冠饰，以牛、马为造型，打破了晋以来的传统样式（图6）。制作采用浇铸、焊接、錾刻、锤鍱、镶嵌等工艺，造型独特，制

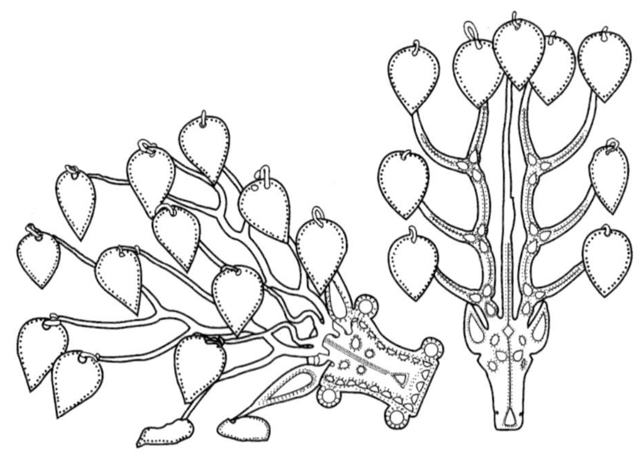

图6　马首、牛首金步摇冠饰
北魏
内蒙古达尔罕茂明安联合旗西河子窖藏出土
（谢天　绘）

作精致，装饰华丽，可谓步摇冠中的精品，具有较高的艺术价值。龙形金饰以汉民族传统的吉祥动物为造型，采用编缀工艺，这又包含了汉族文化的因素，也是国内罕见的金质艺术品。

拓跋鲜卑与慕容鲜卑的金银制品，从造型、纹饰的装饰风格看，有明显的差异。拓跋鲜卑的带饰多动物纹或动物造型，动物多取材于草原上常见的马、牛、羊、骆驼、鹿、野猪等，保留了浓厚的游牧民族畜牧狩猎经济生活的风格。慕容鲜卑的带饰装饰多为中原地区流行的几何纹，如半圆、方形、长方形、璜形，装饰图案除保留极少北方草原常见的动物纹外，多见龙、凤、联珠、几何图案。值得注意的是步摇冠饰始终贯穿于慕容鲜卑的各个时代，从造型、纹饰、工艺看，均有发展演变过程。鲜卑的金银器，吸收了匈奴文化、汉族文化、西方文化的因素，加之佛教艺术的传播，融多种文化为一体，对其他地区金银器的发展有着直接的影响。如步摇冠经过高句丽和朝鲜半岛，渡海到达日本。金银器的社会功能进一步扩大，制作技术更加娴熟，在金银制品上可找到诸如锤鍱、刀划、锥戳、凿錾、冲压等各种加工痕迹，还以铆合、焊接、套扣、镶嵌、掐丝和丝环连缀的方法制成饰牌和锁形饰等复合饰件。装饰手法更具特色，由平面浮雕到高浮雕，并采用浮雕与镶嵌结合的手法，代表了鲜卑金银制作工艺的高超水平。

隋唐时期，中西文化交流进入了一个繁盛阶段，连接东西方贸易的丝绸之路，在唐朝政府实行全面开放的政策下，西方商人的足迹几乎遍及唐朝的每一个角落，波斯、古罗马、粟特的金银制品随之进入中国。在北方草原地区出土的几批隋唐时期的金银器中，这种文化影响非常显著，除受西方文化影响外，多数来自中国的中原地区和南方地区。这一时期，突厥的金银器颇具特色，如錾耳杯、鞢䩞带等。而粟特金器、古罗马银器、唐朝金银器的出现也不足为奇（图7）。类型常见碗、杯、盘、壶等，纹饰以缠枝花、团花、摩羯、鹿、狮、鱼纹等为主。装饰品多出现卷草纹、忍冬纹。构图严整，讲求对称，分区装饰，是唐代金银器纹饰布局的主要特点（图8）。制作工艺采用浇铸、钣金、锤鍱、錾刻、切削、抛光、鎏金、镂空、掐丝、焊接等，使用的十分普遍，直接影响了辽代早中期金银器。

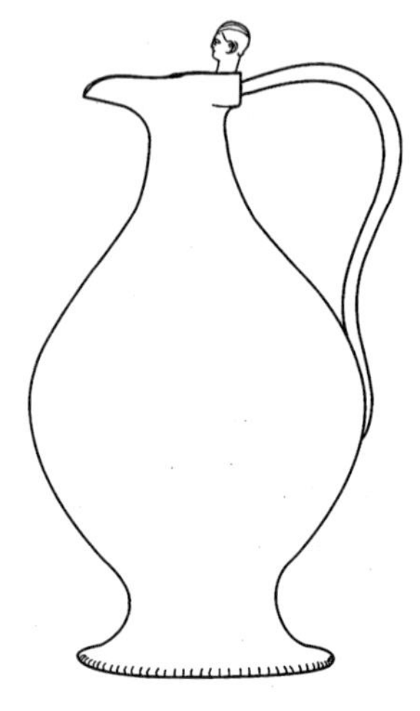

图7　银执壶
唐
内蒙古敖汉旗李家营子墓葬出土
（谢天　绘）

辽代金银器从用途上看，种类分饮食器、殡葬器、妆洗器、鞍马具、装饰品、宗教用具、日杂器七大类。根据金银器的器形、纹饰演变及工艺，可以分为三期，第一期金银器的种类繁多，特征各异，表现出对唐文化和西方文化的兼容并蓄、繁荣发展、工艺精湛的上升趋势；第二期金银器在继承前代传统的基础上，继续受到唐文化和西方文化的影响，同时开始出现宋文化因素的渗透，但仍表现出辽文化鲜明的民族特色；第三期金银器的制作工艺日臻完善，但文化特征则表现出更多的受宋文化的影响，抑或直接从宋地输入。第

图 8 鎏金卧鹿团花纹银盘
唐
内蒙古喀喇沁旗锦山镇河东窖藏出土
（谢天 绘）

一期的器形和纹饰演变比较复杂，又分为第一、第二两个阶段。

辽代金银器第一期第一阶段的种类多，数量大，纹饰布局严谨，工艺精湛。金银器器口形式以花瓣形为主，其次为圆口，再为七角形、五角形、曲角形、椭圆形、盘状等。花瓣口器为杯、碗、盘、盆，大部分为五瓣形，盒为四瓣和曲角形。圆口见于杯、壶，有的杯口呈圆形，腹部为五瓣形。椭圆形口用于匜，盘状口为渣斗专用。杯、碗、盘、渣斗腹部比较单薄，弧度小。高足杯的足矮小。圈足发达，平底器较少，这是时代对器物造型追求的一种时尚。装饰品出现仿生形态，有兽形、摩羯形、龟形，多以象征着吉祥如意、驱魔辟邪的动物为造型。成套的马具出现，为其主要器物组合特征之一。纹饰采用环带夹单点式装饰、散点式装饰和满地装饰，环带夹单点装饰和散点式装饰用于碗、盘、杯、渣斗等器物。在杯、碗、盘、渣斗、盏托的器口内沿上都錾刻花纹，是这个阶段的主要特征之一。杯、碗的口沿、底部、腹部饰联珠纹，饱满圆润，多为铸造而成。盒的顶部、腹部纹饰采用满地装的构图方法。纹饰种类分为动物、植物、人物故事。动物纹有龙、凤、摩羯、狮、鹿、羊、鸳鸯、鸿雁、鸟、昆虫、鱼。植物有牡丹、莲花、莲瓣、卷草、宝相花、折枝花、盘带花。人物故事有孝子图、高士图、对弈图。动物纹以龙、凤、摩羯、鸳鸯最为常见，植物纹以莲瓣、牡丹、卷草居多，常以缠枝的形式出现，团花装饰是这一阶段的主要特征。

辽代金银器第一期第二阶段继承了第一阶段的风格，又有创新。金银器的器口形式以圆口为主，其次为花瓣口、方口，再次为椭圆口、盘口，曲角口器不见。圆口器多为碗、杯、罐、盒、奁、钵、盏托。花瓣口见于盒、碗、杯，以六瓣和八瓣居多，少见五瓣形。方口器大量增多，以盒、函、盘为主。椭圆口器为匜，盘口器为渣斗。杯、碗、渣斗的腹部比早一阶段的丰满，弧度大。高足杯的足变得较高。仿植物的装饰品增多，仿生形态的装饰品变少。新出现的器类有装饰品中的捍腰、宗教用具、殡葬服饰，马具仍很发达，做工更加精致。纹饰采用环带夹单点式装饰、散点式装饰和满地装饰。环带夹单点式装饰和散点式装饰用于碗、杯。杯、碗纹饰布局比第一阶段简单，只在内沿、底心或内壁、底心錾纹饰。碗、杯、盒的口沿、底沿上饰联珠纹，腹部不见联珠纹，而且显得更加饱满。满地装饰在这一阶段盛行，用于盒、函、奁、荷包等物，在布局上又分适合纹样、连缀纹样、格律式纹样、单独纹样、平视纹样和装饰画纹样。在装饰风格上开始有宋文化的因素，这与公元1004年宋辽澶渊之盟后，双方经济、文化交流频繁有关。纹饰种类分为动物纹、植物纹、人物故事和佛教造像四种。动物纹有龙、凤、鸳鸯、狮、兔、鹤，植物纹有缠枝忍冬纹、牡丹纹、莲纹、海棠纹。人物故事图案有仙人、伎乐天，后者为这一阶段新增纹样。佛教造像图案开始出现，与佛教用具的出现同属一期。鱼子纹作为器物的地纹特别流行，少见羽状纹。在器物上錾刻年号、被供奉者名字、责臣结衔署名等，也是最明显的特征之一。

辽代金银器第二期的器物种类比第一期减少，佛教用具大量增加，装饰风格继承了金银器的第一期，仍受唐文化和西方文化的影响，新增贴金、错金工艺。金银器的器口形式有花瓣形、圆形、海棠形。花瓣形口器有碟、盒、杯，圆口器有瓶、罐、壶，椭圆形口器有盒，海棠形口器有盘。以花瓣口为主，分五瓣、六瓣、十瓣、十三瓣不等，融有第一期的特征。方口、曲口器不见，新增海棠口器，圈足器减少，平底器占主要地位。碟、碗的腹部变为斜直。纹饰中的单点装饰和满地装饰的布局仍然使用，素面器大量增加。由于佛教用具较多，与佛教有关的纹饰题材也相应而生。单点装饰的器物局限于碟，简单明了。满地装饰适用于盒，没有第一期纹饰的繁缛。佛教图案占主要地位，有佛像、菩萨、力士、供养人、莲花座等。

辽代金银器第三期的器种较少，以生活器皿为主，银器大量增多，金器少见，这与辽代中期后几次下令禁止随葬金银器有关。装饰手法完全与第一、二期不同，受宋文化影响或完全为宋地产品。金银器的器口形式有花瓣形、圆形、曲角形、海棠形。花瓣口器有杯，圆口器有杯、筒，曲角口器有壶、碗，海棠形口器有盘。以花瓣口为主，分五瓣、二十二瓣、二十五瓣，五瓣有复瓣式。方口、椭圆口器不见，海棠口器比较流行。器物腹部变深，圈足与平底器各占二分之一。纹饰和造型受宋文化影响或直接从宋地输入，完全是宋的风格，唐文化和西方文化的影响微乎其微。纹饰布局上以写实为基调的花叶形为主，打破前两期的团花格局，显得生动、活泼、优美。多式的曲瓣花形，取得器物造型与纹饰的和谐统一。纹饰有莲花纹、牡丹纹、石榴纹、鸟羽状纹、双鱼纹等，莲花纹为主要纹饰，多见复瓣莲花。龙、凤、狮、摩羯等象征着吉祥如意的图案很少出现。素面器的数量较多。

辽代金银器制作工艺精湛，金银器第一期的纹饰工艺采用线雕、镂雕、立雕、錾刻技法，浮雕只限于局部花纹；制作采用铸、铆、焊、切、锤鍱、抛光、模冲、编缀、鎏金等工艺。金银器第二期继承了第一期的工艺，比较简练，新增贴金、错金工艺。金银器第三期的制作加工技术日臻成熟，切削、抛光、焊接、模冲、压印、锤鍱、錾刻等工艺应用更加自如，不见鎏金工艺，浮雕凸花技术得到新发展，出现立体装饰技法。因此，无论从种类、工艺、纹饰布局等方面看，都达到了中国北方草原地区金银器的鼎盛时期。

西夏的金银器仍以传统的装饰品和生活器皿为主，造型和纹饰吸收了宋代金银器玲珑精巧的特点。纹饰图案采用线雕、浮雕、镂空的手法，动物纹用龙、凤、鱼和牡丹、芍药、西番莲、卷草、草叶等作为表示吉祥如意、繁荣昌盛、美好幸福的象征（图9），受佛教文化艺术的影响，出现了佛像或具有佛教特色的金器。制作工艺有铸、锤鍱、平錾、掐丝、模压、焊接等，具有较高的艺术价值。金代金银器发现的数量少，分布于内蒙古、黑龙江两省，有装饰品和生活器皿。纹饰分动物纹、植物纹和墨书，在布局上仍继承了唐宋以来的风格。工艺采用锤锞、编丝、錾刻、焊接、抛光等手法，技术精湛而熟练。

图9 莲花形金盏托
西夏
内蒙古巴彦淖尔市临河区高油房窖藏出土
（谢天 绘）

元代金银器中的杯、碗、盘、壶，以圈足、圜底、平底居多，三类器在数量比例中没有差别。马鞍饰的造型与辽代不同，前桥与后桥变宽，鞍翅不见辽代的半月形状，整体趋于成熟化。装饰品较为大众化，帽饰制作圆实；簪、钗的端首多出现龙、凤、牡丹、荔枝等造型；项饰为半环状或环形；带扣呈方形或曲花形，整套的带饰少见。元代的高足杯，敞口，深腹，腹壁直，近底内收，高圈足，使其形状达到完善（图10）。纹饰布局分单点装饰和分区装饰。单点装饰在器物内底饰一种纹样，分区装饰在器物外表按单元錾刻同样的花纹。纹饰以植物纹为主，有牡丹、莲花、忍冬、花草、

图 10　荷花纹金高足杯
元
内蒙古乌兰察布地区出土
（刘洪帅　绘）

椰树、石榴花、卷草、荔枝、灵芝、鸡冠花等；动物纹有龙、凤、鹿、狮等；还有扭索式、竹节式、联珠式纹饰。制作工艺有铸、锻打、锤锞、焊接、錾刻、浮雕、包金、鎏金、镂空等，技术应用十分娴熟。

明清时期，北方草原地区出土的金银器以装饰品居多，生活器皿较少。尤其是装饰品，工艺更加精湛，比前代更具大众化，常见发饰和首饰，纹样用龙、凤、蝴蝶、梅花等装饰，较大的器物上纹饰华丽而繁缛（图 11）。制作工艺有模铸、锤锞、焊接、錾刻、圆雕、线雕、浮雕、镶嵌、掐丝、花丝等，还出现了银烧蓝工艺。在清代的传世金银器中，蒙古族民间工艺特征非常明显，有的器物造型具有浓郁的草原风格，将草原上人们的生活情景予以物质载体的艺术化。

图11 嵌宝石花卉纹包金银盒
清
内蒙古巴林右旗出土
（孙晓毅 绘）

北方草原地区出土的金银器，是在青铜文明发展到一定程度上开始出现，并很快达到一个盛兴时期。西汉以前，金银制品的制作工艺和纹饰艺术，受到西方文化的影响，尤其是战国时期匈奴的金银器，受到来自黑海沿岸、北高加索地区斯基泰文化的冲击，纹饰则取材于草原上常见的动物，既有野生动物，又有家畜，还出现动物间争斗、咬斗的草原生活场面，形成独特的金银器艺术。西汉时期，随着汉和匈奴间战争与和亲交替局面的出现，汉文化也不断传入北方草原地区，金银器又多融汉代的风格，反映草原上动物间弱肉强食的纹饰减少，更多的是讲究对称布局的图案。

东汉时期，鲜卑的金银器受匈奴文化和汉文化的双重影响，纹饰多为草原上常见的动物，布局讲究规划整齐，即表现单体动物或同种动物的重复排列。温驯动物（马、羊、鹿、驼）增多，凶猛动物（虎、狼）减少，还有象征着神话中的神兽动物。两晋十六国北朝时期，神兽、怪兽、瑞兽纹大量流行，在类别上除传统的装饰品、兵器饰件、车马饰件外，出现少量的生活器皿，其中包括一定数量的西方（波斯等）舶来品。隋唐时期，中原文化和西方文化随着中西方文化和南北文化的交流，不断渗透到北方草原地区，使金银器的造型和艺术风格发生重大变化，许多金银制品从唐朝和西方地区直接传入。类别多为生活器皿，装饰品的数量减少，带有民族特色的器物较少。纹饰以狮、鹿、摩羯、鱼、卷草、忍冬、缠枝花为主，构图严整，讲求对称。辽代早中期，金银器多受唐代金银器风格的影响，生活器皿和随葬器盛行，类别包括殡葬器、饮食器、妆洗器、鞍马具、装饰品、宗教用具、日杂器等。纹饰常见龙、凤、摩羯、狮、鹿、羊、鸳鸯、鸟、昆虫、鱼、牡丹、莲花、卷草、宝相花、盘带花，还有人物故事、佛教造像，以环带夹单点式、散点式和满地装的手法装饰，布局上讲求对称、严谨。辽代晚期的金银器主要受宋文化的影响，或从宋地传入，纹饰出现随意自由式，与造型取得和谐统一。制作工艺更加精湛，达到了北方草原地区金银器发展的鼎盛时期。西夏和金代金银器发现的数量较少，其纹饰、造型、工艺多融有宋文化的因素。元代以后，金银制品继续得到发展，汉民族文化的风格日渐浓厚，到明清时期，已向大众化、世俗化发展。

一、契丹的族源与历史发展进程

公元916年，契丹迭剌部首领耶律阿保机统一了契丹各部，建立奴隶制政权，建国号为“契丹”。公元947年，改国号为“大辽”。辽代统治者在政治、经济、文化等方面颁布了一系列政策，对外实行全面开放，使辽代成为北方草原地区文化最发达的时期。辽代的遗迹、遗物发现很多，包括数量颇丰的金银制品，无论从数量、类别、纹饰、工艺等方面看，都达到了北方草原地区金银器发展的鼎盛时期。西夏和金朝，是由党项和女真分别建立的地方政权，在其遗迹中也发现一定数量的金银器，由于在时代上与辽代有交叉现象，器物又有一些共性，故一并列入北方草原金银器发展的鼎盛时期。

（一）契丹族源的探讨

契丹之名，最早见于《魏书》，其后的《北史》、《隋书》、《新唐书》等史籍都有《传》，主要活动于潢水（今西拉木伦河）和土河（今老哈河）流域。《魏书》卷一〇〇《契丹传》记载：“契丹国，在库莫奚东，异种同类，俱窜于松漠之间。登国中（公元386～396年），国军大破之，遂逃迸，与库莫奚分背。经数十年，稍滋蔓，有部落，于和龙之北数百里，多为寇盗。”同传又载：“库莫奚国之先，东部宇文之别种也。初为慕容元真所破，遗落者窜匿松漠之间。”也就是说，契丹与库莫奚同为鲜卑的部落。《北史》卷九四《契丹传》记载：“契丹国，在库莫奚东，与库莫奚异种同类。并为慕容皝所破，俱窜于松漠之间。登国中，魏大破之，遂逃迸，与库莫奚分住。经数十年，稍滋蔓，有部落，于和龙之北数百里为寇盗。”《隋书》卷八四《契丹传》记载：“契丹之先，与库莫奚异种而同类，并为慕容氏所破，俱窜于松、漠之间。其后稍大，居黄龙之北数百里。”《旧唐书》卷二一二《契丹传》记载：“契丹，居潢水之南，黄龙之北，鲜卑之故地，在京城东北五千三百里。东与高丽邻，西与奚国接，南至营州，北至室韦。冷陉山在其国南，与奚西山相崎，地方二千里。”《新唐书》卷二一九《契丹传》对契丹的先祖有明确记载，曰：“契丹，本东胡种，其先为匈奴所破，保鲜卑山。魏青龙中，部酋比能稍桀骜，为幽州刺史王雄所杀，众遂微，逃潢水之南，黄龙之北。至元魏，自号曰契丹。”《辽史》卷三七《地理志》一记载：“辽国其先曰契丹，本鲜卑之地，居辽泽中；去榆关一千一百三十里，去幽州又七百一十四里。南控黄龙，北带潢水，冷陉屏右，辽河堑左。高原多榆柳，下隰饶蒲苇。当元魏时，有地数百里。”这些文献记载，说出了契丹先祖为东胡的一支，后被匈奴打败，退居鲜卑山，成为鲜卑的一部。北魏时期，主要活动于今西拉木伦河流域，元魏（北魏孝文帝时期）时，自称为契丹。

根据以上诸史籍的记载，契丹的族源直接来自鲜卑的宇文部。宇文鲜卑的主体是匈奴的宇文氏，在西汉时期由阴山迁徙到辽西地区，东汉时与迁徙到此地的鲜卑融合在一起。《后汉书》卷九〇《乌桓鲜卑传》记载：“和帝永元中，大将军窦宪遣右校尉耿夔破匈奴，北单于逃走。鲜卑由此转徙据其地，匈奴留者尚有十余万落，皆自号鲜卑，鲜卑由此渐盛。”两晋时期，自号鲜卑的匈奴、鲜卑、乌桓部落共同组成了以匈奴宇文氏为主体的宇文鲜卑。《北史》卷八六《宇文莫槐传》记载：“匈奴宇文莫槐，出辽东塞外，其先南单于之远属也，世为东部大人。”“有葛乌菟者，雄武多算略，鲜卑奉以为主，遂总十二部落，世为大人。”自此宇文鲜卑开始在辽西地区活动。《魏书》卷一《序记》记载：“昭皇帝讳禄官立，始祖之子也。分国为三部：帝自以一部居东，在上谷北，濡源之西，东接宇文部。”濡源指今滦河上游，其东为老哈河上游，宇文鲜卑的活动区域应该在老哈河流域一带。后被慕容皝所破，其余众分三部，其中一部北遁到西拉木伦河下游，在此一直生息，并衍生出后来的契丹。

在考古学资料中，也能证明契丹来源于鲜卑的说法。内蒙古阿鲁科尔沁旗辽耶律羽之墓①出土的墓志中（图12），有契丹族源的记载，墓志铭说：“其先宗分佶首派出石槐，历汉魏隋唐已来世为君长。”佶首即契丹先祖奇首。檀石槐（？～公元181年），是鲜卑部落首领，东汉末在高柳北弹汗山（今山西阳高县西北一带）建立了王庭，向南劫掠沿边各郡，北边抗拒丁零，东方击退夫余，西方进击乌孙，完全占据匈奴的故土。永丰二年（公元156年）秋，率军攻打云中（今内蒙古呼和浩特西南）。延熹元年（公元158年）后，鲜卑多次在长城一线的缘边九郡及辽东属国骚扰，汉桓帝忧患，欲封檀石槐为王，并跟他和亲。檀石槐非但不受，反而加紧对长城缘边要塞的侵犯和劫掠，并把自己占领的地区分为三部，各置一名大人统领。汉灵帝即位后，鲜卑更加变本加厉地在长城内外骚扰，幽、并、凉三州常遭攻掠。接着，檀石槐又率军征辽西，讨酒泉，使汉王朝缘边地区一直不得安宁。光

① 内蒙古自治区文物考古研究所等：《辽耶律羽之墓发掘简报》，《文物》1996年第1期，第4～32页。

图 12 内蒙古阿鲁科尔沁旗辽耶律羽之墓墓志

和四年（公元 181 年）去世。契丹的先祖自东汉以来，历经北魏、隋唐皆为部落的酋长。辽代北大王耶律宗愿墓志铭①说：契丹皇族的始祖母，“越自仙軿，下流于潢水，结发瑶源神幄，梦雹于玄郊，有蕃宝胤，故大圣（辽太祖）乘飞天之运，人皇抗高世之风克让，太宗归神器之重传，及天授正丕历而昌，惟皇孝成与子天辅（耶律宗愿之父），洒玄泽以浸万物，陶醇壹以凝兆民”。从墓志得知，契丹族的先民与鲜卑汗国的创建者檀石槐有血缘关系。《后汉书》卷九〇《乌桓鲜卑传》记载：“桓帝时，鲜卑檀石槐者，其父投

① 出土地点不详，现藏于内蒙古自治区科尔沁右翼中旗文物管理所。

鹿侯，初从匈奴军三年，其妻在家生子。投鹿侯归，怪欲杀之，妻言：‘尝昼行闻雷震，仰视而雹入其口，因吞之，遂妊身，十月而产，此子必有奇异，且宜长视。’投鹿侯不听，遂弃之，妻私语家令收养焉，名檀石槐，年十四五，勇健有智略，异部大人抄其外家牛羊，檀石槐单骑追击之，所向无前，悉还得所亡者，由是部落畏服。乃施法禁，平曲直，无敢犯者，遂推以为大人。”史书记载的檀石槐的母亲吞雹与耶律宗愿墓志铭记载的其始祖母梦雹的史实相符，是指同一人。由此得知，契丹族的始祖奇首可汗即为投鹿侯。从早期契丹墓葬的形制、埋葬习俗及器物特征看，多有鲜卑的风格。内蒙古巴林右旗塔布敖包早期契丹墓葬①，形制呈竖穴梯形，石砌墓室，葬式为仰身直肢，头向北或略偏西（图13）。同样，内蒙古呼伦贝尔市发现的东汉鲜卑墓也具有这些特征。在器物组合方面，巴林右旗塔布敖包墓葬主要为陶器，器物组合有罐、壶、碗，部分器底内凹并印有图案，其中的敞口罐具有明显的鲜卑特色。在殉牲方面也有共性，鲜卑墓葬多以牛、马、羊的头、蹄殉葬，特别是羊矩骨的随葬流传时间很久，与早期契丹墓的殉牲情况非常相似。这一切说明契丹与鲜卑在族源上存在着内在的联系。

在谈及契丹族源时，离不开史书中记载的一段传说。《契丹国志·初兴本末》记载：“契丹之始也，中国简典所不载。远夷草昧，复无书可改，其年代不可得而详也。本其风物，地有二水。曰北乜里没里，复名陶猥思没里者，是其一也，其源出自中京西马盂山，东北流，华言所谓土河也。曰袅罗箇没里，复名女古没里者，又其一也，源出饶州西南平地松林，直东流，华言所谓潢河是也。至木叶山，合流为一。古昔相传：有男子乘白马，浮土河而下，复有一妇人乘小车驾

① 齐晓光：《巴林右旗塔布敖包石砌墓及相关问题》，《内蒙古文物考古文集》第一辑，北京，中国大百科全书出版社，1994年，第454～461页。

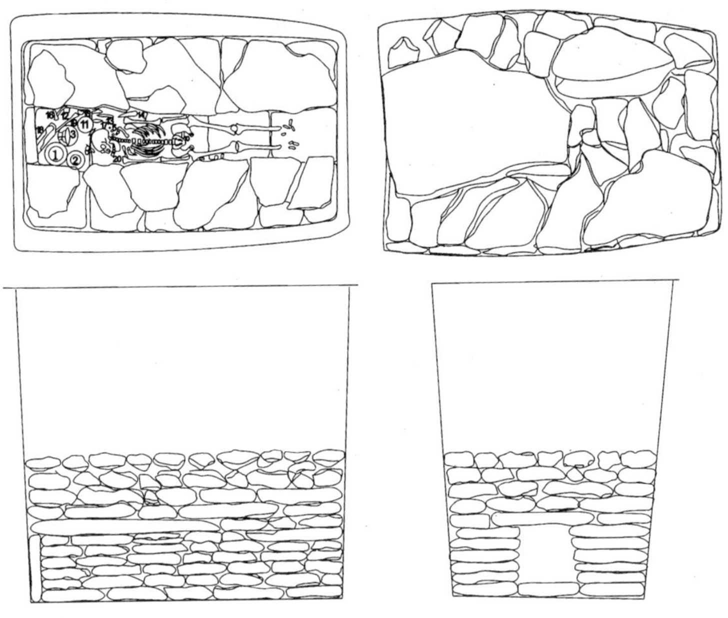

图13　内蒙古巴林右旗塔布敖包契丹墓平、剖面图
（刘洪帅　绘）

灰色之牛，浮潢河而下，遇于木叶山，顾合流之水，与为夫妇，此其始祖也。是生八子，各居分地，号八部落：一曰祖皆利部，二曰乙室活部，三曰实活部，四曰纳尾部，五曰频没部，六曰内会鸡部，七曰集解部，八曰奚嗢部。立遗像于木叶山，后人祭之，必刑白马杀灰牛，用其始来之物也。”《辽史》卷三七《地理志》一也有同样的记载，即“有木叶山，上建契丹始祖庙，奇首可汗在南庙，可敦在北庙，绘塑二圣并八子神像。相传有神人乘白马，自马盂山浮土河而东，有天女驾青牛车由平地松林泛潢河而下。至木叶山，二水合流，相遇为配偶，生八子。其后族属渐盛，分为八部。每行军及春秋时祭，必用白马青牛，示不忘本云。”这段

“青牛白马”的美丽传说，道出了契丹先祖的产生以及早期发展情况。

在传说中提到了契丹族的始居地木叶山，在《辽史》中也多次提到契丹族祭祀木叶山的历史事实。契丹族的祭山仪就是祭祀木叶山，可见木叶山在契丹人心目中的重要地位。目前，关于木叶山的确切位置，在学术界尚存在着很多说法，综合起来有以下几种意见：（一）两河交汇处说。根据《辽史·地理志》中对木叶山的记载，认为木叶山位于潢河（今西拉木伦河）与土河（今老哈河）交汇处。傅乐焕先生根据宋绶《契丹风俗》及《武经总要·北蕃地理》中关于木叶山与辽中京的相对位置推断，木叶山应在西拉木伦河与老哈河合流的曼清庙附近；① 姜念思、冯永谦通过对辽代永州城址的调查考证，认为翁牛特旗白音他拉古城为辽代永州城址，由此推定巴林右旗白音查干苏木布敦花村东南的海金山为木叶山；② 杨树森认为木叶山在老哈河的西南；③ 韩国金在满先生根据苏辙“东土直沙漠，蓬棘不复生，条干何由作，兹山亦沙阜”的诗句，推断木叶山为老哈河与西拉木伦河交汇处丘陵状的一沙丘；④ 日本人松井采用现代经度、纬度的测量方法确定了辽金时代潢河与土河的对流点，进而确定了木叶山的相对位置。⑤（二）天山说。张柏忠通过考察西辽河、潢水与潢河以及土河的流域特征及改道情况，认为《辽史·地理志》中所说的潢河即是今上京北的乌尔吉木伦河，根据《辽史·太宗记》、《辽史·景宗纪上》中关于皇帝“东幸”的方位记载，断定今阿鲁科尔沁旗天山镇南的天山即是辽代的木叶山，

---

① 傅乐焕：《辽史丛考·广平淀考》，北京，中华书局，1984 年。

② 姜念思、冯永谦：《辽代永州调查记》，《文物》1982 年第 7 期。

③ 杨树森：《辽史简编》，沈阳，辽宁人民出版社，1984 年。

④ ［韩］金在满：《契丹始祖传说与西喇木伦河老哈河及木叶山》，宋德金、景爱等编：《辽金西夏史研究》，天津，天津古籍出版社，1997 年。

⑤ ［日］松井等：《辽代的满州》，《满州历史地理》第二卷，第 89 ~ 90 页。

并由此推及天山南麓的白城子古城就是辽代的永州城址。[①] 近年来，占·达木林斯荣根据对大量的考古发现和史书记载的考释，认为木叶山就是内蒙古阿鲁科尔沁旗朝格图山。[②]（三）辽太祖陵所在之山说。赵评春先生对辽代皇帝行柴册礼、祭木叶山还都上京的时间分析后认为，木叶山应距上京城较近，同时通过对宋绶《契丹风俗》中记辽中京至木叶山所经各个驿馆之间距离的推算，认为辽中京至木叶山当在六百里左右，与薛映所记辽中京至上京的距离六百九十里大致相符[③]，因而断定木叶山就在辽上京附近。又根据《资治通鉴》、《旧五代史》、《新五代史》中"葬（其主）阿保机于木叶山"的记载，结合叶隆礼《契丹国志》、宋绶《契丹风俗》中对木叶山相对方位的记述，断定木叶山就是辽太祖陵所在之山。[④] 陈永志也支持这种观点，认为木叶山就是辽太祖陵、祖州附近的"漫歧嘎山"。[⑤]

1995 年 5 月，内蒙古博物馆在巴林左旗征集到一方辽代石墓志（图 14），据说出土于辽上京城南的墓葬中，该墓志碑文涉及了木叶山的方位。碑文的内容为："顺孝寺前木叶山，与王论王，圆慧大师赐紫沙门□福。大安年中，以集会京师选戒德，慧解擢为第一。三年讲罢，酬赐紫衣而归本寺，幽若常弘妙法莲华上生经讲法，寿五十有四，十一月十八日寅时无疾而终。今有门徒觉颖等敬为。亡师维寿昌六年二月五

---

① 张柏忠：《辽代的西辽河水道与木叶山、永、龙化、降胜州考》，《历史地理》第 12 辑，上海，上海人民出版社，1995 年。

② 占·达木林斯荣：《契丹族源及木叶山考释》，《科尔沁绿原网》2004 年 11 月 2 日。

③ ［元］脱脱等撰《辽史》卷三七《地理志》一《薛映记》，北京，中华书局点校本，1974 年。

④ 赵评春：《辽代木叶山》，《北方文物》1987 年第 1 期。

⑤ 陈永志：《关于辽代木叶山的再考察》，《中国古都研究——中国古都学会 2001 年年会暨赤峰辽王朝故都历史文化研讨会论文集》，第十八辑上册，2001 年。

图 14　圆慧大师墓志
辽
内蒙古巴林左旗出土
（张景明　摄）

日午时立铭，葬于京南约三里地余。铭曰赞助之质意气刚直，守志饱学，精修道德，上不趋名，下不逐利，嚣哗不至，荣辱不及。”在辽代，紫礼是朝廷优遇僧人的一种很高的荣誉，对凡在佛学上有所成就而赐师德之号的僧人都先赐紫。按照唐宋制度，三品以上的朝官服紫，辽朝改为五品以上的朝官服紫，即凡赐紫的僧人都具有五品或五品以上的荣誉衔。辽代僧人分为两级，一为大师级，一为大德级，前者级别高于后者。从墓志铭看，圆慧为大师级的僧人，曾在大安年间（公元1085～1094年）到上京讲法，五十四岁时圆寂，在寿昌六年（公元1100年）埋葬于上京城南约三里的地方，与出土地点相吻合。顺孝寺在木叶山前，圆慧大师常驻此寺，并且经常活动于上京城，说明顺孝寺离上京相距不远。虽然目前不能确定顺孝寺的具体位置，但这一墓志的发现为我们寻找木叶山提供了又一个可靠的线索。不管木叶山身在何处，其在契丹人心目中的重要位置不能改变，导致了契丹人经常祭祀木叶山的历史事实。

根据考古学资料考证和文献记载，在辽上京城址附近先后发现若干个佛教寺院遗址①，有天雄寺、安国寺、节义寺、崇孝寺、弘福寺、开龙寺、福先寺、开化寺、真寂寺、云门寺、宝积寺、开悟寺、弘法寺等，唯独不见顺孝寺。1953年，内蒙古文物工作队的汪宇平先生在巴林左旗丰水山乡洞山村做考古调查时，在山坳中发现一件辽代的石雕经幢，为“佛说佛顶尊胜陀罗尼经幢”，在末端刻“乾统十年龙集庚寅三月己亥朔十七日己卯水巽时建”，“提点黄龙府录通法大师赐紫沙门兴得山主见三学寺提点园慧大师沙门悟性寺主讲沙门道景”，“平顶山云门寺宗伯讲经律论传法梵学沙门显瑛书”等文字。从这几段文字看，云门寺建于辽乾统十年（公元1110

① 金永田《辽上京城址附近佛寺遗址及火葬墓》，《内蒙古文物考古》创刊号，1981年，第94～97页。

年)，比圆慧大师下葬的时间晚了十年。因此，这里的园慧大师并非上述墓志铭中提到的圆慧大师，他们在辽代文献中都没有记载，但至少可以说圆慧大师所在顺孝寺位置对学术界弄清颇有争议的辽代木叶山问题将会起到重要的作用。

在《契丹国志·初兴本末》中，还记载了契丹族的另外三位先祖，曰："后有一主，号曰乃呵，此主持一髑髅，在穹庐之中覆之以毡，人不得见。国有大事，杀白马灰牛以祭，始变人形，出视事，已，即入穹庐，复为髑髅。因国人窃视之，失其所在。复有一主，号曰喎呵，戴野猪头，披猪皮，居穹庐中，有事则出，退复隐入穹庐如故。后因其妻窃其猪皮，遂失其夫，莫知所如。次复一主，号曰昼里昏呵，惟养羊二十口，日食十九，留其一焉，次日复有二十口，日如此。是三主者，皆有治国之能名，余无足称焉。"契丹人祭祀祖先时，必杀青牛白马作祭品，而乃呵、喎呵、昼里昏呵三位祖先，从他们的特征看，反映了早期契丹猎取猪鹿、饲养牛羊的情景。

《辽史》卷六三《世表》记载："隋、唐之际，契丹之君号大贺氏。武后遣将击溃其众，大贺氏微，别部长过折代之。过折寻灭，迭剌部长涅里立迪辇组里为阻午可汗，更号遥辇氏。唐赐国姓，曰李怀秀。既而怀秀叛唐，更封楷落为王。而涅里之后曰耨里思者，左右怀秀。楷落至于屈戍几百年，国势复振。"契丹最初是由"青牛"和"白马"两个氏族组成，后来人口繁衍，部众逐渐兴盛，发展为八个氏族，再后由八个氏族发展为八个部落，即悉万丹部、何大何部、伏弗郁部、羽陵部、日连部、匹絜部、黎部、吐六于部，号称古八部。早期契丹被慕容皝击破后，"窜于松漠之间"，仅仅活动于今内蒙古赤峰市及翁牛特旗一带。公元 388 年被北魏击破后，居于西拉木伦河以南、老哈河以东的地区。公元 479 年，因惧高句丽与蠕蠕侵袭，离开奇首可汗故壤，南迁到白狼水

（今大凌河）以东地区。公元553年被北齐击破后，一部分被掠居营州（治所在今辽宁省朝阳市）、平州（治所在今河北省卢龙县北），余部北遁投奔突厥，后为突厥所逼，其中又有“万家”寄住高丽。在公元六世纪末，这几部分契丹人皆臣附于隋朝，隋朝听其返回故地，依托臣水（今老哈河）而居。古八部时期，契丹人从事游牧射猎，过着以肉为食、以皮为衣的生活。这种状况，一直延续到大贺氏部落联盟形成时，因为他们在北魏时的贡物是“名马”，嫁娶时穿的最好衣服是“以青毡为上服”，到了隋代在收葬父母遗骨祝酒时说：“冬月时，向阳食，若我射猎时，使我多得猪鹿”，各部还是“随水草畜牧”。

在隋唐之际，契丹人形成第一个部落联盟——大贺氏部落联盟，仍分八部。此外，在幽州、营州界内还散居一些契丹人，如乙室革部等。大贺氏时期的契丹地域，东与高丽相邻，西与奚国交接，南达营州，北到室韦，与古八部时期的活动区域大体相同。在这个区域内，契丹人“逐猎往来，居无常处”，仍然过着游牧、狩猎生活。这一时期的社会组织，比古八部时期前进了一步，即在八部之上有部落联盟，其主要任务是组织各部对外的军事活动，平时的生产和生活，还是由各部和氏族独自处理。大贺氏联盟的“君长”和各部部长，既是契丹人的最高首领和各部酋长，同时他们又分别为唐代都督府与州的都督、刺史，并与唐王朝保持着交往的关系。但由于契丹族内部争夺权力的斗争，公元730年大贺氏部落联盟时期告终，遥辇氏代之而兴。遥辇时期契丹社会内部仍分为八部，几经改组，前后名称几乎全异。遥辇氏八部，是在李万荣“营州之乱”失败后，契丹内部互相残杀，使“部落凋散”，族众耗减，“仅存五部”的基础上改组的。后又再次改组的八部为后八部，曰迭剌部、乙室部、品部、楮特部、乌隗部、突品不部、捏剌部、突举部。

遥辇时期，契丹人的居住区域前后差别很大。前期区域似未超出大贺氏时期的范围，到了公元九世纪下半叶，势力范围在北、南、西三面都比以前有所扩大，北达嫩江下游的洮儿河一带，南至幽、蓟地区，西控奚人而役使之，地域明显地扩大了。这一时期契丹的社会组织已经处于原始制瓦解的阶段，文明的曙光正在升起。在经济上表现出畜牧业生产有很大的发展，狩猎业仍是社会生产的一个部门。自公元九世纪中叶起，耶律阿保机祖父匀德实“相地利以教民耕”，开始发展农业。耶律阿保机父撒拉时开始置铁冶，“教民鼓铸”，发展手工业生产。其叔父述澜接替撒拉的执政权后，开始教民种桑麻，习纺织，“兴板筑，置城邑”。使契丹社会经济迅速发展起来，为后来的契丹政权的全面发展奠定了基础。

（二）辽代的发展历史与状况

契丹族经过部落间的分离合并后，势力逐渐强盛起来，于公元十世纪初建立了政权。从史学界对辽代的分期来看，将辽代社会历史按照由盛而衰分为早、中、晚三期：早期从太祖神册元年至景宗乾亨五年（公元916～983年），历太祖、太宗、世宗、穆宗、景宗五朝；中期为圣宗、兴宗两朝（公元984～1055年）；晚期为道宗、天祚帝两朝（公元1056～1125年）。辽代早期的金银器共发现十七批，中期发现十七批，晚期发现五批，在金银器的数量上也可看出辽代社会发展的历史状况，就是说辽代金银器与其社会发展进程和兴衰状况息息相关。

辽太祖耶律阿保机一方面凭借“人众势强”的迭剌部，以及建国后升为国舅帐的另外二部的支持；另一方面又以其杰出的政治才能，使契丹国势日益强大，疆域日益扩大。契丹建立政权后，在政治上采取一系列的措施。耶律阿保机把迭剌部分为“五院部”和“六院部”两部分，每部各设一个夷离堇。辽太宗时，把五院部和六院部的夷离堇升为北大王院和南大王院，与原有的南宰相府和北宰相府组成中央政府的四大重要机构。辽圣宗时，进一步削弱其他各部首领的权力，加强了中央集权制的统治地位。契丹的官制，分“北面官”和“南面官”两个系统，并实行“以国制治契丹，以汉制待汉人”的措施。即“辽国官制，分北、南院。北面治宫帐、部族、属国之政，南面治汉人州县、租赋、军马之事。因俗而治，得其宜矣。”①

契丹建辽后，统治者为了巩固自己的政权，在政治上实行了一系列有利于畜牧业、渔猎业、农业、手工业和商业发展的政策和措施，保证了辽代社会经济的顺利进行。

在牧业方面设置专职官吏进行专门管理。《辽史·百官志》中，列有“北面坊、场、局、冶、牧、厩等官”，其中有关牧业的机构和官吏有群牧官、诸厩官。群牧官机构，有某路群牧使司（官员有某群太保、某群侍中、某群敞使等）、总典群牧使司（官员有总典群牧部籍使、群牧都牙林等）、某群牧司（官员有群牧使、群牧副使）。某群牧司是标明放牧地点、牲畜种类的机构，例如西路群牧使司、浑河北马群使司、漠南马群司、漠北滑水马群司、牛群司等。辽代为了畜牧业的顺利发展，并在军事、农耕和食物上提供充足的马、牛牲畜，诏令禁止因丧葬祭奠而宰杀牲畜，以及禁止马匹和其他牲畜出境。辽统和十一年正月，“禁丧葬礼杀马。”② 统和十五年（公元997 年）七月，“禁吐谷浑部鬻马于宋。”③ 重熙八年

① ［元］脱脱等撰：《辽史》卷一《太祖纪》上，北京，中华书局点校本，1974 年。

② ［元］脱脱等撰：《辽史》卷一三《圣宗纪》四，北京，中华书局点校本，1974 年。

③ 同注②。

（公元1039年）正月，“禁朔州鬻羊于宋。”① 重熙十一年（公元1042年）十二月，“禁丧葬杀牛、马及藏珍宝。”② 重熙十二年（公元1043年）六月，“诏世选宰相、节度使族属及身为节度使之家，许葬用银器，仍禁杀牲以祭。”③ 通过禁杀、禁卖牲畜，使辽代中期的马、牛、羊减少的趋势有所回升，促进了牧业的发展。为了保护国有牲畜，辽代规定官马要烙印标识，以别于私家牲畜。还规定用私马偷换好的官马，处以死刑，重熙十一年七月，“诏，盗易官马者减死论。”④ 但不免除惩罚。这些措施在一定程度上保证了牧业的发展。

四时捺钵虽然是辽代皇帝的游猎活动，但与政治活动有密切的关系。《辽史》卷三二《营卫志》中记载：“皇帝四时巡守，契丹大小内外臣僚并应役次人，及汉人宣徽院所管百司皆从。汉人枢密院、中书省唯摘宰相一员，枢密院都承旨二员，令史十人，中书令史一人，御史台、大理寺选摘一人扈从。每岁正月上旬，车驾启行。宰相以下，还于中京留守，行遣汉人一切公事。除拜官僚，止行堂贴权差，俟会议行在所，取旨、出给告敕。文官县令、录事以下更不奏闻，听中书诠选；武官须奏闻。五月，纳凉行在所，南、北臣僚会议。十月，坐冬行在所。亦如之。”皇帝处理国家政治大事多在捺钵，而不在五京。另外，辽代皇帝捺钵的行在所成为政治中心，为此必然形成交换市场，称为行宫市场。《辽史》卷六〇《食货志》下记载：“又令有司谕诸行宫，布帛短狭不中尺

① ［元］脱脱等撰：《辽史》卷一八《兴宗纪》一，北京，中华书局点校本，1974年。

② 同注①。

③ 同注①。

④ 同注①。

度者，不鬻于市。”这是与四时捺钵密切相关的“行宫市场”在经济上的反映。

辽历代皇帝都重视农业的发展，颁布了相关的法令，制定政策，采取一系列的措施。天赞元年（公元922年）十月，太祖“诏分北大浓兀为二部，立两节度以统之。”① 把人口过多、辖地过广的北大浓兀部分成南北二部，以适应农业生产的需要。会同六年（公元943年），太宗耶律德光下令“兵行有伤禾稼、损租赋者，以军法论。”② 注意保护农业生产。辽穆宗时期，契丹贵族耶律挞烈庆历初（公元951年），“升南院大王，均赋役，劝耕稼，部人化之，户口丰殖。”③ 辽圣宗、兴宗时，契丹国家更加重视农业，多次派官员巡视农业生产情况，采取必要的措施，发布有关诏书，督促、奖励、扶助农业生产，减免租赋，禁止妨碍农事，调查田亩、户口。统和四年（公元986年）十月，“以南院大王留宁言，复南院部民今年租赋。”④ 统和七年（公元989年）三月，“禁刍牧伤禾稼”，并“诏免云州逋赋。”⑤ 统和十二年（公元994年）正月，“诏复行在五十里内租”，又“蠲宜州赋调”，二月“免南京被水户租赋。”⑥ 开泰三年（公元1014年）三月，“诏南京

---

① ［元］脱脱等撰：《辽史》卷二《太祖纪》下，北京，中华书局点校本，1974年。

② ［清］厉鹗撰：《辽史拾遗》卷三，上海，四库全书影印本，上海古籍出版社，1987年。

③ ［元］脱脱等撰：《辽史》卷七七《耶律挞烈传》，北京，中华书局点校本，1974年。

④ ［元］脱脱等撰：《辽史》卷一一《圣宗纪》二，北京，中华书局点校本，1974年。

⑤ ［元］脱脱等撰：《辽史》卷一二《圣宗纪》三，北京，中华书局点校本，1974年。

⑥ ［元］脱脱等撰：《辽史》卷一三《圣宗纪》四，北京，中华书局点校本，1974年。

管内勿淹刑狱以妨务农。"[①] 重熙二年（公元1033年）八月，"遣使阅诸路禾稼。"[②] 重熙十七年（公元1048年）八月，"复南京贫户租赋。"[③] 辽道宗清宁二年（公元1056年）六月，"遣使分道平赋税，缮戎器，劝农桑，禁盗贼。"[④] 以后的几十年中，继续平赋税，劝农桑，直到辽末农业仍很兴旺。

《辽史》卷五九《食货志》记载了辽代的赋税制度，"夫赋税之制，自太祖任韩延徽，始制国用。太宗籍五京户丁以定赋税，户丁之数无所于考。景宗乾亨间，以上京'云为户'訾具实饶，善避徭役，遗害贫民，遂勒各户，凡子钱到本，悉送归官，与民均差。统和中，耶律昭言，西北之众，每岁农时，一夫侦候，一夫治公田，二夫给纠官之役。当时沿边各置屯田戍兵，易田积谷以给军饷。故太平七年诏，诸屯田在官斛粟不得擅货，在屯者乃耕公田，不输赋税，此公田制也。余民应募，或治闲田，或治私田，则计亩出粟一赋公上。统和十五年，募民耕泺河旷地，十年始租，此在官闲田制也。又诏山前后未纳税户，并于密云、燕乐两县，占田置业入税，此私田制也。各部大臣从上征伐，俘掠人户，自置郛郭，为头下军州。凡市井之赋，各归头下，惟酒税赴纳上京，此分头下军州赋为二等也。"辽代针对公田、闲田、私田、投下军州的市井，征收不同的田租和赋税，增加了国库的收入，保护了农业的发展。

契丹建辽以后，置专门机构和官吏进行手工业的管理，

---

① ［元］脱脱等撰：《辽史》卷一五《圣宗纪》六，北京，中华书局点校本，1974年。

② ［元］脱脱等撰：《辽史》卷一八《兴宗纪》一，北京，中华书局点校本，1974年。

③ ［元］脱脱等撰：《辽史》卷二〇《兴宗纪》三，北京，中华书局点校本，1974年。

④ ［元］脱脱等撰：《辽史》卷二一《道宗纪》一，北京，中华书局点校本，1974年。

如"东京置户部司，长春州置钱帛司，""太宗置五冶太师，以总四方钱铁。"① 穆宗时，设麴院专门酿酒机构。圣宗、兴宗时，禁止金、银、铁出境，保护了矿冶和金属品制造业的发展。道宗和天祚帝时，对铜、铁等矿产品禁止私自出售，禁止流入辽朝统治地区以内的少数民族地区，以及统治区以外其他各族政权统治的地区。这些措施保护了本民族的传统手工业，使酿酒业、金属器制作业得以发展。

契丹统治者还进行掠夺邻族的战争，先后征服了渤海、奚、女真、室韦、回鹘等民族，并攻略幽云十六州，使后晋割地求和，岁贡银帛。《辽史》卷一《太祖纪》上记载：神册元年（公元916年），"秋七月壬申，亲征突厥、吐浑、党项、小蕃、沙陀诸部，皆平之。俘其酋长及其户万五千六百，铠甲、兵仗、器服九十余万，宝货、驼马、牛羊不可胜算。"《辽史》卷三《太宗纪》一记载："天赞元年（公元922年），授天下兵马大元帅，寻诏统六军南徇地。明年，下平州，获赵思温、张崇。回破箭笴山胡逊奚，诸部悉降。复以兵掠镇、定，所至皆坚壁不敢战。师次幽州，符存审拒于州南，纵兵邀击，大破之，擒裨将裴信等数十人。及从太祖破于厥里诸部，定河壖党项，下山西诸镇，取回鹘单于城，东平渤海，破达卢古部，东西万里，所向皆有功。"在《辽史》中，关于军事行动的记载很多。可以看出，契丹从立国前至灭亡前不断向外进行军事掠夺，每次战争都会掳获大批牲畜、粮食、日用品及军用物资，还加强了辽朝与中原王朝及其他民族的经济和文化的往来，促成中原王朝在边境设置榷场。

契丹立国前，族人随寒暑追逐水草，主要从事畜牧业，而以狩猎和捕鱼作为经济的补充。立国后，历朝皇帝都非常重视经济多方面的发展，使畜牧业、农业、渔猎、手工业迅

---

① ［元］脱脱等撰：《辽史》卷五九《食货志》上，北京，中华书局点校本，1974年。

速发展起来，北方草原地区的经济出现了空前的繁荣景象。

畜牧业一直是契丹社会的经济命脉。建辽后，虽然形成了南农北牧的经济格局，但就全境来说，畜牧业始终是主要的经济类型。“契丹旧俗，其富以马”①，依靠畜牧业而富国强兵是辽朝的立国之本，也是辽王朝二百年间的主要产业。在史书中，有很多记载辽代畜牧业发达的史料，考古学资料也以大量的出土实物证实了畜牧业的繁荣状况。内蒙古赤峰市大营子辽驸马墓②、阿鲁科尔沁旗辽耶律羽之墓等出土很多马具，有的墓葬还发现杀牲殉葬的现象。在许多辽墓壁画中，都有马的形象和放牧场面。内蒙古克什克腾旗二八地一号辽墓③石棺画的放牧图，绘于石棺右内壁。全画由马、牛、羊组成一牧群，走在最前面的是两匹全鞍马，之后尾随四匹散马，均作奔腾追逐状。散马之后为牛群，共九头，一牛犊夹于中间，一小牛尾随其后，两头花牛，一头黑牛，四头黄牛，均作低首、垂尾、行走状。最后为羊群，共十五只山、绵羊，作昂首追逐状。牧群后有一契丹放牧人，手持牧鞭驱赶群畜（图 15）。内蒙古科右中旗代钦塔拉辽墓④壁画的放牧图，绘于前室西壁。耳室门上方绘一群羊，羊群后绘两个髡发牧童，右手挥动牧鞭驱赶羊群。在羊群的右下方绘牛群，分红、黑、白三色。牛群右下侧绘一头红牛与一头黑牛正在交配。牛群左下方绘奔驰的群马。这些画面再现了契丹放牧的生动场面。

---

① ［元］脱脱等撰：《辽史》卷五九《食货志》上，北京，中华书局点校本，1974 年。

② 前热河省博物馆筹备组《赤峰县大营子辽墓发掘报告》，《考古学报》1956 年第 3 期，第 1 ~ 36 页。

③ 项春松《克什克腾旗二八地一、二号辽墓》，《内蒙古文物考古》第 3 期，1984 年，第 80 ~ 90 页。

④ 内蒙古自治区兴安盟文物工作站：《科右中旗代钦塔拉辽墓清理简报》，《内蒙古文物考古文集》第二辑，北京，中国大百科全书出版社，1997 年，第 651 ~ 667 页。

契丹畜牧业经济的发展，在很大程度上受自然条件的约束，雨雪、干旱、瘟疫的发生往往使经济大为削弱。如大康九年（公元1083年），“大雪，平地丈余，马死者十六七。”① 乾统十年（公元1110年），“是岁，大饥”。辽代晚期发生的几次自然灾害，使国力大衰，终致灭亡。

图15　契丹人草原放牧图
辽
内蒙古克什克腾旗二八地一号辽墓石棺画
（刘洪帅　绘）

契丹人的渔猎经济有传统的历史，并在社会经济中占有重要地位，直到建国后仍然如此。在《辽史·本纪》中，多处提到历朝皇帝渔猎活动，用猎物充军食或宴饮取乐或祭祀。《辽史》卷二《太祖纪》下记载：“四年（公元919年）春五月丙申，射虎东山。”又载：“天赞三年（公元924年）冬十月丙寅朔，猎寓乐山，获野兽数千，以充军食。”《辽史》卷三《太宗纪》上记载：“天显十一年（公元937年）春正月，钓鱼于土河。”《辽史》卷七《穆宗纪》下记载：“应历十四年（公元964年）八月乙巳，如硙子岭，呼鹿射之，获鹿四，赐虞人女瓌等屋物有差。十六年（公元966年）三月己巳，

① ［元］脱脱等撰：《辽史》卷二四《道宗纪》四，北京，中华书局点校本，1974年。

东幸。庚午获鸭，皆饮达旦。”《辽史》卷九《景宗纪》下记载：“保宁九年（公元977年）十二月戊辰，猎于近郊，以所获祭天。”《辽史》卷一三《圣宗纪》四记载：“统和十四年（公元996年）春正月己酉，渔于潞河。”《辽史》卷一八《兴宗纪》一记载：“重熙五年（公元1036年）小月癸巳，猎黄花山，获熊三十六，赏猎人有差。”在天祚帝乾统三年（公元1103年），因猎人多数死亡，严禁狩猎，但为时不久，又始射猎。类似这样的记载很多，从辽代皇家贵族的渔猎活动可以反映契丹的重要经济类型。

辽代皇帝的渔猎活动，形成了四时捺钵①的定制，即春捺钵捕鹅、钓鱼，夏捺钵避暑障鹰，秋捺钵射虎、鹿，冬捺钵避寒出猎。四时捺钵不仅是辽代皇帝的狩猎活动，也反映了契丹平民的一种经济活动。《辽史》卷六八《游幸表》记载：“朔漠以畜牧射猎为业，犹汉人之劭农，生生资于是乎出。”宋人张舜民在《使辽录》中说：“北人打围，一岁各处所，……如南人趁时耕种也。”可见，狩猎在辽代经济生活中的重要性。契丹的狩猎活动在墓葬壁画中也有反映。内蒙古库伦一号辽墓②壁画，有一幅“狩猎出行归来图”。出行图分三组：第一组为主人的车骑和随从，主人坐骑白马，车为轿顶式高轮长辕，车后有女主人和侍女，三个契丹人在备车。第二组为出行仪仗，车骑前有五面大鼓绑缚在一起，由长竿支起，旁边站立五名汉人鼓手和髡发一人，前有六人。第三组为车骑前导，一汉人着契丹装双手握竿挥舞向前。归来图也分三组：第一组为车骑仆从，两驼一车，归来的人物面容疲惫，神态懒散，两驼跪卧，高车架起。第二组为仪

---

① 捺钵，系契丹语的汉语译写，汉语译为“行营”、“营盘”。《辽史》卷三一《营卫志》记载：“有辽始大，设制尤密，居有宫卫，谓之斡鲁朵；' 出有行营，谓之捺钵。”

② 王健群、陈相伟：《库伦辽代壁画墓》，北京，文物出版社，1989年。

仗，六人横排并列，前置一供桌，上置方斗。第三组为前导，两人相对而立，两人相对跪坐，中间置一圆钵状物。壁画描绘了契丹人出行狩猎和猎后归来的景象（图 16）。契丹的春捺钵捕鹅，其中之一就是依靠海东青鹘捕猎。内蒙古库伦六号辽墓①壁画“出猎图”中，有一髡发契丹人，身着绿袍，腰系红带，足穿长靴，右手架一鹰，鹰足系金链环，左手指鹰，回首向左侧之人似语鹰之如何。这种鹰就是捕鹅的海东青鹘。

图 16　狩猎出行归来图
辽
内蒙古库伦旗一号辽墓壁画
（刘洪帅　绘）

契丹族在阻午可汗时期（公元 734 ~ 741 年）就开始经营农业，到迭剌部耶律阿保机父亲撒剌时，进一步发展农业，除种植谷类作物外，还种植桑麻。契丹立国后，历朝皇帝都重视农业的开发。《辽史》卷五〇九《食货志》上记载：“太

① 内蒙古自治区哲里木盟博物馆等：《库伦旗第五、六号辽墓》，《内蒙古文物考古》第 2 期，1982 年。

祖平诸弟之乱，弭兵轻赋，专意於农。尝以户口滋繁，乣辖疏远，分北大浓兀为二部，程以树艺，诸部效之。”辽太祖采取一系列措施，加强对农业的管理。公元926年，契丹灭渤海国，第一次显著地扩大农业地区。公元938年，从后晋割来燕、云十六州，占据了今天津市、北京市及河北省北部，第二次显著地扩大了农业地区。这里地厚人稠，物产丰富，又有着传统的农业生产，对契丹社会经济的发展起了巨大的推动作用。公元939年，辽太宗下诏命瓯昆石烈在海拉尔河畔从事农业生产。公元940年，又下诏命欧堇突吕、乙斯勃、温纳河剌三石烈，在克鲁伦河、石勒喀河一带农耕。辽世宗、穆宗、景宗时期，农业有较大的发展，无论是供应军需、民食，还是消除战争的消极影响，都需要大量的农产品。《辽史》卷五九《食货志》上记载：“应历间（公元951~969年），云州进嘉禾，时谓重农所召。保宁七年（公元975年），汉有宋兵，使来乞粮，诏赐粟二十万斛助。非经费有余，其能若是?”根据《金史》卷五〇《食货志》五中“月支三斗为率”的记载来计算，二十万斛（即二百万斗）够十万人近七个月的食用，说明这一时期国库的殷实。

辽圣宗、兴宗时期，契丹的农业生产已超越畜牧业，就五京来说，南京（故城在今北京市）和西京（故城在今山西省大同市）南部原本就是农业比较发达的地区，上京（故城在今内蒙古巴林左旗）、中京（故城在今内蒙古宁城县）、东京（故城在今辽宁省辽阳市）地区的各族人民有大批人致力于农业生产，把农业扩大到畜牧、狩猎地，还迁徙居民到农业发达地区从事农耕。在南京地区，“蔬蓏、果实、稻粱之类，靡不毕出；而桑柘麻麦、羊豕雉兔，不问可知，水甘土厚，人多技艺。”① 这正是当地农田水利大为改善的结果。辽

① ［宋］叶隆礼撰《契丹国志》卷二二《四京始末》，上海，上海古籍出版社点校本，1985年。

道宗、天祚帝时期，农业继续发展。“西北雨谷三十里”，指的就是道宗时期龙卷风把某地的农业收获物卷到天上，像雨一样洒在方圆三十里的地方，使春州（治所在今吉林省前郭尔罗斯他虎城）的粟价一斗仅为六钱。马人望任中京度支使时，加速农业发展进度，半年就获粟十五万斛。沿边诸州，因为农业不断发展，才有可能进行和籴，经济“出陈易新”。辽代末期，“雅里（梁王）自定其值：粟一车一羊，三车一牛，五车一马，八车一驼。从者曰：‘今一羊易粟二斗，尚不可得，比直太轻’。雅里曰：‘民有则我有。若今尽偿，众何以堪？’”① 农业仍很发达。在内蒙古、辽宁、河北等地的辽代遗址中，出土数量较多的铁犁铧。内蒙古巴林左旗辽上京故城南城遗址出土有石磨盘和高粱、荞麦的种子②。从农具的改进和农作物遗迹也可见当时农业生产的发达程度。

契丹立国前，就有了冶铁、纺织、煮盐等手工业部门。立国后，食盐、矿冶、陶瓷、铸钱、纺织、酿酒、制酪等手工业非常发达，有专门的官府和官吏管辖，如户部司、钱帛司等。食盐作为辽代的一个重要的手工业部门，盛产和食用池盐、海盐。《辽史》卷六〇《食货志》下记载：“盐筴之法，则自太祖以所得汉民数多，即八部中分古汉城别为一部治之。城在炭山南，有盐池之利，即后魏滑盐县也，八部皆取食之。及征幽、蓟还，次于鹤剌泺，命取盐给军。自后泺中盐益多，上下足用。”辽代产盐之地很多，如渤海、镇城、海阳、丰州、阳洛城、广济湖等，都处于近海靠湖地带。矿冶指金属矿藏和冶炼。《辽史》卷六〇《食货志》下曰：“坑冶，则自太祖始并室韦，其地产铜、铁、金银，其人善作铜、铁器。”“圣宗太平间（公元1021～1031年），于潢河北阴山及辽河之

---

① ［元］脱脱等撰《辽史》卷六〇《食货志》下，北京，中华书局点校本，1974年。

② 遗物藏于内蒙古自治区巴林左旗博物馆，资料未发表。

源，各得金银矿，兴冶采炼自此以迄天祚，国家皆赖其利。”金银器是辽代社会金属制造业的主要部门之一，与辽代社会的发展历史进程相辅相成。契丹族刚建立国家之时，正处于唐代晚期，在辽初统治者全面实行“兼收并蓄”的政策之下，唐代金银器的文化内涵快速影响了辽代金银器的发展，并贯穿于辽代的早中期。同时，随着草原丝绸之路的逐渐繁盛，东西方文化交流的日渐频繁，西方文化的震撼力直接冲击了辽代早期的金银器，并延续到辽代中期。在辽代中期以后，随着辽朝与宋朝经济、文化上的交往，宋代金银器的特征、造型艺术、工艺等直接表现在辽代金银器中。契丹文化在继承前代北方民族文化的基础上逐渐发扬光大，在自身的发展过程中继承了北方民族喜好金银器的风俗习惯，随着契丹社会发展不断呈现出具有本民族特色的金银器的历史脉络。辽代大量酿酒，用以祭祀、宴饮。设置麴院专门酿酒机构，民间也酿造酒。上京就有“酒家”，辽穆宗曾“微行市中，赐酒家银绢，”又“以银百两市酒，命群臣亦市酒，纵饮三夕。”①陶瓷烧制，在契丹族传统制陶工艺的基础上，吸收北方系的瓷器技法而独创。辽代早期的瓷器类型繁多，既有契丹族传统的特点，又吸收了中原文化的精髓。阿鲁科尔沁旗辽耶律羽之墓出土的瓷器，多仿定窑白瓷，釉色晶莹，胎质细腻，胎体轻薄；绿釉瓷和仿青瓷也是辽瓷中少见的精品，还有褐釉、酱釉瓷等，器种有白瓷皮囊式鸡冠壶、白瓷盘口瓶、白瓷盖罐、青瓷双耳四系盖罐、“盈”字款白瓷大碗等。内蒙古赤峰市松山区缸瓦窑遗址②，是目前所发现的辽代规模最大和品种最齐的一处窑场，以烧制粗白瓷为主。色釉陶器较多，为黄红或灰绿色缸胎，在施釉前挂白衣，色釉有茶、绿、黄、

---

① ［元］脱脱等撰：《辽史》卷七《穆宗纪》下，北京，中华书局点校本，1974 年。

② 洲杰：《赤峰缸瓦窑村辽代瓷窑调查记》，《考古》1973 年 4 期，第 241 页。

黑褐和三彩多种。瓷器种类多为日常用具，器形有碗、杯、盘、碟、壶、瓶等，还发现带有“官”字款的烧瓷匣钵。

辽代的商业经济也很发达，除了自身的经济贸易外，与中原的后晋、后唐、宋朝以及周边其他少数民族进行商贸往来，还与高丽、西夏、波斯、粟特、大食等国家有着频繁的经济交往。辽代的五京都是当时的商业中心，促进了辽代商业经济的繁荣。详细的情况在第七章中记述。

契丹的传统文化内涵丰富，主要表现在衣食住行、婚姻家庭、丧葬祭祀、宗教信仰、语言文字、文学艺术、科学教育等方面，包括了物质文化、制度文化和精神文化的内容，在传承和变异中形成本民族的特色。

契丹的服饰，分为国服和汉服，体现了辽代二重体制的实施。国服即契丹服，在《辽史》卷五六《仪卫志》二中分为六类：祭服、朝服、公服、常服、田猎服和吊服，表示在不同的场合衣着都有一套定制。北宋沈括的《梦溪笔谈》曰：“中国衣冠，自北齐以来仍全用胡服，窄袖、绯衣、短衣、长靿靴，有鞢躞带，皆胡服也。窄袖利于驰射，短衣、长靿皆便于涉草。带衣多垂鞢躞，盖欲佩戴弓剑、纷帨、算囊、刀砺之类。”基本上符合契丹服饰的特点。在内蒙古奈曼旗辽陈国公主墓①中，出土了一些金属和丝绸制作的服饰实物，再现了契丹国服和汉服的特色和风格。

契丹地处燕山山脉和大兴安岭山脉的夹角地带，是衔接华北平原、东北平原、蒙古高原的三角区域，“负山抱海”，“地沃宜耕植”，“水草便畜牧”，加之山峦叠伏，草木茂密，河湖交错，有着十分优越的牧、农、林、渔多种经济资源。契丹兴起后，产业结构以畜牧、射猎为主，兼有微弱的农业。立国后，农业经济迅速壮大，而畜牧、渔猎经济并行不废。

---

① 内蒙古自治区文物考古研究所等：《辽陈国公主墓》，北京，文物出版社，1993年，第25～113页。

这就决定了契丹人米、面、肉、乳、酒、茶、菜、果兼容的饮食结构。

契丹族的饮食风味从其结构看，以肉食、乳食为主，其次为粮食，还有蔬菜、瓜果、酒、茶等。公元1008年，宋朝大臣路振奉使契丹，归来后作《乘轺录》，记述了参加辽筵的情况，即“以驸马都尉兰陵君王宁侑宴。文木器盛虏食，先荐骆糜，用杓而啖焉。熊肪羊豚雉兔之肉为濡肉，牛鹿雁鹜熊貉之肉为腊肉，割之令方正，杂置大盘中，二胡雏衣鲜洁衣，持悦巾，执刀匕，通割诸肉，以啖汉使。”骆糜指用骆驼肉制作的米粥，濡肉为煮熟的新鲜肉，腊肉为加工腌晒的干肉。一次宴会包括了肉粥以及用熊、羊、鸡、兔、牛、鹿、雁、鹜、貉、野猪肉做成的菜肴，可谓风味独特。宋人王安石在《北客置酒》诗中曰：“山蔬野果杂饴密，獾脯豕腊加炰煎。”也说出了辽代契丹人待客时的饮食菜肴。

奶酪是契丹人的传统食品，以奶粥为主食，有时为了调味，还要添加蔬菜、生油。宋人王珠的《可谈》记述：“契丹主馈客以乳粥，亦北方之珍。其中铁角草，采用阴干，投沸汤中，顷之，茎草舒展如生。”朱彧的《萍洲可谈》记载：“先公至辽，日供乳粥一碗。其珍，但沃以生油，不入口。”契丹的生油应为奶油，加入粥中美味十足，而宋人不习惯，故不合口味。还有肉粥，如“骆糜”、“鹿糜”。根据《燕京风俗录》的记载，豆汁是辽国的民间食品，以绿豆为原料，颜色不鲜，味道甜酸。

契丹人的头鹅宴、头鱼宴很流行，每当春季捕获第一只鹅或鱼，都要设宴庆贺，以品尝鹅、鱼的鲜味。《契丹国志》卷二三记载：“每初获，即拔毛插之，以鼓为坐，遂纵饮，最以此为乐。”辽穆宗最爱吃鹅肉，每获其肉“皆饮达旦”。天祚帝“天庆二年（公元1112年）春，天祚如混同江钓鱼，界外生女真酋长在千里内者，以故事皆来会。适遇头鱼酒筵，酒半酣，天祚临轩，使诸酋次第歌舞为乐。”[①] 《辽史》卷一一六《国语解》曰：“上岁时钓鱼，得头鱼，辄置酒张宴，与头鹅宴同。”

契丹人还注重面食。《辽史》卷五〇《礼志》二记载：“大臣进酒，皇帝饮酒。契丹通，汉人赞，殿上臣僚皆拜，称‘万岁’。赞各就坐，行酒殽、茶馔、馒头毕，从人出水饭毕，臣僚皆起。”馒头即肉包，在许多宴饮的场合中都要“行馒头”。内蒙古巴林左旗滴水壶辽墓[②]壁画的“备餐图”，两位髡发少年侍者抬着一个木质红漆大盘，内装馒头、馍、麻花、点心四样面食，应为当时常见的主食（图 17）。契丹人在每年的正月初七日，在庭院中烙煎饼，谓之“薰天”。

图 17　备餐图
辽
内蒙古巴林左旗滴水壶
辽墓壁画
（刘洪帅　绘）

除主要食物外，契丹人的副食包括以肉做成的各种菜肴、蔬菜、水果和面点等。契丹的菜肴独具风味，以各种腊肉、肉脯和肉酱最为著名，常作为“国珍”献给北宋的皇帝，技

① ［宋］叶隆礼撰《契丹国志》卷一〇《天祚皇帝》上，上海，上海古籍出版社点校本，1985 年，第 201 页。

② 内蒙古自治区巴林左旗博物馆：《内蒙古巴林左旗滴水壶辽代壁画墓》，《考古》1999 年 8 期，第 53～59 页。

艺高超的厨师有时到北宋都城汴京（今河南省开封市）给北宋皇帝烹制辽菜。在所有的风味美食中，最有影响的是一种特制的貔狸（内蒙古西部俗称地牢），其肉极其肥美。宋人王闢之的《渑水燕谈录》卷八《事志》记载："契丹国产貔狸，形类大鼠而足短，极肥，其国以为殊味，穴地取之，以供国主之膳，自公相以下，不可得而尝。常以羊乳饲之。顷年虏使尝携至京，烹以进御。今朝臣奉使其国者，皆得食之，然中国人亦不嗜其味也。"辽亡以后，这种珍品被金、元所推崇。

契丹地区盛产桃、李、梨、杏、枣、板栗等干鲜水果，还有欧李、山丁子、山梨等野生山果，培植了西瓜。胡峤的《陷北记》载："自上京东去四十里，至真珠寨，始食菜。明日东行，地势渐高，西望平地松林，郁然数十里。遂入平川，多草木，始食西瓜，云契丹破回纥得此种，以牛粪覆盆而种，大如中国冬瓜而味甘。"内蒙古敖汉旗羊山一号辽墓①壁画中，发现一幅"西瓜图"，在墓主人面前放置一张木桌，桌上置两个大果盘，一盘放石榴、桃、杏等水果，另一盘盛三个碧绿的长圆形西瓜（图18）。冻梨是契丹人的一种特产，宋人庞元善的《文昌杂录》说："余奉使北辽，至松子岭，……坐上有上京压沙梨，冰冻不可食，接伴使耶律筠取冷水浸良久，冰皆外结，已而敲去，梨已融释，……味即如故也。"证实了契丹人食水果的状况和水果种类。

契丹人以酒成礼、以酒行事，在日常餐饮和各种宴饮中都离不开酒。敖汉旗羊山一号辽墓壁画"备饮图"，在桌前置一大酒瓮和酒器架，架上置四个酒瓶，桌上放有盛酒器、饮酒器。契丹人还有饮茶之风，采用煮茶和点茶的方法，茶叶主要通过与五代和北宋的贸易及馈赠而获取。《契丹国志》卷

① 邵国田：《敖汉旗羊山1—3号辽墓清理报告》，《内蒙古文物考古》1999年1期，第1～38页。

图 18 西瓜图
辽
内蒙古敖汉旗羊山一号辽墓壁画
（孙晓毅 绘）

二一《南北朝馈献礼物》记载，契丹皇帝举行生辰仪式，北宋给他的贺礼中有“金酒、食、茶器三十七件，……乳茶十斤，岳麓茶五斤。”敖汉旗羊山一号辽墓壁画的“茶道图”，描述了当时契丹人煮茶的实景。

契丹人的陆上交通工具是马、牛、骆驼、车辆等，尤其是马。“契丹故俗，便于鞍马”，用于驿站、备战及日常生活。在许多辽墓中，出土有大量马具，包括辔头、鞍具、镫、鞦饰等。水上交通工具有舟船和桥。

契丹人的主要宗教信仰有三种：萨满教、佛教和道教。萨满教为原始宗教，是早期契丹社会的主要宗教信仰形式，祭祀天地、日月、山川、祖先时，多用牛、马、羊作祭品。在契丹人的观念中，天地是至高无上的，凡世间万事万物，无一不是天地所生、天地所赐。契丹礼俗，凡新君即位，必先举行柴册礼，祭告天地，取得天地认可后，其权力方才合法生效。这种礼俗形成于遥辇时代的初期，并为辽代所继承。契丹人有崇东拜日的习俗。《新五代史》卷七二《旧夷附录》

记载："契丹好鬼而贵日，每朔日，东向而拜日。"《文献通考》卷三四五《契丹》载："好鬼而贵日，每月朔日，东向而拜日，其会聚，视国事，皆以东向为尊。四楼门屋，皆东向。"在每月的农历初一日，是契丹人崇东拜日之日，辽代时更加明确。在《辽史·本纪》中，多次提到以牲畜、野生动物、禽类祭祀天地和拜日之事。契丹的原始祭祀活动，除天地、日月、星辰外，还有对风雨、雷电、山川、祖先的崇拜，其中的祭山仪最为隆重。在契丹人的心目中有两座圣山，一为木叶山，一为黑山。木叶山是契丹祖神的所居之山，辽代帝王死后魂归此山。黑山是契丹部民死后的魂归之地，《契丹国志》卷二七《岁时杂记》记载："又彼人传云：凡死人，悉属此山神所管，富民亦然。契丹黑山，如中国之岱宗。云北人死，魂皆归此山。每岁五京进人、马、纸物各万余事，祭山而焚之。其礼甚严，非祭不敢近山。"祭木叶山、黑山之俗，到契丹立国后越演越烈。契丹人还有立春仪、冬至日（祭日）、瑟瑟仪（射柳祈雨）等，祭祀用牲为白马、白羊、黑羊，同时还备有茶果、饼饵、米酒、肉食之类的祭品，祈求大自然和祖先的保佑，达到风调雨顺、国泰平安的功效。

契丹立国后，佛教逐渐成为主要的宗教信仰，而且历朝皇帝非常重视和提倡，使佛教兴盛于终辽一代。佛教在契丹建国前后传入，在辽代统治范围内建有许多寺院，有众多的僧尼，形成一个特殊的寺院团体。《辽史》卷一《太祖纪》上记载：公元912年，"以所获僧崇文五十人归西楼，建天雄寺以居之，以示天助雄武。"神册三年（公元918年）五月，"诏建孔子庙、佛寺、道观于皇都。"此后，辽朝信佛之风日盛。《契丹国志》卷二七《岁时杂记》记载契丹人有佛诞日，"四月八日，京府及诸州，各用木雕悉达太子一尊，城上舁行，放僧尼、道士、庶民行城一日为乐。"辽代统治者大力推崇佛教，给佛寺提供食物和器具。在辽代的寺院遗址中发现很多佛教造像和用具，其中，内蒙古巴林右旗庆州白塔地宫①出土、鎏金凤衔珠银舍利塔、汉白玉佛涅槃像、经卷、长颈舍利瓶、银匙、小银碟、小银碗、白瓷碟、漆盘、水晶杯、玻璃瓶等；辽宁省朝阳北塔天宫地宫②出土的供器有金舍利塔、金盖玛瑙舍利罐、鎏金银塔、银碟、铜碟、银罐等。辽上京南北二塔、辽中京三塔等，至今巍巍耸立，证实了辽代契丹人崇佛的盛况（图19）。

图19　内蒙古宁城县辽中京大明塔
（张景明　摄）

---

① 德新等：《内蒙古巴林右旗庆州白塔发现辽代佛教文物》，《文物》1994年第12期，第4～31页。

② 朝阳北塔考古勘察队：《辽宁朝阳北塔天宫地宫清理简报》，《文物》1992年第7期，第1～33页。

契丹人还信仰道教。如契丹齐国王耶律隆裕自小就信奉道教，做官以后，修建道观，用素食献给道院。《契丹国志》卷一四《齐国王隆裕》记载：“齐国王隆裕，……自少时慕道，见道士则喜。后为东京留守，崇建宫观，备极辉丽，东西两廊，中建正殿，接连数百间。又别置道院，延接道流，诵经宣醮，用素馔荐献，中京往往化之。”奈曼旗辽陈国公主墓出土的鎏金双翅银冠上，有元始天尊像，这是道教太上三清造像之一。

契丹族基本的婚姻形态实行一夫一妻制，也有一夫多妻制现象，这要论资产而定，并不影响正常的婚姻形式。关于婚礼仪注，在《辽史》卷五二《礼志》五“皇帝纳后仪”和“公主下嫁仪”中有详细记载。“皇帝纳后仪：择吉日。至日，后族毕集。诘旦，后出私舍，坐于堂。皇帝遣使及媒者，以牲酒饔饩至门。执事者以告，使及媒者入谒，再拜，平身立。少顷，拜，进酒于皇后，次及后之父母、宗族、兄弟。酒遍，再拜。纳币，致词，再拜讫，后族皆坐。惕隐夫人四拜，请就车。后辞父母、伯叔父母、兄，各四拜；宗族长者，皆再拜。皇后升车，父母饮后酒，致戒词，遍及使者、媒者、送者。发轫，伯叔父母、兄饮后酒如初。教坊庶道赞祝，后命赐以物。后族追拜，进酒，遂行。将至宫门，宰相传敕，赐皇后酒，遍及送者。既至，惕隐率皇族奉迎，再拜。皇后车至便殿东南七十步止，惕隐夫人请降车。负银罂、捧縢，履黄道行。后一人张羔裘若袭之，前一妇人捧镜却行。置鞍于道，后过其上。乃诣神主室三拜，南北向各一拜，酹酒。向谒者一拜。起居讫，再拜。次诣舅姑御容拜，奠酒。选皇族诸妇宜子孙者，再拜。授以罂、縢。又诣诸帝御容拜，奠酒。神赐袭衣、珠玉、佩饰，拜受服之。后姊若妹、陪拜者各赐物。皇族迎者、后族送者遍赐酒，皆相偶饮讫，后坐别殿，送后者退食于次。媒者传旨命送后者列于殿北。俟皇帝即御坐，先皇族尊者一人当奥坐，主婚礼。命执事者往来致辞于后族，引后族之长率送后者升，当御坐，皆再拜，又一拜，少进，附奏送后之词；退复位，再拜。后族之长及送后者向当奥者三拜，南北向各一拜，向谒者一拜。后族之长跪问‘圣躬万福’，再拜；复奏送后之词，又再拜。当奥者与媒者行酒三周，命送后者再拜，皆坐，终宴。翼日，皇帝晨兴，诣先帝御容拜，奠酒讫，复御殿，宴后族及群臣，皇族、后族偶饮如初，百戏、角抵、戏马较胜以为乐。又翼日，皇帝御殿，赐后族及贶送后者，各有差。受赐者再拜，进酒，再拜。皇帝御别殿，有司进皇后服饰之籍。酒五行，送后者辞讫，皇族献后族礼物，后族以礼物谢当奥者。礼毕。”

契丹皇帝纳后仪、皇室公主下嫁仪、亲王女封公主者下嫁仪的内容基本相同。在公主下嫁仪上，驸马要亲自迎娶公主，而且皇帝送给公主的陪嫁物样样俱全。从皇帝纳后仪式过程看，始终贯穿着进酒。皇帝一方先派使者和媒人带牲畜和酒食去皇后家拜见，给皇后进酒，然后给皇后的父母、宗族、兄弟进酒，以示尊敬。等皇后乘迎娶车时，要给父母、使者、媒人、送亲者献酒。车出发后，皇后的父母、伯叔、兄弟仍要饮酒送行。等迎亲队伍到达皇宫门口时，宰相发布赦令，给皇后及送亲者赐酒。此后，皇后到祭神及先祖的室内拜祭，用酒祭奠神位和已故的历代皇帝、姑舅的御容。拜祭完毕，赐给皇家迎亲者和后家送亲者酒，都相对饮酒并宴请送亲者。婚礼仪式结束时，向主婚人和媒人行酒三次，然后参加婚礼的全体人员落座宴饮。次日，皇帝先拜已故皇帝的御容，用酒祭奠，再到御殿宴请皇后家人和群臣，并以杂耍、摔跤、马戏等节目助兴。第三天，皇帝赐皇后家人礼物，受赐者要向皇帝敬酒。此后，送亲者告别返回，皇族赠给皇后家人礼物，皇后家人也有礼物谢主婚人。整个婚礼要进行三天，仪式中除跪拜的次数较多外，就是进酒、行酒及宴饮，与拜礼相辅相成。从皇宫的婚仪可以推及普通契丹人的婚礼仪式，只不过在场面及礼节等方面的规模要小，宴饮、行酒不会缺少。

早期契丹人保留了原始的丧葬风习。《隋书》卷八四《契丹传》记载："父母死而悲哭者，以为不壮，但以其尸置于山树之上，经三年之后，乃收其骨而焚之。因酹而祝曰：'冬日时，向阳食。若我射猎时，使我多得猪鹿。'"《旧唐书》卷一九九《契丹传》记载："其俗，死者不得作冢墓，以马驾车送入大山，置之树上，亦无服纪。子孙死，父母晨夕哭之；父母死，子孙不哭。其余风俗与突厥同。"此时的契丹人实行树葬（风葬），三年后收尸骨又火葬，并在葬礼上把酒祝祷，祈求保佑多获取生活资料。在中原文化的影响下，契丹开始兴土葬，并以饮食器、生活资料、生产工具、狩猎工具作随葬品。巴林右旗塔布敖包一号墓随葬有羊头骨、羊肢骨、羊矩骨，以及小口高领壶、盘口壶、敞口罐、碗等饮食器和铁斧、铁刀。陈巴尔虎旗西乌珠尔墓一号墓人骨左足下置陶壶；二号墓的人骨上肢左侧放桦树皮弓囊，身体右侧置木制马鞍一个；三号墓随葬铜器和铁刀残片。可以看出早期契丹墓葬中有用马、羊殉葬的现象，还随葬大量的饮食器具。

契丹立国后的丧葬仪式，在《辽史》卷五〇《礼志》二中有详细的记载，主要是辽代皇帝圣宗、兴宗、道宗的丧葬仪礼。辽代皇帝的葬礼，从菆涂殿至陵所，中间要设固定的祭祀场所，在这里举行隆重的祭祀仪式，其中包括焚烧死者生前所用的衣物、弓矢、鞍勒、图画、坐骑、仪卫等物，并上香敬酒祭奠。发丧期间的祭祀，还包括食公羊仪，即在灵车所过的路途预设食公羊之所，等灵车到时，杀黑色之羊以祭。此外，在"上谥册仪"、"忌辰仪"、"宋使祭奠吊慰仪"、"宋使告哀仪"、"宋使进遗留礼物仪"、"高丽、夏国告终仪"等仪式中，有用酒食祭奠的习俗。

辽代契丹贵族的丧葬礼制，规模比皇帝要小，仍然实行厚葬，杀牲殉葬。赤峰市大营子辽驸马墓志发现有殉葬马、羊现象，出土了大量的金、银、铜、瓷等饮食器。到辽代中晚期，皇帝几次下诏禁止杀牲和用珍宝随葬，虽然收效甚微，但说明辽代贵族丧葬时有杀牲殉葬和以金银器随葬之俗。辽代一般贵族和平民的丧葬礼仪，与大贵族相比要简单得多，随葬品也少，但其习俗却相同。考古发掘的墓葬中，多以饮食器作随葬品，数量少，类型简单。如内蒙古敖汉旗范仗子辽墓①的墓道填土中，发现了殉葬的马一具、羊头骨一个，墓内随葬有瓷器、陶器、铁器、铜器。其中陶瓷器主要为饮食器，器类有白瓷碗、白瓷杯、茶绿釉凤首瓶、三彩碟、陶钵等。

契丹族有“烧饭”之俗，用于祭祀死者的灵魂，即人们埋葬死者及葬后每当朔、望、节辰、忌日等焚烧酒食的祭祀仪式。《辽史》卷四九《礼志》一记载：“及帝崩，所置人户、府库、钱粟，穹庐中置小毡殿，帝及后妃皆铸金像纳焉。节辰、忌日、朔望，皆致祭于穹庐之前。又筑土为台，高丈余，置大盘于上，祭酒食撒于其中，焚之，国俗谓之爇节。”“爇”为焚烧之意，“爇节”应为烧饭。祭祀“烧饭”时间当在送葬时和每年的节辰、忌日、朔望。程序是置台，将酒食撒于大盘，焚烧。辽道宗清宁十年（公元 1064 年），“帝遣林牙左监门卫大将军耶律防、枢密直学士给事中陈顗诣宋，求真宗、仁宗御容。……后帝以御容于庆州崇拜，每夕，宫人理衣衾，朔日，月半上食，食气尽。登台而燎之，曰‘烧饭’。惟祀天与祖宗则然。”② 这种“烧饭”之俗，与鲜卑、突厥等民族的杀牲烧骨相似，一直流

① 内蒙古文物工作队：《敖汉旗范仗子辽墓》，《内蒙古文物考古》第 3 期，1984 年，第 75 ~ 79 页。

② ［宋］叶隆礼撰：《契丹国志》卷九《道宗天福皇帝》，上海，上海古籍出版社点校本，1985 年。

传至金、元时期。

契丹人口可以根据以下的论述有一个大概的了解。契丹最初是一个包括“白马”和“青牛”两个氏族的小部落，后来子孙繁衍，部众逐渐兴盛，发展为八个氏族，再后由八个氏族发展为八个部落。公元六七世纪之交，契丹又发展成十个部落，还有很多别部。公元七世纪，形成了一个包括很多部的大部落。从契丹势力的不断壮大，可以反映出人口增长的情况。《魏书》卷一〇〇《契丹传》记载：“贺勿于率其部车三千乘，众万余口。”北魏太和三年（公元 479 年），仅契丹贺勿于部众就有一万多人。《北史》卷九四《契丹传》记载：“天保四年（公元 553 年）九月，……帝亲踰山岭，奋击大破之，虏十余万口。”北齐文宣帝高洋率兵一次俘虏契丹人十多万口。《隋书》卷八四《契丹传》载：“开皇末（公元 600 年），……部落渐众，遂北徙逐水草，当辽西正北二百里，依托纥臣水而居。东西亘五百里，南北三百里，分为十部。兵多者三千，少者千余，逐寒暑，随水草畜牧。”在隋初，契丹发展为十部，大部的军队三千多人，小部的军队也有一千余人。以一户出征调二卒，一户四至五人计算，大部有人口近万人，小部也有三千余人。《新唐书》卷二一九《契丹传》记载：“贞观二年（公元 628 年），……尽忠自号无上可汗，以万荣为将，纵兵四略，所向辄下，不重浃，众数万，妄言十万”。同传又载：“武后闻尽忠死，更诏夏官尚书王孝杰、羽林卫将军苏宏晖率兵十七万讨契丹，占东硖石，师败，孝杰死之。……乃命右金吾卫大将军河内郡王武懿宗为神兵道大总管，右肃政台御史大夫娄师德为清边道大总管，右武威卫大将军沙吒忠义为清边中道前军总管，兵凡二十万击贼。”契丹尽忠任可汗时，有部众几万人，号称十万。后唐朝发兵十七万击契丹，竟然失败。其后又发兵二十万，才击败契丹。可见，唐朝时期契丹的人口应在二十万以上。

契丹建辽时的人口，可根据史籍记载有一个大概的计算。唐昭宗天复二年（公元902年），耶律阿保机“以兵四十万伐河东、代北。”[①] 唐昭宣帝天祐二年（公元906年）五月，“阿保机领兵三十万，至云州东城”，与李克用结盟。[②] 天祐四年（史籍有误，天祐只有三年，应为辽神册元年，即公元916年），契丹“寇幽州”，人马驻“渔阳之北山谷间，毡车毳幕，羊马弥漫”。其兵力“或云五十万，或云百万”，或云“三十万”。[③] 在这三条史料中，多次提到兵力三十万，据契丹习俗及依此形成的辽代兵制，大体上一户出二兵，三十万大军就是十五万户，每户以五人计，在建辽初期，契丹人口可达七十余万。随着辽代经济的发展，人口也迅速增长起来。辽太祖平息诸弟之乱后，马上推行“弥兵轻赋，专意于农”的政策，不久便出现“户口滋繁”的景象。辽应历初（公元951年），南院大王耶律挞烈“均赋役，劝耕稼，部人化之，户口丰殖。”[④] 辽圣宗时，普遍出现“户口蕃息”的现象。辽兴宗时，“两院户口殷庶”。这都是契丹人口迅速的自身繁衍，即人口的自然增长。

《辽史》卷三一《营卫志上·宫卫》记载：“辽国之法：天子践位置宫卫，分州县，析部族，设官府，籍户口，备兵马。崩则扈从后妃宫帐，以奉陵寝。有调发，则丁壮从戎事，老弱居守。……凡州三十八，县十，提辖司四十一，石烈二十三，瓦里七十四，抹里九十八，得里二，闸撒十九，为正户八万，蕃汉转户十二万三千，共二十万三千户。”正户即为

---

① ［元］脱脱等撰：《辽史》卷一《太祖纪》，北京，中华书局点校本，1974年。

② ［宋］司马光撰：《通鉴考异》卷二八《唐太祖纪年录》。

③ ［宋］薛居正等撰：《旧五代史》卷二八《唐书·庄宗纪》，北京，中华书局点校本，1976年。

④ ［元］脱脱等撰：《辽史》卷七二《耶律挞烈传》，北京，中华书局点校本，1974年。

契丹人，户八万，人口达四十余万；其他民族和汉人共十二万三千户，人口达六十一万余人。宫卫的总人数达一百余万。太祖十八部（奚除外）的人口，归属北大王院（五院部）和南大王院（六院部），他们的三分之二驻牧在“西南至后山八军八百余里之内”，“控弦各万人”。① 以一户出兵二人计，则各有五千户，至辽末可增加到万户，两院部中另三分之一，即三个石烈在辽会同二年（公元939年）就迁至乌古部地区，辽末时也能达到万户。品、楮特、乌隗、涅剌、突吕不、突举六个部，自阻午可汗设置起至辽末，在近四百年的时间里各以六千户算应为可能。迭剌部在建辽前就有七千户，辽末应能增加到万余户。乌古涅剌和图鲁二部，辽神册六年（公元921年）为六千户，辽末也能超过万户，突吕不室韦、涅剌拏古、乙室奥隗、品达鲁虢五个部，以三万户计不算多。这样，辽末太祖十八部总计十三万户，六十五万人，这是契丹人口的主要部分。从辽代兵卫的人数看，“及太祖会李克用于云中，以兵三十万，盛矣。”② “太宗益选天下精甲，置诸爪牙为皮室军。合骑五十万，国威壮矣。”③ “辽建五京：临潢，契丹故壤；辽阳，汉之辽东，为渤海故国；中京，汉辽西地，自唐以来契丹有之。三京丁籍可纪者二十二万六千一百，蕃汉转户为多。析津、大同，故汉地，籍丁八十万六千七百。契丹本户多隶宫帐、部族，其余蕃汉户丁分隶者，皆不与焉。”④ 辽太祖时，有人口七十五万，太宗时，有人口一百二十五万。

---

① ［宋］江少虞撰：《宋朝事实类苑》卷七七路振《乘轺录》，上海，上海古籍出版社，1981年。

② ［元］脱脱等撰：《辽史》卷三四《兵卫志》上，北京，中华书局点校本，1974年。

③ ［元］脱脱等撰：《辽史》卷三五《兵卫志》中，北京，中华书局点校本，1974年。

④ ［元］脱脱等撰：《辽史》卷三六《兵卫志》下。北京，中华书局点校本，1974年。

辽代五京的人口达一百一十余万。

辽代其他方面的契丹人口。辽统和二十二年（公元1004年）建镇州等边防城，选诸部族二万余骑充屯军。根据宋朝的李信报告，齐王妃“领兵三万屯西鄙驴驹儿河”。这里的契丹人口总数有一万多户。著帐户、贵族奴隶、亲王的私甲亲兵和投下州中的契丹人，还有汉人契丹化者，辽末有二万户。辽圣宗三十四部中的契丹人接近八千户。投降后唐、北宋的契丹人和在高丽、西夏居住的契丹人，辽末达七千户。兴宗时，有一万六千户契丹人徙住西域，驻喀喇汗王朝与辽交界处，辽末增加到二万户。三十二万五千人。根据以上的统计，辽代晚期契丹的总人口在一百五十万左右，若加上辽代境内的少数民族和汉人的人口，数量达二百五十万人以上。可见，当时契丹人口数量的庞大状况。契丹人口的变动，与经济、政治、民族因素有很大的关系，其中，经济因素是影响人口变动的主要原因。

辽代契丹族的人口数量，为其前代北方游牧民族发展史上最多的一个民族，其人口的构成、分布、增长速度等有着以下的特点。

1. 人口构成以主体民族居多，还包括其他民族。契丹最初只有两个氏族，其后因人口的增长，势力不断强盛，发展为十个部落，人口构成比较单纯。在建立辽政权后，对外实行军事扩张政策，国力大盛，人口的自然增长速度快，正户、太祖十八部、屯边的契丹人以及契丹化的其他民族的人口数量达一百五十万之多。同时，在契丹境内生活的还有汉族、奚、室韦、突厥、党项、回鹘、女真等，人口约占一百万之多。

2. 总体上的人口密度低，城镇人口密度较高。契丹最强盛时，疆域辽阔。《辽史》卷三七《地理志》记载：“东至于海，西至金山，暨于流沙，北至胪朐河，南至白沟，幅员万里”。大体上北跨今蒙古国、俄罗斯贝加尔湖地区；东临日本海，包括今伯力、海参崴；南达京津地区，由天津向西包括河北北部、山西北部、内蒙古中西部。如此广阔的疆土，平均每平方公里的人口密度很低。在辽代的城镇中，人口密度相对稍高。如临潢府直辖十县人口，约在十三万五千人以上。

3. 人口素质较高。契丹人长期生活在草原地带，在地理条件和“食肉饮酪”及尤善骑射的影响下，形成强悍、粗犷、耐劳、豪放、好斗的民族性格和健壮的体骼。在建立政权后，契丹人散居各地，大力发展农业，又受儒家思想的熏陶，封建化进程的加快，使契丹文化与汉族文化相融，在天文学、医学、音乐、舞蹈、美术、雕塑、文字、书法等方面取得了很大的成就，对中国文化的发展有着深远的影响。同时，兴建大批城市，五京的文化水平可与中原地区大城市相比。在这种环境和多种文化的冲击下，契丹人口素质发生了显著变化，颖悟、机敏、温文尔雅、多智多谋、博学多才、仁人礼让者纷纷出现，才有了类似耶律倍、耶律隆绪、萧韩家奴、耶律履等杰出人物。

4. 人口增长速度快。契丹建辽以前，人口只有几十万。建辽之初，就达七十余万。建辽后的人数更是突飞猛进。造成这种原因是由于经济的快速发展，人口自然增长率高；另一原因就是通过军事掠夺，俘获大量其他民族的人口，导致契丹人口数量的增多。

5. 人口分布状况不均衡。辽代的人口地域分布有很大差异，体现了契丹王朝“因俗而治、各得其宜”的政治体制。大体说，西京、南京地区，以五代以来的汉民为主；中京地区，以移居汉民为主，契丹、奚人次之；上京地区，以契丹族为主，多为辽二十部族所居；东京地区，以女真族为主。契丹的人口主要集中在城市、水草丰美之地和农业区，地理环境较差的地区人口稀少。在人口职业分布上，与地理环境有很大关系。在草原地区，多为从事畜牧业生产的人口；土地肥沃地区，多为经营农业生产的人口；森林资源丰富的地区，其民多从事渔猎活动；城市中还有专门从事手工业、商业经济的人口。

6. 人口环境良好。契丹地区草木茂密，森林葱郁，有着良好的自然生态环境，在宋人的笔下，满目是奚田、桑柘、雨雪、溪流、水泉、川谷、临溪照水、水流倾奔、秋来雨注、田畴棋布、牛马纵横、长松郁然。正是植根于这片肥川沃壤，契丹人得以生存、繁衍。辽国建立之初，时值中原五代混乱分争，动荡不安，许多居民涌入比较安定的契丹国境，具有良好的社会环境，使居民稳定生活。辽国对阶层之间、蕃汉之间的通婚限制不严，婚姻相对自由，有利于契丹人口数量的增加和素质的提高。

7. 契丹人口增长与经济、文化发展相对适应。契丹为游牧民族，刚崛起之时，随水草迁徙，经营牧业经济，产业结构比较单一，人口增长缓慢。到立国之后，牧业、农业、渔猎、手工业、商业经济迅猛发展，文化交流十分频繁，人口也随之快速增长，二者的关系呈正比发展。只是到了辽末，由于统治阶级的高压政策，加之与党项、女真的连年战争，经济有所颓废，人口也有所下降。

契丹从兴起到政权灭亡，先后跨越近八个世纪，由一个弱小的部落变为强大民族。在这个过程中，随着经济的发展、政治的稳固、民族因素的影响，契丹人口数量不断增长，国力日趋强盛，成为北方草原地区一支强大的政治力量，与北宋、西夏形成鼎立之势。契丹族的人口剧增，是在建立政权之初和其后几十年中发生的变化，除社会经济的发展导致人口的自然增长之外，更重要的是依靠军事掳掠而来，使契丹本民族的人口数量在辽代最盛时期达到一百五十多万人，加之契丹境内约一百余万口的汉民族和其他少数民族，总计在二百五十万人以上。而且人口的特点鲜明，素质提高，分布广泛，他们对开拓我国北部边疆作出了巨大的贡献。辽代末期，金兵攻占了辽国的多半疆土，天祚帝逃至夹山。辽太祖八代孙、林牙耶律大石与李处温等，于公元1122年在南京拥立故秦晋国王耶律淳为帝，史称“北辽”，存亡时间非常短暂。同年，耶律大石奔阴山见天祚帝，力谏和战不从，毅然率部西去，“从者不过四千户，有步骑万余”，经过今内蒙古西部、新疆地区，在巴尔喀什湖一带于1124年建国，史称“西辽”，也称“后辽”、“哈拉契丹”等，延续至公元1218年被蒙古军队最后灭亡。西辽政权存在期间，曾一度中兴，扩展疆域，征服部族，人口有较快的增长。辽朝灭亡以后，原辽代属地的契丹人归属金朝统治，并有部分契丹人女真化、汉化，还有部分契丹人与西北和北方蒙古族融合。元朝时期，将其境内的契丹等民族统称为“汉人”，契丹人逐渐汉化、蒙古化，有部分契丹人随蒙古铁骑南征，至今在云南保山、临沧、大理等地区还有契丹人的后裔。明朝时期，原辽朝腹地的契丹人归属东部蒙古，直至嘉靖年间兀良哈三卫废除，契丹才消失于历史舞台。清初，东北地区的契丹人以达斡尔的族称出现在我国的历史中。

契丹族从出现于史籍记载到辽代灭亡，存在了八个多世纪，对开拓中国北部边疆作出很大的贡献。特别是建立政权以后，纵观辽代二百年间社会经济的发展轨迹，从传统的狩猎、畜牧经济到农牧兼营，手工业、商业并驾齐驱，其经济结构发生了巨大的变化。而由此带来的社会政治、文化、生活和外交、军事关系的一系列深刻变革，为契丹民族自身的进步和加速契丹社会的封建化进程奠定了基础。辽王朝是一个以游牧民族为主体的，以武力统一的多民族国家，社会发展极不平衡。终辽一代，这种差异和不平衡仍在社会生活各个方面有所表现，但我们必须看到辽代统治者在消弥这种差异、增进民族融合、促进社会的政治稳定、文化繁荣和经济发展方面的努力是卓有成效的。而这一点，最直接地体现为农牧经济的繁荣、工商业的发展、文化的鼎盛和国家实力的强盛。契丹建国后，以耶律阿保机为首的统治者很快顺应了历史的潮流，采纳和吸收中原地区的统治方式和文化内涵，将契丹社会的发展纳入了封建化的轨道，为了适应南北地区不同的生产、生活方式和民族构成，有效地采取了“因俗而治”、“胡汉分治”的民族政策，在政权机构上，实行南北面官制度，适当吸收汉人参政，缓和民族矛盾；在法制建设上，采取蕃律、汉律并用的政策，并不断推进其走向融合统一；在经济方面，大力发展传统的狩猎和畜牧业生产的同时，也把汉人、渤海人的农业生产放在十分重要的地位，使其各安旧俗、各从其俗，因地制宜地发展生产；在文化方面，采取兼收并蓄的方式，融中原文化、西方文化为一体，极大地丰富了契丹民族传统的文化内涵，为草原丝绸之路东段的文化鼎盛提供了非常有利的人文环境。

二、辽代金银器在考古学资料中的反映及分期与特征

从20世纪50年代以来，辽代金银器主要发现于内蒙古、吉林、辽宁、河北、北京、山西等地区，其中内蒙古是发现辽代金银器最多的地区，特别是辽代五京（上京临潢府、中京大定府、东京辽阳府、南京析津府、西京大同府）所管辖的地区为契丹人的活动中心，所发现的金银器最为集中。经过隋唐时期金银器的进一步发展，使辽代的金银器在吸收中原文化、西方文化和周邻民族文化的基础上更加灿烂，其造型艺术在考古发掘的实物中有真实而形象的表现。根据辽代金银器的器形、纹样、工艺等特点，在传统分期的基础上予以重新分期研究，并分析各期金银器的具体特征。

（一）辽代早期遗迹中的金银器

辽代早期发现金银器的遗迹，主要分布于内蒙古的赤峰市、通辽市、呼伦贝尔市，辽宁省的朝阳市、锦州市等地区，多为墓葬，少数有窖藏。

1. 1979年，内蒙古赤峰市松山区城子乡洞山村窖藏[①]出土银器三件，器类有鎏金卧鹿纹银鸡冠壶、鎏金双摩羯形银壶。

2. 1989年，内蒙古阿鲁科尔沁旗扎斯台苏木辽墓[②]出土金银器十余件。金器有男女金人形饰、兽形金耳坠、金管项饰，银器有鎏金鸿雁纹银耳杯、鎏金鸿雁蕉叶纹五曲錾耳杯、提梁银壶、金花首银簪、鎏金双鱼形银佩饰。

3. 1992年，内蒙古阿鲁科尔沁旗罕苏木辽耶律羽之墓[③]出土金银器三十余件。金器有五瓣花形芦雁纹金杯、对雁衔花纹金杯、嵌玉盾形金戒指、盾形宝相花纹金戒指、盾形缠枝纹金戒指、椭圆形缠枝纹金戒指、嵌松石圆形金戒指、龙首形金镯、嵌松石摩羯形金耳坠、摩羯形金耳坠、鸡心形金坠、管状金坠、镂空金球饰，银器有鎏金龙纹"万岁台"银砚盒、鎏金对雁团花纹银渣斗、鎏金摩羯纹银碗、鎏金四瓣花纹银粉盒、鎏金"高士图"錾花银把杯、鎏金双狮纹银盒、鎏金双凤纹银盘、鎏金"孝子图"银壶、"左相公"银盆、银匜、银勺、鎏金连枝花纹银簪。

4. 1975年，内蒙古克什克腾旗二八地一号辽墓[④]出土金银器48件。金器有金耳坠、兽形金耳坠、摩羯形金耳坠、金龟饰、金泡、金丝环、金圈、长条形金饰、三角形金饰。银器有五瓣花形银盏、五星纹银把杯、"大郎君"银壶、五瓣花形银杯、鎏金飞凤团花纹银碗、银碗、连枝花纹银托、银号角、银扣边、镂空银饰、银簪。

---

① 项春松：《赤峰发现的契丹鎏金银器》，《文物》1985年2期，第94~96页。

② 现藏于内蒙古自治区阿鲁科尔沁旗博物馆。

③ 内蒙古自治区文物考古研究所等：《辽耶律羽之墓发掘简报》，《文物》1996年第1期，第4~32页。

④ 项春松：《克什克腾旗二八地辽墓》，《内蒙古文物考古》第3期，1984年，第80－90页。

5. 1954 年，内蒙古赤峰市大营子辽附马赠卫国王墓[①]出土金银器 635 件。金器有三叶形金耳坠、透雕缠枝花草纹金蹀躞带，银器有鎏金鹿衔草纹银马具、鎏金卷草纹银马具、鎏金龙纹银马具、鎏金飞凤戏珠纹银马鞍饰、鎏金双龙戏珠纹银马鞍饰、银马鞍饰、鎏金八角形人兽纹银佩饰、四鱼形银璧、鎏金团龙戏珠纹银高足杯、鎏金团龙戏珠纹银碗、银匜、提梁银壶、盘带纹银盏托、银箸、银匙、银锁形饰等。

6. 2003 年，内蒙古科尔沁左翼后旗吐尔基山辽墓[②]出土金银器三十余件。金器有八棱单耳金杯、龙首金镯、摩羯形金耳坠、金针、凤纹金冠箍、圆形三足金乌纹金饰牌等，银器有鎏金錾花银壶、鎏金“对弈图”银壶、银盖壶、鎏金錾花银盖碗、鎏金摩羯团花纹银碗、鎏金錾花银盘、鎏金龙纹银盒、鎏金狮纹金花银盒、鎏金牡丹纹银饰牌、圆形月桂纹银饰牌、鎏金錾花银鞍饰、银号角、银箸、银匙等。

7. 1988 年，内蒙古丰镇市永善庄三号村辽墓[③]出土银器二件，器类有鎏金鸳鸯团花纹银碗、兽纹银带銙。

8. 1974 年，辽宁省法库县叶茂台辽墓[④]出土金银器五件。金器有琥珀金耳坠、金丝球，银器有鎏金嵌琥珀鸾凤纹银捍腰、木胎包银漆箸。

9. 1995、1996 年，内蒙古陈巴尔虎旗巴彦库仁镇东山辽墓[⑤]出土金银器 12 件（套）。金器有金耳坠、金鞢躞带，银器

---

① 前热河省博物馆筹备组：《赤峰县大营子辽墓发掘报告》，《考古学报》1956 年第 3 期，第 1～36 页。

② 内蒙古自治区文物考古研究所：《内蒙古通辽市吐尔基山辽代墓葬》，《考古》2004 年第 7 期，第 50～53 页。

③ 王新民、崔利明：《丰镇县出土辽代金银器》，《乌兰察布文物》1989 年第 3 期，第 120～121 页。

④ 辽宁省博物馆等：《法库叶茂台辽墓纪略》，《文物》1975 年第 12 期，第 26～36 页。

⑤ 王成、陈凤山：《陈巴尔虎旗巴彦库仁镇辽代墓群调查清理简报》，《呼伦贝尔文物》总第 4 期，1997 年，第 50～59 页。

有银壶、银碗、银带饰、银链。

10. 1996 年，内蒙古博物馆从赤峰市征集一件缠枝牡丹纹包金银捍腰。

11. 1964 年，内蒙古喀喇沁旗上烧锅辽墓①出土银器三件，器类有银碗、银号角。

12. 1982 年，内蒙古敖汉旗沙子沟一号辽墓②出土金器两件，器类有金耳坠。

13. 1971 年，辽宁省北票市水泉一号辽墓③出土银器二十余件，器类有银马鞍饰、鎏金银马具、鎏金摩羯纹银饰板、鎏金银链。

14. 1957 年，辽宁省建平县张家营子辽墓④出土金银器 14 件（组）。金器有金镯、凤形金耳坠，银器有契丹文花式口银碟、银匙、银箸、鎏金双龙戏珠纹银冠、鎏金飞凤纹银马鞍饰、鎏金马具、鎏金银当卢。

15. 1957 年，辽宁省建平县硃碌科辽墓⑤出土金银器七件。金器有梅花纹金镯、摩羯形金耳坠、金吊垂，银器有契丹文银匕。

16. 1991 年，内蒙古科尔沁右翼中旗代钦塔拉辽墓⑥出土金银器 23 件。金器有龙首金镯、嵌松石梅花纹金戒指、摩羯

① 项春松：《上烧锅辽墓》，《内蒙古文物考古》第 2 期，1982 年，第 56 ~ 68 页。

② 内蒙古自治区敖汉旗文物管理所：《内蒙古敖汉旗沙子沟、大横沟辽墓》，《考古》1987 年第 10 期，第 889 ~ 904 页。

③ 辽宁省博物馆文物队：《辽宁北票水泉 1 号辽墓发掘简报》，《文物》1997 年第 12 期。

④ 冯永谦：《辽宁省建平、新民的三座辽墓》，《考古》1960 年第 2 期，第 15 ~ 24 页。

⑤ 同注④。

⑥ 内蒙古自治区兴安盟文物工作站：《科右中旗代钦塔拉辽墓清理简报》，《内蒙古文物考古文集》第二辑，中国大百科全书出版社，1997 年，第 651 ~ 667 页。

形金耳坠、金耳坠、金球饰，银器有银镜、鎏金牡丹纹银马鞍饰。

17. 1960 年，辽宁省锦州市张扛村一号辽墓[①]出土银器 15 件，器类有鎏金银牌、银镯、银耳坠。

18. 内蒙古科尔沁左翼后旗白音塔拉辽墓[②]出土金银器 213 件。金器有金耳坠、嵌宝石金戒指、金龙饰、双鱼形金饰、金球饰，银器有银钵、鎏金錾花银罐、鎏金四曲錾花银盘、鎏金摩羯纹银盘、银壶、银钗、银镯、银戒指、银马具、梅花形银管饰等。

（二）辽代中期遗迹中的金银器

辽代中期发现金银器的遗迹，主要分布于内蒙古通辽市、赤峰市以及辽宁西部、河北北部、北京、吉林等地区，多为墓葬、佛塔，少数为窖藏。

1. 1972 年，辽宁省朝阳市二十家子乡前窗户村辽墓[③]出土银器 25 件，器类有鎏金双凤戏珠纹银冠、银耳坠、鎏金鸾鸟衔草纹银镯、鎏金葡萄纹银镯、鎏金戏童纹银带饰、鎏金桃形银饰、鎏金葫芦形银饰、鎏金银丝球、鎏金管状银饰。

2. 1986 年，内蒙古奈曼旗青龙山镇辽陈国公主与驸马合葬墓[④]出土金银器二百余件（组）。金器有男女金面具、八曲

① 刘谦：《辽宁锦州市张杠村辽墓发掘报告》，《考古》1984 年第 11 期，第 990～1002 页。

② 贲鹤龄：《科左后旗白音塔拉契丹墓葬》，《内蒙古文物考古》2002 年第 2 期，第 12～18 页。

③ 靳枫毅：《辽宁朝阳前窗户村辽墓》，《文物》1980 年第 12 期，第 17～29 页。

④ 内蒙古自治区文物考古研究所等：《辽陈国公主墓》，北京，文物出版社，1993 年，第 25～113 页。

连弧形鸳鸯纹金盒、镂花金荷包、錾花金针筒、缠枝莲花纹金镯、双龙纹金镯、錾花金戒指、镂空小金球、小金筒、金铐银鞓鞢躞带、金銙丝带，银器有鎏金银冠、鎏金双高翅银冠、银丝网络、鎏金双凤纹银靴、鎏金双凤纹银枕、鎏金行龙戏珠纹银奁、银盖罐、银盆、鎏金莲花纹银钵、银执壶、符号纹银盏托、束腰形银托盘、银渣斗、连弧纹银器盖、鎏金双鱼纹银匙、银匙、琥珀柄银刀、玉柄银刀、玉柄银锥、鎏金银流苏、银构件、银铜铐银鞓鞢躞带、玉铐银带、银带、银马具、双凤纹鎏金银马鞍饰、群鸟纹鎏金银马鞍饰（图20）。

3. 1965 年，内蒙古库伦旗奈林稿辽墓①出土金银器 41 件。金器有金鞢躞带、摩羯形金耳坠、四蒂花叶纹金戒指片、球状金饰、金吊垂，银器有鎏金立凤纹银壶、银匜、银钏。

4. 20 世纪 80 年代，辽宁省喀左县北岭辽墓②出土银器五件，器类有银面具、银靴底、桃形银匜、六曲银碗、鎏金花瓣纹银坠。

5. 20 世纪 90 年代，辽宁省凌源市八里铺村下喇嘛沟辽墓③出土金银器二十余件。金器有金面具，银器有鎏金凤纹银冠、银鞍饰、异兽纹银带铐、立兽纹银饰牌、摩羯纹束腰银盘、摩羯纹五曲银碗、素面银碗、银渣斗、银执壶、银钵等。

6. 1988 年，内蒙古敖汉旗英凤沟七号辽墓④出土银器三十余件，器类有鎏金镂空立凤纹高体银冠、鎏金银面具、鎏金菊花纹马具带饰、鎏金双凤戏珠纹银鞍饰、鎏金凤纹马具带饰、契丹文银碗、鎏金银碗、契丹文束腰银盘、契丹文银笔洗、双连体银笔管、银砚等。

---

① 内蒙古文物工作队：《内蒙古哲里木盟奈林稿辽代壁画墓》，《考古学集刊》第 1 期，北京，中国社会科学出版社，1981 年，第 231 ~245 页。

② 辽宁省文物考古研究所：《辽宁喀左北岭辽墓》，《辽海文物学刊》1986 年第 1 期。

③ 资料未发表，现藏于辽宁省凌源市博物馆。

④ 资料未发表，现藏于内蒙古自治区敖汉旗博物馆。

图20 内蒙古奈曼旗辽陈国公主与驸马合葬墓随葬器物情况

（孔群 摄）

7. 20世纪90年代，内蒙古巴林右旗巴彦尔灯苏木和布特哈达四号墓①出土金银器十件。金器有迦陵频迦纹金耳坠、团花绣球纹金链盒，银器有鎏金凤纹山形筒式银冠、鎏金凤纹银鞍桥。

8. 1977年，北京市房山县北郑村辽塔②出土银器18件，器类有银碗、银碟、银佛幡、银宝花、银幡架、银棍。

9. 1976年，河北省易县净觉寺辽舍利塔地宫③出土金银器十一件。金器有带盖金瓶，银器有银器盖、银塔、银盒、银钵、银盏托、银灯、银匕、银箸、银器座。

10. 1963年，北京市顺义县辽净光舍利塔塔基④出土银器七件，器类有银座水晶佛塔、银盒、银饰。

11. 1970年，吉林省农安县万金塔塔基⑤出土银器二件，器类有舍利银函。

12. 1977年，河北省平泉县小吉沟辽墓⑥出土银器二件，器类有鎏金龙凤纹银冠、宝相花纹银碗。

13. 1990年，流失到国外文物市场上的一批辽代金银器出售，有些已被瑞士雷特伯格博物馆收藏，大约在1990年前后出土于河北省涿鹿地区窖藏，⑦ 根据器物上的錾文推测为辽代

---

① 资料未发表，现藏于内蒙古自治区巴林右旗博物馆。

② 齐心、刘精义：《北京市房山县北郑村辽塔清理记》，《考古》1980年第2期，第147～158页。

③ 河北省文物管理处：《河北易县净觉寺舍利塔地宫清理记》，《文物》1986年第9期，第76～80页。

④ 北京市文物工作队：《顺义县辽净光舍利塔基清理简报》，《文物》1964年第8期，第49～54页。

⑤ 刘振华：《农安万金塔基出土文物》，《文物》1973年第8期，第48～54页。

⑥ 河北省平泉县文物保护管理所等：《河北平泉县小吉沟辽墓》，《文物》1982年第8期，第50～53页。

⑦ 韩伟：《辽代太平年间金银器錾文考释》，《故宫博物院院刊》（台湾）第11卷第9期，第4～22页。

文忠王府所属。金器有龙纹盝顶方盒、双凤纹金方盒、双狮纹金佩带、伎乐飞天纹盝顶金函、双鸳朵带纹金碗、双凤纹金高足杯、龙纹葵口金杯、兔纹金碗、供花菩萨纹金盘，银器有鎏金四鹿团花纹盝顶银盒，鎏金迦陵频迦伎乐天盝顶银函、鎏金奔鹿纹银碗、鎏金仙人骑鹤纹盝顶银函、鎏金伎乐飞天纹盝顶银方盒、鎏金兔纹盝顶银函、鎏金双凤纹盝顶银方盒、鎏金双鸳朵带纹银碗、鎏金坐佛纹银碗、鎏金鸿雁纹银匜等。

14. 1986、1988 年，辽宁省朝阳市北塔天宫地宫[①]出土金银器 23 件。金器有金舍利塔、金盖玛瑙舍利罐、金法轮，银器有鎏金银塔、金银经塔、木胎银棺、银宝盖、银菩提树、灯笼形银饰件、龙纹花式口银碟、银罐、戏童纹银囊盒、筒形银瓶。

15. 1988～1992 年，内蒙古巴林右旗庆州白塔天宫地宫[②]出土金银器 15 件。金器有金板金法舍利，银器有鎏金凤衔珠舍利塔、长颈舍利银瓶、“千年万载”银匙、花瓣口银碟、银碗、银板金法舍利。

16. 1970 年，内蒙古赤峰市翁牛特旗解放营子辽墓[③]出土银器三件，器类有五瓣花形银杯、银壶、海棠形银盘。

17. 1967 年，辽宁省阜新市新营子辽塔塔基[④]出土金银器三件。金器有金塔，银器有银塔、刻经银片。

18. 20 世纪 80 年代，辽宁省彰武县朝阳沟二号辽墓[⑤]出

---

① 朝阳北塔考古勘察队：《辽宁朝阳北塔天宫地宫清理简报》，《文物》1992 年第 7 期，第 1～33 页。

② 德新等：《内蒙古巴林右旗庆州白塔发现辽代佛教文物》，《文物》1994 年第 12 期，第 4～31 页。

③ 内蒙古自治区翁牛特旗文化馆等：《内蒙古解放营子辽墓发掘简报》，《考古》1979 年第 4 期，第 330～334 页。

④ 资料未发表，现藏于辽宁省博物馆。

⑤ 李宇峰：《辽宁彰武朝阳沟辽墓发掘概况》，《阜新辽金史研究》第五辑，中国社会科学出版社，2002 年，第 87～88 页。

土一批金银器，有鎏金双鹿纹银饰件、鎏金动物纹银饰件、鎏金银臂鞲、双鹿纹包金银箭囊饰片、鎏金银缨罩、鎏金契丹人形银缨罩、鎏金银盏托等。

（三）辽代晚期遗迹中的金银器

辽代晚期发现金银器的遗迹，主要发现于内蒙古赤峰市和辽宁西部地区，多为墓葬，少数为窖藏。

1. 1956 年，辽宁省新民县巴图营子辽墓①出土金银器二件。金器有人物鱼舟形金簪，银器有银钗。

2. 1958 年，辽宁省锦西县西孤山辽萧孝忠墓②出土银器五件，器类有鎏金银冠、银饰片。

3. 1971 年，辽宁省建昌龟山一号辽墓③出土银器三件，器类有花瓣式口银杯、银盘。

4. 1978 年，内蒙古巴林右旗白音汉窖藏④出土银器 26 件，器类有八棱錾花银执壶、八棱錾花银温碗、柳斗形银杯、荷叶形银杯、复瓣仰莲纹银杯、二十五瓣莲花口银杯、海棠形錾花银盘、筒形银饰、鎏金银边螺钿杯。

5. 1993 年，内蒙古宁城县埋王沟四号辽墓⑤出土银器五件，器类有带枝莲花朵银薰炉、鎏金双凤戏珠纹银马鞍饰。

---

① 冯永谦：《辽宁省建平、新民的三座辽墓》，《考古》1960 年第 2 期，第 15～24 页。

② 雁羽：《锦西西孤山辽萧孝忠墓清理简报》，《考古》1960 年第 2 期，第 34～35 页。

③ 靳枫毅、徐基：《辽宁建昌龟山一号辽墓》，《文物》1985 年第 3 期，第 48～55 页。

④ 巴右文、成顺：《内蒙古昭乌达盟巴林右旗发现辽代银器窖藏》，《文物》1980 年第 5 期，第 45～51 页。

⑤ 内蒙古自治区文物考古研究所等《宁城县埋王沟辽代墓地发掘简报》，《内蒙古文物考古文集》第二辑，中国大百科全书出版社，1997 年，第 609～630 页。

此外，在内蒙古、辽宁等地发现的辽代遗迹中，还散见有金银器，主要为装饰品，如甘肃省博物馆收藏的鎏金凤纹银冠。也有一些辽代金银器已经流散到国外，如法国收藏家乌拉尔·皮尔先生收藏的金面具、鎏金双凤兽面纹银枕（图21）、鎏金立兽纹银饰牌等，克里斯狄安·戴狄安先生收藏的花形金耳坠、摩羯纹金耳坠、联珠纹金耳坠、联珠纹金镯、龙凤形金簪等。从辽代三期遗迹出土的金银器情况看，辽代早期、中期金银器的数量和种类最多，晚期的金银器数量和种类相对较少，而且以银器为主，这与辽代晚期禁止随葬金银器的法令有关。从出土地点看，内蒙古的赤峰市、通辽市和辽宁省西部地区出土的金银器比较集中，这与辽代契丹人

图21 鎏金双凤兽面纹银枕
辽
流失到国外文物市场
（谢天 绘）

的主要活动区域相吻合。从遗迹的级别看，全部为辽代皇室和大贵族、上层僧侣所拥有，说明金银器主要在上层社会中流行。

（四）辽代金银器的分期

从已发表的资料看，辽代金银器可分三期，目前学术界对分期的时间稍有差异。关于辽代金银器的研究近年始兴，许多学术问题有待进一步的探讨。对于辽代金银器的分期，陕西学者提出了三期说①。早期从太祖神册元年至景宗乾亨五年（公元916～983年），历太祖、太宗、世宗、穆宗、景宗五朝；中期为圣宗、兴宗两朝（公元984～1055年）；晚期为道宗、天祚帝两朝（公元1056～1125年）。这一分期是依照辽代历史由盛而衰的线索划分的，与历史分期完全相同。朱天舒在《辽代金银器》中也持这种观点，并就辽代金银器的出土情况、分期和演变规律、造型艺术、纹样特征、文化探讨、葬具和服饰以及金银器的使用和制造，进行了比较详细地阐述②。笔者认为文物的发展演变有其自身特有的规律，不能简单等同于历史分期。我们在研究、比较大量实物的基础上，根据辽代金银器的造型、纹饰题材、装饰手法、制作工艺及艺术风格的演变，重新对其分期作了界定，并在此基础上对辽代金银器的特征演变、艺术风格及其反映的文化间的交流传承关系作了新的探讨③。

近年来，大批纪年辽墓的发现和出土实物的增加为金银器的分期提供了科学依据。笔者通过大量的实物比较研究，

---

① 韩建武：《试论辽代金银器的分期及特点》，《陕西博物馆馆刊》第3辑，1996年。

② 朱天舒：《辽代金银器》，北京，文物出版社，1998年，第1～85页。

③ 张景明：《中国北方草原古代金银器》，北京，文物出版社，2005年，第191页。

认为辽初太祖至圣宗时期（公元 907～1030 年），历太祖、太宗、世宗、穆宗、景宗、圣宗六朝，一百余年间，金银器种类繁多，特征各异，表现出对唐文化和西方文化的兼容并蓄、繁荣发展、工艺精湛的上升趋势，应划分为第一期；兴宗时期（公元 1031～1055 年），金银器在继承前朝传统的基础上，继续受到唐文化和西方文化的影响，同时开始出现宋文化因素的渗透，但仍表现出辽文化的鲜明的民族特色，是为第二期；道宗、天祚帝时期（公元 1055～1125 年），金银器的制作工艺日臻完善，但文化特征则表现出更多地接受宋文化因素的影响，抑或从宋地直接输入，是为第三期。其中，第一期的器形和纹饰演变比较复杂，又可分为第一、第二两个阶段，第一阶段为太祖至穆宗时期（公元 907～968 年），第二阶段为景宗、圣宗时期（公元 969～1030 年），并表现出殡葬用具盛行，佛教用具开始出现。

（五）辽代金银器第一期的主要特征

1. 器种繁杂，数量较多。器形有碗、盘、杯、壶、盒、盆、罐、钵、盏托、匜、匙、箸、渣斗、冠、簪、耳坠、戒指、带饰、捍腰等；马具成套出现，有笼头饰、盘胸饰、鞍饰、后鞦饰；殡葬器大量盛行；佛教用具已出现。在第一阶段中，主要的器物可以分成不同的类型，并各有特点。碗分三型，A 型为敞口，弧腹，圈足，又可分圆形口和花瓣口两种，如内蒙古阿鲁科尔沁旗辽耶律羽之墓出土的鎏金摩羯纹银碗和内蒙古克什克腾旗二八地一号辽墓出土的鎏金飞凤团花纹银碗；B 型为敞口，斜腹，凹底，如克什克腾二八地一号辽墓出土的银碗；C 型为直口，弧腹，圜底，如内蒙古赤峰市大营子辽驸马墓出土的鎏金团龙戏珠纹银碗。杯分三型，A 型为花瓣式或圆形敞口，弧腹较深，圈足，如阿鲁科尔沁旗辽耶律羽之墓出土的五瓣形芦雁纹金杯（图 22－1）；B 型为高足杯，敞口，浅弧腹，高圈足，如赤峰市大营子辽驸马墓出土的鎏金团龙戏珠纹银高足杯（图 22－2）；C 型为錾耳杯，分圆口和多边口两种，口沿一侧有錾耳，下垫指环，如内蒙

图 22－1 五瓣形芦雁纹金杯
辽
内蒙古阿鲁科尔沁旗耶律羽之墓出土
（谢天 绘）

古阿鲁科尔沁旗扎斯台辽墓出土的鎏金鸿雁纹银耳杯（图 22－3）。盘分三型，A 型为敞口，折沿，斜垂腹，圈足外张，如阿鲁科尔沁旗辽耶律羽之墓出土的鎏金双凤纹银盘；B 型为圆唇，平折沿，浅腹，圜底，如内蒙古科尔沁左翼后旗白音塔拉辽墓出土的鎏金四曲錾花银盘；C 型为海棠形，敞口，平底，如科尔沁左翼后旗白音塔拉辽墓出土的鎏金摩羯纹银盘。

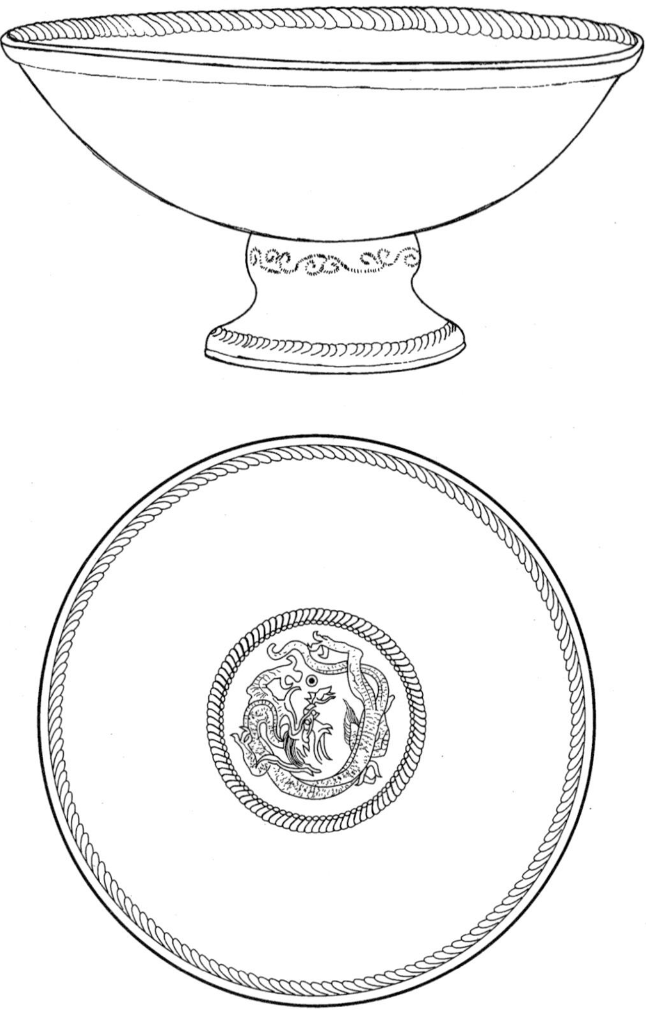

图 22－2　鎏金团龙戏珠纹银高足杯及内部纹样
辽
内蒙古赤峰市大营子辽驸马墓出土
（谢天　绘）

图 22－3 鎏金鸿雁纹银耳杯
辽
内蒙古阿鲁科尔沁旗扎斯台辽墓出土
（谢天 绘）

壶分三型，A 型为鸡冠壶，椭圆形口，长腹略弧，口一侧有鸡冠状鋬耳，有的还堆塑猴，如内蒙古赤峰市松山区城子辽代窖藏出土的鎏金卧鹿纹银鸡冠壶；B 型为提梁壶，分摩羯形和矮体形两种，如赤峰市松山区城子窖藏出土的鎏金双摩羯形银壶；C 型为长颈折肩壶，直口，束颈，折肩，圆腹，圈足，如阿鲁科尔沁旗辽耶律羽之墓出土的鎏金“孝子图”银壶。盒分二型，A 型为方形曲角状，如阿鲁科尔沁旗辽耶律羽之墓出土的鎏金四瓣花纹银粉盒；B 型为外向连弧形，如阿鲁科尔沁旗辽耶律羽之墓出土的鎏金双狮纹银盒。匜分二型，A 型呈椭圆形，无柄，如阿鲁科尔沁旗辽耶律羽之墓出土的银匜；B 型与流口相对的一侧有扁长的空心柄，如赤峰市大营子辽驸马墓出土的银匜。渣斗为盘口，鼓腹，圈足，如阿鲁科尔沁旗辽耶律羽之墓出土的鎏金对雁团花纹银渣斗。盏托的形体较高，盏托弧腹内向，如赤峰市大营子辽驸马墓出土的盘带纹银盏托。盆为敞口，呈五瓣花形，弧腹，圈足，素面，如阿鲁科尔沁旗辽耶律羽之墓出土的“左相公”银盆。罐为口斜直口，鼓腹，如科尔沁左翼后旗白音塔拉辽墓出土的鎏金錾花银罐。

在第二阶段中，主要器物形成各自的特点。碗分四型，A型为侈口，弧腹下收，喇叭形圈足，如流失到国外文物市场上的兔纹金碗；B型分圆形口和花瓣口两种，敞口，浅腹，圜底，如流失到国外文物市场上的鎏金坐佛纹银碗；C型为花式口，曲腹，如河北省凌源市下喇嘛沟辽墓出土的摩羯纹银碗；D型为直口，直壁深腹，圈足，如凌源市下喇嘛沟辽墓出土的银碗。杯分二型，A型为高足杯，造型与早一阶段的差异较大，深腹，喇叭形高圈足，如流失到国外文物市场上的双凤纹高足金杯；B型为葵形花式口，弧腹，圜底，如流失到国外文物上的龙纹葵口金杯。盘分三型，A型为直口，折沿，高圈足，如内蒙古敖汉旗英凤沟辽墓出土的契丹文银盘；B型为卷唇，宽折沿，浅腹，平底，如内蒙古奈曼旗辽陈国公主墓出土的束腰形银盘；C型为花式口，斜腹，平底，如流失到国外文物市场上的供花菩萨纹金盘。壶分二型，A型为侈口，一侧有环形单耳，如内蒙古通辽市奈林稿辽墓出土的鎏金立凤纹银壶（图23－1）；B型为执壶，分高体和矮体两种，如奈曼旗辽陈国公主墓出土的银执壶（图23－2）。盒分三型，A型为扁圆形，子母口，直腹，平底，如奈曼旗辽陈国公主墓出土的银盒；B型为方盒，盝式盖、底，盒体方正，如流失到国外文物市场上的双凤纹金盒；C型为链盒，盖与盒身以子母口相合，有链连接上下两体，如奈曼旗辽陈国公主墓出土的八曲连弧形鸳鸯纹金盒。盏托的盏腹部较深，如奈曼旗辽陈国公主墓出土的符号纹银盏托。匜为敞口，弧腹，一侧有流，无柄，如流失到国外文物市场上的鎏金鸿雁纹银匜。匙分二型，A型匙面呈椭圆形，细长柄后部弯曲，柄上端成竹节形，柄端成扁形，内錾刻双鱼纹，鱼尾部穿孔，如奈曼旗辽陈国

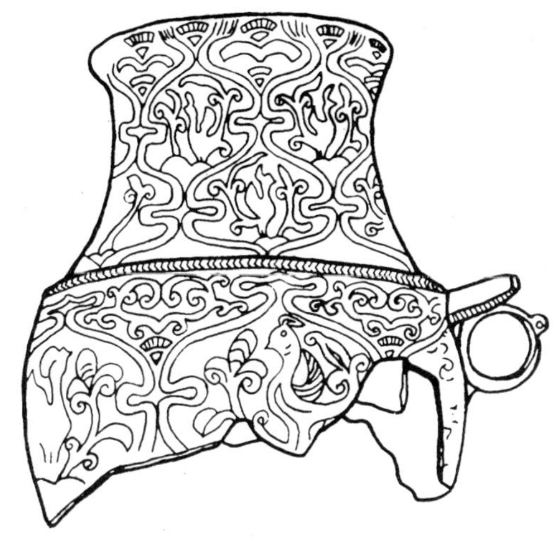

图 23－1
鎏金立凤纹银壶
辽
内蒙古通辽市奈林稿墓葬出土
（谢天　绘）

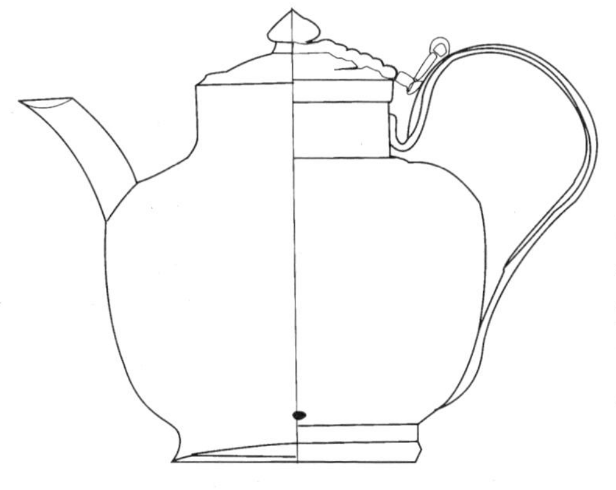

图 23－2
银执壶
辽
内蒙古奈曼旗辽陈国公主与驸马合葬墓出土
（谢天　绘）

公主墓出土的鎏金双鱼纹银匙；B 型匙面呈椭圆形，细长柄后弯曲，柄端呈扁平鸭蹼形，如奈曼旗辽陈国公主墓出土的银匙。罐为直口，矮颈，溜肩，鼓腹，平底，盖面隆起呈半圆形，中间焊环形钮，如奈曼旗辽陈国公主墓出土的银盖罐。钵为直口微敛，方唇，弧腹，平底，如奈曼旗辽陈国公主墓出土的鎏金莲花纹银钵。奁为子母口，曲腹，圈足，带盖，如奈曼旗辽陈国公主墓出土的鎏金行龙戏珠纹银奁。渣斗为盘口，束颈，鼓腹，圈足，盘下部剪成缺口，套入直颈内，将缺口外折，使盘底与颈口套连，如奈曼旗辽陈国公主墓出土的银渣斗。

2. 纹饰布局严谨。杯、碗、盆多用分区点饰的手法，以单纯的纹样在器物局部进行装饰，采用环带夹单点式结构和散点式结构。单点式装饰的纹样，常见组成一个圆形规范，交式辅以鱼子纹等地纹。多层散点式构图运用比较普遍，以动物或植物纹样等距离反复出现于器物的装饰部位上，纹样间留出较大空白，显得图案分明而清晰。如阿鲁科尔沁旗辽耶律羽之墓出土的鎏金摩羯纹银碗，内底中心饰一层图案，腹壁等距离散饰折枝花等，口沿錾刻莲瓣纹和联珠纹（图24）。盒、罐、函、缨罩等多采用单区满地装的手法，对器物通体装饰，分为适合纹样、连续纹样、单独纹样、格律式纹样、平视式纹样等构图方法，纹饰分布非常有规律。适合纹样和连缀纹样常用于一种器物，如奈曼旗辽陈国公主墓出土的鎏金行龙戏珠纹银奁，在器盖顶中间浅浮雕行龙戏珠纹，龙头尾刻火焰宝珠和如意云纹，边缘饰联珠纹和变形莲瓣纹；腹分四区錾刻连缀的凤纹、折枝牡丹纹和海棠纹。格律式纹样多用于盒的图案装饰，如流失到国外文物市场上的盘龙纹盝顶金方盒，盖顶上模冲盘龙纹，盝顶叠涩饰一整二破式海棠瓣，腹部饰菱形两方连续图案，很有格律。鎏金迦陵频迦伎乐飞天纹盝顶银函，盖面斗方中有两重四出团花，花尖各有一字，读为“太平清吉”；团花外绕四个迦陵频迦，人首鸟身，上身裸露，鼓双翼，展翘华尾，两个吹奏横笛，一个手执琵琶，一个乐器不明；斗方四角各有一只腾飞的仙鹤；外斗方四角各有一朵折枝纹；四侧饰如意云纹；盖四壁饰二方连续菱形纹；函体每面有两个伎乐飞天，披帛飘飞，舞姿各

图 24　鎏金摩羯纹银碗
辽
内蒙古阿鲁科尔沁旗辽耶律羽之墓出土
（谢天　绘）

异，周围满绕如意云朵；以鱼子纹为地。平视式纹样的器物比较少，只在殡葬服饰中看到。如奈曼旗辽陈国公主墓出土的鎏金双凤纹银靴，在靴靿两侧各錾两只凤凰和云纹，靴面两侧各錾一只凤凰及云纹。图案比较随意、自由。装饰画式纹样用于宝函上，如流失到国外文物市场上的鎏金仙人骑凤纹盝顶宝函，顶有骑凤吹箫仙人，四周饰流云五朵；叠涩及函盖沿饰海棠纹；函体正面錾刻巨型兽面，整体纹样如同装饰画一样。

3. 金器、鎏金银器多錾刻花纹，银器少见纹饰或装饰简单的花纹。如阿鲁科尔沁旗辽耶律羽之墓出土的金器和鎏金银器，在器物的外表或内底、内腹都装饰有华丽的纹样。如五瓣花形芦雁纹金杯、对雁衔花纹金杯、嵌玉盾形金戒指、盾形宝相花纹金戒指、盾形缠枝纹金戒指、椭圆形缠枝纹金戒指、嵌松石圆形金戒指、龙首形金镯、嵌松石摩羯形金耳坠、摩羯形金耳坠、鎏金龙纹“万岁台”银砚盒、鎏金对雁团花纹银渣斗、鎏金摩羯纹银碗、鎏金四瓣花纹银粉盒、鎏金“高士图”錾花银把杯、鎏金双狮纹银盒、鎏金双凤纹银盘、鎏金“孝子图”银壶、鎏金连枝花纹银簪等。而“左相公”银盆、银匜、银勺却为素面或錾刻简单的文字。克什克腾旗二八地一号辽墓出土的五瓣花形银盏、五星纹银把杯、“大郎君”银壶、五瓣花形银杯、银碗、连枝花纹银托、银号角、银扣边、镂空银饰、银簪等银器，多数为素面，个别的錾刻简略的纹样。

4. 装饰品主要有冠饰、带饰、捍腰、葫芦形坠、镯、耳坠、球形饰、簪、钗等，出现仿生和传说中的动物形象，如龙、凤、摩羯、龟、兽等。冠饰多为菩萨冠，以龙、凤为装饰纹样。如辽宁省建平县张家营子辽墓出土的鎏金双龙戏珠纹银冠，正面上端呈外向弧曲，锤錾浮雕式的双龙戏珠纹，龙昂首翘尾，腾空飞跃；空隙錾卷云纹，衬卷草纹和鱼子纹为地纹。还有螺叠状和两侧立高翅的冠，如奈曼旗辽陈国公主墓出土的鎏金银冠。鎏金螺叠状银冠前面正中为两片云朵形银片，两侧由下而上叠压十二片云朵形银片，背面上下叠压两片云朵形和莲瓣形银片，冠箍口用薄银片顺长对折成双层，卷曲成圆环形，正面饰对凤，周围缀錾刻凤、鸟、鹦鹉、鸿雁、火焰、花卉等图案的鎏金银圆片，箍外侧周边錾刻缠枝卷叶纹。鎏金双高翅银冠为高筒式，圆顶两侧有对称的立翅高于冠顶，冠箍口用长条形银片顺长对折成双层，卷曲成圆环形，正面镂空并錾刻火焰宝珠和飞凤纹，高翅、外侧正面中心各錾刻一只展翅欲飞的凤鸟，立翅边缘和冠箍外侧周边錾刻卷草纹。带饰分鞢䩞带和大带，既有契丹本民族的特色，又有汉式的风格。如赤峰市大营子辽驸马墓出土的缠枝花纹金鞢䩞带，由带扣、带銙、铊尾、带箍、葫芦形饰组成，各部件錾刻或透雕缠枝花纹。辽宁省朝阳市前窗户村辽墓出土的鎏金戏童纹银带饰属于汉式大带，包括带扣、带銙、铊尾，没有下垂的小带和囊、葫芦形饰等装饰，各部件上錾刻吹箫、拍板、舞旗、持长枪、执令箭、执鼓槌、骑棍、提编织灯笼等玩耍的戏童图案。捍腰一般固定在织物上，系于后腰，上边呈外向连弧形，以莲花宝塔、牡丹纹为装饰。如辽宁省法库县叶茂台辽墓出土的鎏金嵌琥珀鸾凤纹银捍腰，上边呈外向连弧状，表面锤錾五个塔式建筑，塔身镶嵌琥珀，地錾鸾凤纹；两端有扣，连在棉袍的长带上。镯的中间扁宽，两端开口常铸成动物的首部。如内蒙古科尔沁右翼中旗代钦塔拉辽墓出土的龙首金镯，呈椭圆形，正面錾刻十三朵梅花，两侧有联珠纹，两端铸成相对龙首。耳坠多呈“U”形，并焊接“U”形钩，多塑造成摩羯、凤、兽等形象。如克什克腾旗二八地一号辽墓出土的摩羯形金耳坠，摩羯身躯卷曲，头顶球饰，周身有小圆孔。建平县张家营子辽墓出土的凤形金耳坠，凤作展翅飞舞状，翘尾，口衔瑞草，腹下云草托足，耳针弯曲。

5. 受唐文化和西方文化影响多，反映了东西文化和南北文化交流的状况。辽代金银器的器形，在器口变化上呈多样化，有圆形、花瓣形、盘状、曲式、海棠形等，这种器形的变化多端是始自唐代的，与唐代金银器的圆形、葵式、椭方、海棠、花瓣、菱弧形口有着明显的共性，二者显然有着直接的渊源关系。从纹饰题材和布局看几乎是唐代装饰艺术的翻版，尤其是第一期的纹饰布局讲求对称，构图繁缛而层次分明。纹饰有分区装饰、单点装饰和满地装等，在器物内底或器顶饰以主体花纹，其他部位以辅助性花纹修饰。如阿鲁科尔沁旗辽耶律羽之墓出土的鎏金对雁团花纹渣斗、丰镇市永善庄辽墓出土的鎏金鸳鸯团花纹银碗、克什克腾旗二八地一号辽墓出土的鎏金双凤团花纹银碗，与陕西西安何家村唐代窖藏①出土的小簇花银盖碗、内蒙古喀喇沁旗锦山镇河东村唐代窖藏②出土的鎏金摩羯团花纹银盘、鎏金卧鹿团花纹银盘、鎏金雄狮团花纹银盘、西安北郊坑底寨③出土的唐代“裴肃进”双凤纹银盘、陕西省蓝田县杨家沟④出土的唐代鹦鹉团花纹银盘、折枝团花纹银碗盖等，都属于团花的分区装饰，从题材到布局都保持一致。同时，在辽代金银器中，多瓣形器的原形渊源于粟特地区的银器，它直接或通过唐代金银器作为媒介间接地影响了辽代金银器。那种带錾耳和指环的银杯、银壶，在粟特金银器中流行。联珠纹装饰又是波斯萨珊王朝银器的做法，饱满圆润，技法高超。摩羯形图案，则是通过唐代间接吸收印度佛教文化艺术的因素。由此，辽代第一期金银器中，唐文化与西方文化的因素比较浓厚。

6. 制作和装饰工艺精湛。辽代第一期金银器采用铸造、

---

① 陕西省博物馆等：《西安南郊何家村发现唐代窖藏文物》，《文物》1972年第1期，第30~42页。

② 内蒙古自治区喀喇沁旗文化馆：《辽宁昭盟喀喇沁旗发现唐代鎏金银器》，《考古》1977年第5期，第327~334页。

③ 李长庆等：《西安北郊发现唐代金花银盘》，《文物》1963年第10期，第60页。

④ 樊维岳：《陕西蓝田发现一批唐代金银器》，《考古与文物》1982年第1期，第46~51页。

铆合、切削、锤鍱、抛光、模冲、编缀、鎏金、镶嵌、线雕、镂雕、立雕、錾刻、镂空等工艺和技法，往往同一器物的制作使用多种工艺。如克什克腾旗二八地一号辽墓出土的鎏金飞凤团花纹银碗，采用了锤鍱、錾刻、鎏金、抛光等工艺。阿鲁科尔沁旗辽耶律羽之墓出土的嵌松石摩羯形金耳坠，采用了模冲、镂空、镶嵌、锤打等工艺。

7. 器物底部錾刻归属者、制作年号、被供奉者、贡臣结署、器物泛称、工匠名及符号。如克什克腾旗二八地一号辽墓出土的银壶，底部錾刻行书“大朗君”三字。阿鲁科尔沁旗辽耶律羽之墓出土的银盆底部和银砚盒顶部，分别錾刻“左相公”和“万岁台”三字。流失到国外文物市场的辽代太平年间的一批金银器，多数器物上錾刻铭文。如双鸳朵带纹金碗外錾文：“太平丙寅又进文忠王府大殿供奉祈百福皿九拾柒”；鎏金双鸳朵带纹银碗外腹錾文：“太平丙寅又进文忠王府，宣徽南院诸臣合金银百两造成贡进”；双凤纹高足金杯圈足錾文：“太平丁卯至匠造，奉文忠王府大殿供养祭器龙涎香皿一桌，臣萧术哲等合供进”；双凤纹金方盒内錾文：“崇仁广孝功成治定文忠王府殿前祭器，太平六年造成又贡，臣张俭等合拜揖”；伎乐飞天纹盝顶金函内錾文：“太平丙寅进奉文忠王府供养祭品，臣张俭等命吉匠造成，又合拜揖”。

（六）辽代金银器第二期的主要特征

1. 金银制作的佛教用具增多，生活器皿大量减少。如内蒙古巴林右旗庆州白塔、辽宁省朝阳市北塔天宫地宫、河北省易县净觉寺舍利塔地宫、北京市房山县北郑村辽塔、顺义县辽净光舍利塔塔基等，都出土了大量的与佛教有关的金银器。其中，巴林右旗庆州白塔出土的金银佛教文物有金板金法舍利、鎏金凤衔珠舍利塔、长颈舍利银瓶、“千年万载”银匙、花瓣口银碟、银碗、银板金法舍利。朝阳市北塔天宫地宫出土的金银佛教文物有金舍利塔、金盖玛瑙舍利罐、金法轮、鎏金银塔、金银经塔、木胎银棺、银宝盖、银菩提树、灯笼形银饰件、龙纹花式口银碟、银罐、戏童纹银囊盒、筒形银瓶。这里的匙、碟、碗等虽然为饮食器皿，但却作为佛教中的供器出现，体现了佛教在辽代的盛行。

2. 器种有碟、杯、盘、壶、罐、盒、瓶、塔等，较第一期少，器形变化不明显。碟分二型，A 型为六瓣花式口，弧腹，平底，如巴林右旗辽庆州白塔出土的花瓣口银碟；B 型为十三瓣花式口，斜直腹，平底，如辽宁省朝阳市北塔出土的龙纹花式口银碟。杯为花瓣形，直口，折肩，小圈足，如内蒙古翁牛特旗解放营子辽墓出土的五瓣花形银杯。盘为海棠形，浅腹，平底，如翁牛特旗解放营子辽墓出土的海棠形银盘。壶为直口，长颈，折肩，鼓腹，小圈足，如翁牛特旗解放营子辽墓出土的银壶。罐为小口，鼓腹，矮圈足，如朝阳市北塔出土的银罐。盒为花式椭圆形，带链，如朝阳市北塔出土的戏童纹银囊盒。塔分六型，A 型为方形单层檐式，三层平台式基座，上面和侧面錾刻云纹，座上置单层八瓣金莲座，上承方形塔身，如朝阳市北塔天宫地宫出土的金舍利塔；B 型为六角形三重檐式，由基座、塔身、刹顶构成，如朝阳市北塔天宫地宫出土的鎏金银塔；C 型分火炉、莲座、塔身、顶盖四部分。炉盆作浅钵形，平底，铜质，上有豆座形连弧边银盖。炉盖上接仰莲座，内置一朵单层八瓣金莲叶。塔身系四重圆筒形套，内装经卷。顶盖为金片锤揲而成，八角帽顶形，上面凸起作八瓣半敷莲花，顶尖安一颗大珍珠，边缘和下面饰银丝穿珍珠。如朝阳市北塔天宫地宫出土的金银经塔；D 型分数段套合而成，塔下为圆形须弥座，上下各有三层叠涩，锤覆仰莲、卷草和牡丹花叶纹。如阜新市新营子辽塔出土的金舍利塔；E 型由塔座、塔身、塔檐、塔刹组成。塔座为圆形重台式，塔身呈六边形，塔檐、塔顶覆钵连体，刹顶饰一昂首展翅、口衔宝珠、双爪着于花盖之上的凤凰。如巴林右旗辽庆州白塔出土的鎏金凤衔珠银舍利塔；F 型由塔座、塔身、塔刹组成，塔座为八角形，模压莲花纹，塔身用水晶制作。如北京市顺义区辽净光舍利塔出土的银座水晶塔。

3. 纹饰的装饰手法继承了第一期，单区装饰和满地装仍流行，但趋于简化，素面器大量增加。由于此期佛教用具比较多，与佛教题材有关的纹饰也大量相应而生。单点装饰的器物局限于碟，简单而明了。如辽宁省朝阳市北塔天宫地宫出土的龙纹花式口银碟，在内底錾刻盘龙纹，其他部位无纹饰。满地装饰适用于盒，纹饰较第一期简单。如朝阳市北塔天宫地宫出土的银囊盒，两面各锤鍱出三个童子及云纹，纹饰无层次。佛教图案占主要地位，如朝阳市北塔天宫地宫出土的鎏金银塔，在第一节塔身每面线刻一尊坐佛，为释迦牟尼和密宗金刚界五方如来，佛下均有莲花和生灵宝座；第二节塔身刻写下面各佛的梵文种子；第三节塔身刻写梵文“六字真言”。巴林右旗庆州白塔出土的鎏金凤衔珠银舍利塔，塔座錾刻荷叶覆莲纹；塔身正面刻塔门，两侧四面对称錾刻供养人的侍女各二人，背面刻一赤足力士，说明佛教在辽代传播的盛况。

4. 仿三彩器增多，突出了辽代器物的特点，如翁牛特旗解放营子辽墓出土的海棠形银盘、巴林右旗辽庆州白塔出土的花瓣口银碟等。从目前的考古学资料表明，辽代早期和中期早一阶段不见三彩器或者比较罕见，中期晚一阶段才开始出现一定数量的三彩器，晚期更加流行，这与辽代中期以后禁止随葬金银器有关，代之而起的便是三彩器。因此，金银器中便有了仿三彩器的器形。

5. 装饰品特别少，在所列举的遗迹中几乎不见。

6. 仍受唐文化和西方文化影响，宋文化因素已渗入。

在长期的模仿唐代金银器的过程中，辽代金银器已不自觉地走向简化、涣散和潦草。如朝阳北塔天宫地宫出土的花瓣形团龙纹银碟，与内蒙古敖汉旗李家营子唐代墓葬[①]出土的鎏金猞猁纹银盘、何家村唐代窖藏出土的龟纹银桃形器，就同是这一简约化风格的产物。同时，开始受到宋文化的影响。如朝阳市前窗户村辽墓出土的戏童纹银带上的高浮雕处理手法、辽代佛塔出土的金银塔的形制、奈曼旗辽陈国公主墓出土的鎏金高翅银冠、鎏金螺叠式银冠上使用的镂空技法等，都具有宋代金银器的风格。

7. 在工艺上新增加贴金、错金银等技法。如内蒙古巴林右旗辽庆州白塔出土的木雕佛塔，使用了贴金的工艺（图 25）；内蒙古赤峰市大营子辽驸马墓出土的错金铁马镫、错银铁矛。

（七）辽代金银器第三期的主要特征

1. 银器大量增多，少见金器。在所列举的出土金银器遗迹中，只有辽宁省新民县巴图营子辽墓出土一件人物鱼舟形金簪。

2. 器种较少，多为饮食器，器类有杯、碗、盘、壶等，马具、装饰品、宗教用具少见。碗为多棱形，直口，深腹，圈足外侈，如内蒙古巴林右旗白音汉辽代窖藏出土的八棱錾花银温碗。杯分四型，A 型为多瓣口，深弧腹，高圈足，如辽宁省建昌县龟山一号辽墓出土的花瓣口银杯；B 型为柳斗形，仿柳条编制成形，侈口，弧腹，圜底，如巴林右旗白音汉辽代窖藏出土的柳斗形银杯；C 型为荷叶形，敞口，浅弧腹，圈足，如巴林右旗白音汉辽代窖藏出土的荷叶形银杯；D 型为复瓣花形，花式口，卷唇，深弧腹，高圈足，如巴林右旗白音

---

① 内蒙古自治区敖汉旗文化馆：《敖汉旗李家营子出土的金银器》，《考古》1978 年第 2 期，第 117～118 页。

图 25　七佛贴金彩绘法舍利塔
辽
内蒙古巴林右旗辽庆州白塔出土
（谢天　绘）

汉辽代窖藏出土的复瓣仰莲纹银杯。盘分二型，A 型为敞口，浅腹，平底；B 型为海棠形，敞口，斜腹，平底，如巴林右旗白音汉辽代窖藏出土的海棠形錾花银盘。壶通体呈八棱形，子母口，带八角形塔状盖，长颈，鼓腹，圈足，肩部一侧有竹节状长流，另一侧腹部与颈上端铆接竹节状弯柄，如巴林右旗白音汉辽代窖藏出土的八棱錾花银执壶。

3. 器形多为花瓣状，分四瓣、五瓣、二十二瓣、二十五瓣等。出现仿物形态，如荷花、海棠等。建昌龟山一号辽墓出土的花瓣式口银杯、巴林右旗白音汉窖藏出土的荷叶形银杯、复瓣仰莲纹银杯、二十五瓣莲花口银杯、海棠形錾花银盘等。

4. 纹饰题材以写实基调的花叶形为主，打破前两期的团花格局，显得生动、活泼、优美。多式的曲瓣花形，使器物的造型与纹饰和谐统一。如巴林右旗白音汉辽代窖藏出土的荷叶形银杯、复瓣仰莲纹银杯等（图 26）。

图 26 荷叶形银杯
辽
内蒙古巴林右旗白音汉辽代窖藏出土
（刘洪帅 绘）

5. 装饰品的类别较少，有冠、簪、钗。冠已残缺，如辽宁省锦西县西孤山辽萧孝忠墓出土的鎏金银冠，仅存冠沿一片，沿上部连着斜方格网状冠顶残部，另外的银饰片应为冠上之物。簪作人物、鱼、船蓬的组合型，如新民县巴图营子辽墓出土的人物鱼舟形金簪。钗采用锻打，分双叉，素面，如新民县巴图营子辽墓出土的银钗。

6. 主要受宋文化影响，抑或从宋地直接输入器物。宋代金银器的一个显著特点是仿生多变的造型，用钣金的方法制作如花朵、荷叶形状的碗、盘等。结合这种造型，原来适宜于唐代金银器上的四、五、六等分区法随即失去了意义，宋人在器形和纹饰统一下，曲口分瓣非常随意，瓣数增多，出现了二十多瓣的器物，这些都在这一期金银器中得以表现。但是，宋代金银器具有代表性的仿古作风、亭台楼阁、双层结构、题诗赋文等作法，未在辽代金银器此期中发现。

7. 制作工艺日臻完善，切削、抛光、焊接、模冲、压印、锤鍱、錾刻等技术应用十分娴熟，少见鎏金工艺，浮雕凸花技术得到发展，出现立体装饰技法。如内蒙古巴林右旗白音汉窖藏出土的柳斗形银杯就是浮雕凸花技术的典型代表。

对于辽代金银器的分期，国内学术界研究者甚少，基本上遵循了辽代历史的分期，容易造成金银器在考古学类型学上的特征不明的结果。通过对辽代金银器的器形、纹样、工艺等特点的分析，原来的分期存在着缺陷，因为随着历史进程的发展，契丹民族在自己传统文化的基础上，所接受外来文化因素也有所不同，这样对辽代的物质文化产生的影响也会各有所异。金银器的各种特征，就是在这种规律中产生，不必按照历史的分期去对待，要保持器物本身的发展变化规律，因而将辽代金银器重新分为三期，使金银器的特征更加明显。

（八）辽代金银器的原料来源与制作管理

辽代金银器在中国北方草原地区达到一个鼎盛阶段，与其丰富的金银原料有着密切的关系。契丹建立国家后，征服了室韦、渤海等部和阴山、陷河等地，这些地区都盛产金银，加之与中原王朝和西方国家的交往，为金银器的制作奠定了原料基础。在金银矿的采冶和制作方面，设置专门机构和官吏进行管理，虽然有一定规模的私营作坊，但总体上是为辽代皇室贵族、上层官吏、寺院僧侣服务，使他们成为金银器的拥有者。

辽代金银器制作的原料有两个方面的来源，即本土和域外，本土指辽代疆域内的金银矿藏，域外就是中原地区的输入。辽代的金银矿藏比较丰富，《辽史》卷六〇《食货志》下记载："坑冶，则自太祖始并室韦，其地产铜、铁、金、银，其人善作铜、铁器。又有曷术部者多铁；'曷术'，国语铁也。部置三冶：曰柳湿河，曰三黜古斯，曰手山。神册初，平渤海，得广州，本渤海铁利府，改曰铁利州，地亦多铁。东平县本汉襄平县故地，产铁矿，置采炼者三百户，随赋供纳。以诸坑冶多在国东，故东京置户部司，长春州置钱帛司。太祖征幽、蓟，师还，次山麓，得银、铁矿，命置冶。圣宗太平间，于潢河北阴山及辽河之源，各得金、银矿，兴冶采炼。自此以讫天祚，国家皆赖其利。"《辽史》卷三九《地理志》三记载："泽州广济军下刺史，本汉上垠县地，太祖俘蔚州民，立寨居之，采炼陷河银冶。"《辽史》卷一一六《国语解》载："万役陷河冶，地名，本汉上垠县，有银矿，太祖募民立寨以专采炼，故名陷河冶。""山金司，以阴山产金，置冶采炼，故以名司。"《辽史》卷一一《圣宗纪》二记载："（太平七年五月）西南路招讨司奏阴山中产金银，请置冶，从之。复遣使循辽河源，求产金银之矿。"《辽史》卷三八《地理志》二曰："（东京道）银州富国军下刺史，本渤海富州，太祖以银冶更名。……渤海置银冶，尝置银州。"《契丹国志》卷二五《胡峤陷北记》载："其国三面皆室韦，一曰室韦，二曰黄头室韦，三曰兽室韦。其地多铜、铁、金、银，其人工巧，铜、铁诸器皆精好，善织毛锦。"《宋会要辑稿》第一九九册《蕃夷》七引王曾《上契丹事》曰："顺州东北过白屿河，北望银冶山。"从文献记载看，辽代本土的银矿，主要的产地有：陷河（今河北省会州县西南大黑山北的瀑河）、室韦（今内蒙古额尔古纳市额尔古纳河畔）、阴山和辽河之源（今内蒙古克什克腾旗境内）、银州（今辽宁省铁岭市西关）、顺州银冶山（今北京市密云区境内）等。为了管理这些金银矿藏，辽代中央政府设置了专门的管理机构。会同元年（公元938年），太宗以"鹰坊、监冶等局官长为详稳。"① "详稳，诸官府监冶长官。"② "太宗置五冶太师，以总四方钱铁。"③ 太师应该是辽代管理金、银、铜、铁等矿冶的官吏。

辽代金银原料的另一个来源就是从中原地区输入。辽代从后晋、北汉、宋朝等中原王朝和女真、高丽等周邻民族输入或者掠夺金银，丰富了辽代金银原料的来源，为制作大量的金银制品提供了有利条件。在后晋、北汉、宋朝之时，契丹先后从这些王朝得到大批的金银。宋人曾统计，"自和盟以来，岁与三十万者四十年，五十万者十年，契丹所得银币凡千七百万矣。"（宋祁《景文集·御戎论》）可见每年从宋朝得到的岁币银数量之大。另外，在契丹皇室每年的生辰正旦礼仪中，宋朝的贺礼中包括了众多的金银器。

契丹掠夺北汉的银矿资源，还从后晋输入岁币。李焘的《续资治通鉴长编》四乾德元年（十二月条）记载："北汉于柏谷置银冶，募民凿山取矿烹银，北汉主取其银以输契丹，岁千斤。因即其冶建宝兴军。"契丹曾在宝兴银冶驻官开采。《辽史》卷四《太宗纪》下记载：会同四年（公元941年）三月"癸酉，晋以许祀南郊，遣使来谢，进黄金十镒。"会同六年（公元943年）六月，"晋遣使贡金"，"秋八月丁未朔，晋

① ［元］脱脱等撰：《辽史》卷四《太宗纪》下，北京，中华书局点校本，1974年。

② ［元］脱脱等撰：《辽史》卷一一六《国语解》，北京，中华书局点校本，1974年。

③ ［元］脱脱等撰：《辽史》卷六〇《食货志》下，北京，中华书局点校本，1974年。

复贡金。”女真地区产金，以之进奉辽朝，并成为与辽朝进行贸易的主要内容之一。辽朝在与女真交界处设置榷场互市，允许商贩自由往来。“先是，州有榷场，女真以北珠、人参、生金、松实、白附子、蜜蜡、麻布之类为市。”[①]“女真以金、帛、布、蜜、蜡诸药材……（诸部）来易于辽者，道路襁属。”[②]《契丹国志》卷九《道宗天福皇帝》记载：寿昌二年（公元1096年），“杨割父子自平萧解里之后，内恃有功于辽，阴怀异志，吞并旁近部族，或诬以诱纳叛亡，或诈云盗藏牛马，好则结亲以和取之，怒则加兵以强掠之，力农积粟，练兵牧马，多市金珠良马，岁时进奉，赂遗权贵，以通情好。”此外，在宋朝的正式岁币和贺礼外，还有无法统计的助送犒赏。如天庆五年（公元1115年）七月，辽与女真作战，“宋遣使致助军银绢”[③]。保大四年（公元1124年）七月，平州附宋，传捷报初胜金军，宋“令宣抚司出银绢数万犒赏”。[④]辽朝通过战争获取和从中原王朝岁贡金银，增加了制作金银器的原料来源。

随着契丹族的畜牧业、狩猎业、农业的发展，手工业也随之发展起来。在立国前，冶铁和纺织业就较为发达。在内蒙古巴林右旗塔布敖包墓[⑤]中，出土有大量的铁器、铜器及陶器，证实契丹立国前冶铁、铸铜、制陶已经成为独立的手工业部门。契丹立国后，手工业飞速发展，金银器的制作成为

---

① ［宋］叶隆礼撰：《契丹国志》卷一〇《天祚皇帝上》，上海，上海古籍出版社，1985年。

② ［元］脱脱等撰：《辽史》卷六〇《食货志》下，北京，中华书局点校本，1974年。

③ ［元］脱脱等撰：《辽史》卷二八《天祚皇帝》二，北京，中华书局点校本，1974年。

④ ［元］脱脱等撰：《辽史》卷二九《天祚皇帝》三《北京，中华书局点校本，1974年。

⑤ 齐晓光：《巴林右旗塔布敖包石砌墓及相关问题》，《内蒙古文物考古文集》第一辑，北京，中国大百科全书出版社，1994年，第454～461页。

手工业的一个重要行业。

辽太祖、太宗时期的手工业，主要表现在食盐、矿冶、陶瓷、铸钱、纺织等方面，其中的铁、铜、金、银等矿藏的开采和冶炼集中于东京道。《辽史》卷六〇《食货志》下记载："以诸坑冶多在国东，故东京置户部司，长春州置钱帛司。太祖征幽、蓟，师还，次山麓，得银、铁矿，命置冶。"辽太宗年间，耶律羽之曾任太傅判盐铁，管理盐业和冶铁，其墓葬出土大量的金、银、铁、铜器，种类繁多，制作精致，水平高超，反映了当时金属制造业的繁盛状况。辽圣宗、兴宗时期，手工业又有新的发展，矿冶和金属制造陈新迭出。圣宗年间，在潢河北阴山及辽河之源都发现有金银矿，并开采冶炼。内蒙古奈曼旗辽陈国公主墓、翁牛特旗解放营子辽墓、辽宁省朝阳市辽北塔天宫地宫等遗迹，出土了大量的金银器，以陈国公主墓的金银器最为精彩，饮食器、殡葬器、鞍马具、妆洗器、装饰品、日杂器等共计二百余件，制作精致，数量之多，种类齐全，实属罕见。辽道宗、天祚帝时期，矿石的开采和冶炼继续进行，并制造各种金属器，禁止铜、铁私卖和流入境外。内蒙古巴林右旗白音汉窖藏出土执壶、温碗、杯、盘等银器，说明了辽代晚期金银制作仍在发展，但比早中期要逊色很多。

金银器的制造多由中央政府管理，辽朝设置太府监、少府监、将作监、五冶太师和五坊使，来掌管百工，五冶包括铁、铜、金、银等。辽朝还下禁令，禁止销毁和私卖金银器皿，如辽圣宗"禁工匠不得销毁金银器"①。兴宗重熙二年（公元1033年）二月，"禁夏国使沿路私市金、铁"②；重熙十

① ［元］脱脱等撰：《辽史》卷一七《圣宗纪》八，北京，中华书局点校本，1974年。

② ［元］脱脱等撰：《辽史》卷一八《兴宗纪》一，北京，中华书局点校本，1974年。

一年（公元1042年）六月，“禁毡、银鬻入宋”①。以此来保护金银等贵重金属的制造，也反映了辽朝对金银器的青睐和重视。

从流失到国外文物市场的辽代太平年间的金银器錾文看，多数为宣徽南院或与本部提辖、或与行宫都部署合供。如双狮纹金佩带的背面錾文为“太平五年武定军节度使兼管诸军检事臣张俭等合贡金吉匠造成，又合拜揖，进文忠王府，行宫都部署司点讫”；鎏金四鹿团花纹盝顶银盒的盒内錾文为“太平四年文忠王府大殿祈福用皿，宣徽南院、本部提辖署诸臣合贡吉金做进”。《辽史》卷四五《百官志》一记载：“宣徽南院。会同元年置，掌南院御前祗应之事”。宣徽南院设置南院宣徽使、知南院宣徽事、南院宣徽副使、同知南院宣徽事等官职，管理皇室的御前事务，其中管辖有诸局百工中的金银工匠。《辽史》卷二三《道宗纪》三记载：“省诸道春贡金帛，及停周岁所输尚方银。”为制作金银御用品提供了原料。

在辽代民间也有制作金银器的可能，但官方控制比较严格。《辽史》卷七《穆宗纪》下记载：“俞鲁古献良马，赐银二千两。以近侍忽剌比马至先以闻，赐银千两。”应历十六年（公元966年）正月，穆宗“微行市中，赐酒家银绢。”应历十八年（公元968年）正月，“观灯于市，以银百两市酒，命群臣亦市酒，纵饮三夕。”这些银两流散于民间，为其金银手工作坊的发展创造了条件。但是，从目前发现辽代金银器的遗迹看，基本上是皇室贵族、大臣，或者是上层社会供奉的寺庙，下层社会的遗迹中几乎没有发现金银器。所以，即使民间制作的金银器也多为上层社会所拥有。

① ［元］脱脱等撰：《辽史》卷一九《兴宗纪》二，北京，中华书局点校本，1974年。

三、辽代金银器的分类研究

辽代的金银器，从用途上分饮食器、殡葬器、鞍马具、宗教用具、妆洗器、装饰品及日杂器七大类。饮食器分酒器、茶器、食器等，器种有碗、盘、杯、壶、盏托、碟、罐、箸、匙。殡葬器专为人死后随葬的，器种有冠、面具、枕、网络、靴、靴底、棺饰等。鞍马具分鞍饰和马具，器种有前鞍桥、后鞍桥、前鞍翅、后鞍翅、缰、笼头饰、盘胸饰、后鞦饰。宗教用具分供器和崇拜具，器种有舍利塔、经塔、舍利瓶、菩提树、法轮、碟、盘、函、盒等。妆洗器分化妆器和洗漱器，器种有奁、粉盒、盒、盆、匜；装饰品分冠饰、头饰、耳饰、手饰、腕饰、带饰、佩饰等，器种有冠、顶饰、簪、耳坠、戒指、镯、蹀躞带等。日杂器指日常用具中的杂器，器种有针筒、荷包、渣斗、砚盒、号角、锁、刀、锥等。根据分期按用途予以分类，可以看出辽代金银器类型的变化规律。

（一）辽代金银器第一期第一阶段的分类

1. 饮食器

鎏金摩羯纹银碗　A型，内蒙古阿鲁科尔沁旗辽耶律羽之墓[1]出土，锤锞成型。敞口，弧腹，圈足。内沿錾刻圆圈、莲瓣组合纹。内底为摩羯纹，双爪，卷身，外环一周莲瓣纹。圈足錾圆圈纹。高7.1、口径23.3厘米。

鎏金飞凤团花纹银碗 A型，内蒙古克什克腾旗二八地一号辽墓[2]出土，锤锞成型。呈五瓣花形，敞口，弧腹，圈足。内沿刻花卉纹，并饰联珠纹；腹部錾五组相同的团花；内底錾飞舞的双凤纹；底、腹间饰羽状纹和联珠纹。图案鎏金。高5.2、口径25厘米（图27）。

银碗 B型，内蒙古克什克腾旗二八地一号辽墓出土，锤锞成型。敞口，斜腹，凹底。底刻符号纹。高4.8厘米。

鎏金团龙戏珠纹银碗 C型，内蒙古赤峰市大营子辽驸马墓[3]出土，锤锞成型。直口，弧腹，圜底。内沿錾一周莲瓣纹；底心錾团龙戏珠纹。图案鎏金。高4.5、口径13.8厘米。

银钵 内蒙古科尔沁左翼后旗白音塔拉辽墓[4]出土，锤锞成型。敞口，折肩，鼓腹，平底。素面。高6.2、口径5.3、底径10.8厘米。

鎏金双凤纹银盘 A型，内蒙古阿鲁科尔沁旗辽耶律羽之墓出土，锤锞成型。敞口，沿立折，呈五曲花瓣形，腹斜垂，内底平缓，圈足外张。内沿錾牡丹纹，腹饰宝相莲瓣纹，盘底中心双凤飞舞，周以莲枝花卉纹。圈足錾一周宝相莲瓣纹。高3.5、口径15.9厘米。

---

① 内蒙古自治区文物考古研究所等：《辽耶律羽之墓发掘简报》，《文物》1996年第1期，第4～32页。

② 项春松：《克什克腾旗二八地辽墓》，《内蒙古文物考古》第3期，1984年，第80～90页。

③ 前热河省博物馆筹备组：《赤峰县大营子辽墓发掘报告》，《考古学报》1956年第3期，第1～36页。

④ 贲鹤龄：《科左后旗白音塔拉契丹墓葬》，《内蒙古文物考古》2002年第2期，第12～18页。

图 27　鎏金飞凤团花纹银碗
辽
内蒙古克什克腾旗二八地一号辽墓出土
（谢天　绘）

鎏金四曲錾花银盘　B 型，内蒙古科尔沁左翼后旗白音塔拉辽墓出土，锤锞成型。圆唇，平折沿，浅腹，圜底。通体錾刻鱼子纹为地。盘内心錾卷草纹，中间錾两只奔跑的瑞兽，前者回首，瑞兽的上下、左右各錾一人物坐像，折边处饰联珠纹。盘沿上锤四组凸起的连枝海棠花纹，每组间有一只展翅飞翔的小鸟。高 2.1、口径 18.6 ~ 24.8 厘米（图 28）。

图28 鎏金四曲錾花银盘
辽
内蒙古科尔沁左翼后旗白音塔拉辽墓出土
（谢天 绘）

鎏金摩羯纹银盘 C型，内蒙古科尔沁左翼后旗白音塔拉辽墓出土，锤锞成型。已残，呈椭圆八曲葵形，圆唇，平折沿，浅腹，圜底。盘内錾刻两只腾跃的摩羯，首、身、腹、尾向头上方翻翘，腹部生双鳍。折边处凸起一周八曲旋棱。高2厘米。

契丹文花式口银碟 辽宁省建平县张家营子辽墓①出土，锤锞成型。花式侈口，斜直腹，平底。口压印弦纹，外底錾刻

① 冯永谦：《辽宁省建平、新民的三座辽墓》，《考古》1960年第2期，第15～24页。

契丹文字。高1.6、口径11厘米。

五瓣花形芦雁纹金杯 A型，内蒙古阿鲁科尔沁旗辽耶律羽之墓出土，锤鍱成型。器形呈五瓣花形，花式敞口，弧腹较深，圈足。内沿錾刻卷枝纹，内底模压双鱼纹，辅以平行短线纹、五角纹、环纹；腹上部有一周宝相莲瓣纹，中部开光，内饰卷草芦雁纹，腹底为仰莲纹；圈足錾水波纹。高4.9、口径7.3厘米。

对雁衔花纹金杯 A型，内蒙古阿鲁科尔沁旗辽耶律羽之墓出土，锤鍱成型。圆形敞口，五瓣式弧腹，圈足。内沿錾一周宝相莲瓣纹，内底以水波纹为地，上錾游动的双鱼；外腹以鱼子纹为地，錾五组对雁衔花纹；圈足錾宝相莲瓣纹。高3、口径7.7厘米。

五瓣花形银杯 A型，内蒙古克什克腾旗二八地一号辽墓出土，锤鍱成型。呈五瓣花形，敞口，斜腹，圈足。素面。高3.5、口径5.8厘米。

鎏金团龙戏珠纹银高足杯 B型，内蒙古赤峰市大营子辽驸马墓出土，锤鍱成型。敞口，卷沿，弧腹，高圈足。内沿錾羽状纹；底心錾团龙戏珠纹，周围饰羽状纹和联珠纹各一周；圈足錾由粟粒组成的卷草纹，足沿錾羽状纹。图案鎏金。高4.4、口径9.9厘米。

鎏金“高士图”錾花银把杯 C型，内蒙古阿鲁科尔沁旗辽耶律羽之墓出土，锤鍱成型。器形呈七边形，敞口，平沿，束腹，圈足，口沿一侧附花式横鋬，下垫指环。上腹錾双鸟衔花纹；中腹框内分别錾形态各异的人物像，似为“高士图”，腹底錾缠枝花；圈足饰山形纹；口沿、腹部、足沿均饰联珠纹。高6.4、口径7.3厘米。

鎏金鸿雁纹银耳杯 C型，内蒙古阿鲁科尔沁旗扎斯台辽墓①出土，锤鍱成型。敞口，弧腹，圈足，一侧口部附鋬耳，

---

① 资料未发表，现藏于内蒙古阿鲁科尔沁旗博物馆。

下有圆形指环，环下侧饰一乳突。内底錾鸿雁纹，腹部分区錾草叶纹。通体鎏金。高6、口径9厘米。

鎏金鸿雁蕉叶纹五曲錾耳杯 C型，内蒙古阿鲁科尔沁旗扎斯台辽墓出土，锤鍱成型。呈五曲花瓣状，敞口，弧腹，圈足，一侧口部附錾耳，下有圆形指环，环下侧饰一乳突。腹部錾鸿雁纹，下腹錾蕉叶纹，圈足以鱼子纹为地錾花叶纹。高4.3、口径11厘米。

五星纹银把杯 C型，内蒙古克什克腾旗二八地一号辽墓出土，锤鍱成型。直口，平底，口侧附花边錾耳，下有指环。底部刻一大四小的五星纹。高9、口径8厘米。

鎏金卧鹿纹银鸡冠壶 A型，内蒙古赤峰市松山区城子乡洞山村辽代窖藏①出土，锤鍱成型。扁体，上窄下宽，椭圆形口，带盖，盖面微鼓，长颈，腹略弧，长方形平底。口一侧有一鸡冠状錾耳，上穿一圆孔。口部有一小环，连接盖、口的链已失。盖面对錾四组四瓣花纹，外沿上下交错錾八组四瓣花纹，颈錾一周缠枝牡丹，其下錾一周网格与联珠交错组成的花纹。腹部錾两个相套的菱形图案，边框由花瓣和联珠纹组成，外框外侧四角各錾一组缠枝花草，内框以鱼子纹为地，正中錾刻瑞鹿，呈卧姿，昂首垂尾，四肢内屈，头顶长肉芝，神态安祥自若，鹿前后和下方錾山石、水波。腹两侧边棱上錾上下交错排列的长四瓣花纹，腹以鱼子纹为地，錾缠枝花卉纹。腹四边及底边凸起，为仿皮囊的缝合装饰。花纹边棱均鎏金。通高26.5、底长21.4厘米。

鎏金双摩羯形银壶 B型，内蒙古赤峰市松山区城子乡洞山村辽代窖藏出土，锤鍱成型。器形作双摩羯对腹状，直口，带宝珠状盖，四翼平展呈四瓣花形，长颈，颈部有一环，上穿银链将器盖与提梁连接，肩部附提梁，两端向相反方向卷

① 项春松：《赤峰发现的契丹鎏金银器》，《文物》1985年2期，第94~96页。

曲，各用一小银环与鸟形器耳套接在一起，鸟喙插入摩羯头部的小圆孔内，曲颈，长尾，展翅欲飞。摩羯的头、腹、尾分别代表了壶的肩、腹、圈足，摩羯作相向戏珠状，昂首张口，吐长舌，鳍、鳞錾刻精细，形象生动。盖上錾花卉纹，提梁上饰三瓣花纹。花纹及摩羯头、背、腹、尾的突起部位鎏金。通梁高43厘米。另一件盖无翼，提梁缺失，口沿錾一周联珠纹，其他均相同。高34厘米。

提梁银壶　B型，内蒙古阿鲁科尔沁旗扎斯台辽墓出土，锤鍱成型。宝珠顶盖，子母口，长颈，鼓腹，圈足，肩部两侧向上有环形提梁。素面。高38厘米。

提梁银壶　B型，内蒙古赤峰市大营子辽驸马墓出土，锤鍱成型。直口，长颈，鼓腹，平底，盖中部有环钮，肩两则附高鼻，上有弓形提梁，梁上系银链。腹部饰一周弦纹，周身密布圆点。高10.2、口径7.2厘米。

“大郎君”银壶　C型，内蒙古克什克腾旗二八地一号辽墓出土，锤鍱成型。敞口，束颈，折肩，鼓腹，圈足。底部錾刻行书“大朗君”三字和线条。高11.2、口径6厘米（图29）。

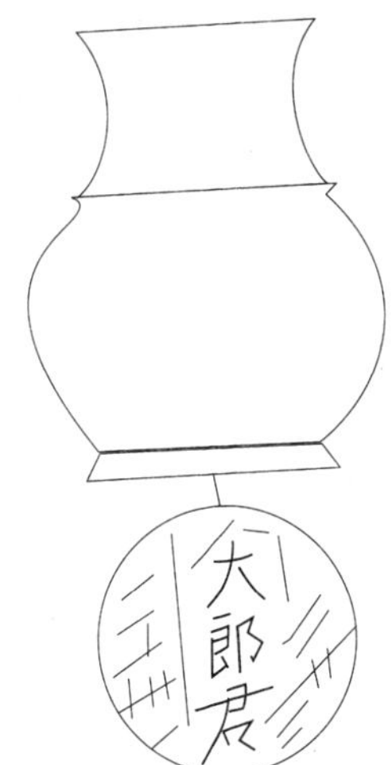

图29　“大郎君”银壶
辽
内蒙古克什克腾旗二八地一号辽墓出土
（谢天　绘）

银壶 C型，内蒙古科尔沁左翼后旗白音塔拉辽墓出土，锤锞成型。直口，折肩，鼓腹，肩部有圆形流，柄宽扁呈弯环状，上系银链，盖上有柱形纽。高9.8、口径6.6、底径4厘米。

鎏金錾花银罐 内蒙古科尔沁左翼后旗白音塔拉辽墓出土，锤锞成型。口斜直，鼓腹。底残。腹部錾刻三组团花纹饰，肩部錾一周卷草纹。残高10.6、口径8.2厘米。

五瓣花形银盏 内蒙古克什克腾旗二八地一号辽墓出土，锤锞成型。浅盘，呈五瓣花形，圜底，正中有一圆孔。口径23厘米。

莲枝花纹银托 内蒙古克什克腾旗二八地一号辽墓出土，锤锞成型。五瓣花形，口沿上錾连枝花卉，应与盏相配使用。高3.4、口径16.5厘米。

盘带纹银盏托 内蒙古赤峰市大营子辽驸马墓出土，锤锞成型。由托碗、托盘和圈足组成。碗为侈口，束腹。托盘为敞口，浅弧腹，高圈足呈倒置的喇叭形。碗、盘及足沿錾羽状纹，碗、盘的腹部錾盘带花纹。高8.3、口径8.7厘米（图30）。

图30 盘带纹银盏托
辽
内蒙古赤峰市大营子辽驸马墓出土
（谢天 绘）

银勺 内蒙古阿鲁科尔沁旗辽耶律羽之墓出土，锤打成型。舌形勺头，细长柄。长 30.5 厘米。

银箸 内蒙古赤峰市大营子辽驸马墓出土，锻打而成。端粗足细，足尖近锥形。长 23.3 厘米。

银匙 内蒙古赤峰市大营子辽驸马墓出土，锤打而成。匙头呈舌形，扁长弯曲柄。长 23.2 厘米（图 31）。

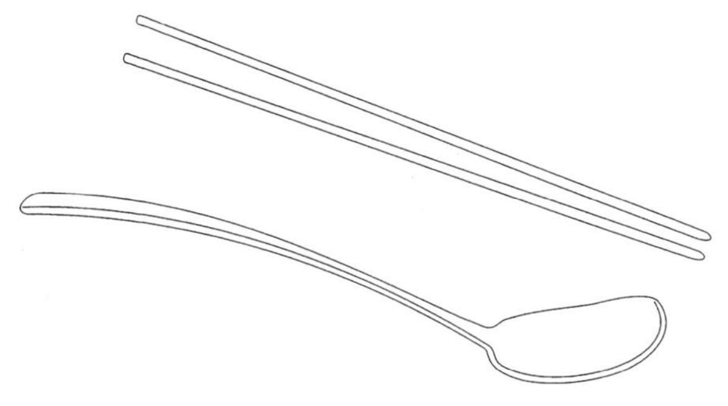

图 31 银箸、银匙
辽
内蒙古赤峰市大营子辽驸马墓出土
（孙晓毅 绘）

银箸、匙 辽宁省建平县张家营子辽墓出土，锻打、锤打成型。箸呈圆柱形，竹节式首，圆足。长 20 厘米；匙头呈舌形，细长柄弯曲。长 26.7 厘米。

2. 殡葬器

男女金人形饰 内蒙古阿鲁科尔沁旗扎斯台辽墓出土，锤鍱成型。分男女像，头戴三叉冠，上身穿直领左衽长袍，足穿高鞠靴，腰部系带。衣服上錾花草纹。颈、手、足部有穿孔。高 9.2 厘米（图 32）。

3. 鞍马具

鎏金鹿衔草纹银络头饰 内蒙古赤峰市大营子辽驸马墓出

图 32　男女金人形饰
辽
内蒙古阿鲁科尔沁旗扎斯台辽墓出土
（谢天　绘）

土，锤鍱成型。由节约、銙饰、铊尾、带扣、带箍组成。节约、銙饰、铊尾上錾浮雕式的菊花纹、鹿衔草纹、卷草纹，鹿呈卧式，昂首，四肢内屈。銙饰长 4.8、宽 2.2 厘米（图 33）。

鎏金龙纹银络头饰　内蒙古赤峰市大营子辽驸马墓出土，锤鍱成型。由节约、銙饰、铊尾、带扣、带箍组成。节约、銙饰上饰团龙纹，带扣饰忍冬纹。节约、銙饰、铊尾背面有铆

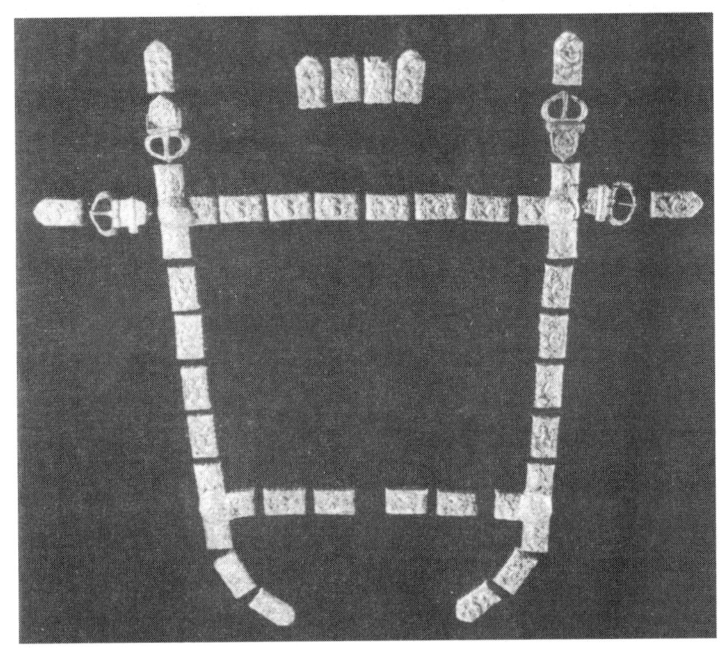

图 33 鎏金鹿衔草纹银络头饰
辽
内蒙古赤峰市大营子辽驸马墓出土
（孔群 摄）

钉。辔饰长 4.5、宽 2.1 厘米。

鎏金鹿纹银缨罩 内蒙古赤峰市大营子辽驸马墓出土，锤鍱成型。作覆钵式，顶部突起，饰花瓣纹，中间有孔。器身錾浮雕式的鹿纹。高 5.9、直径 18.8 厘米。

鎏金飞凤纹银缨罩 内蒙古赤峰市大营子辽驸马墓出土，锤鍱成型。作覆钵式，顶部突起，中间穿孔，饰花瓣纹。器身錾浮雕式的飞凤纹。高 6.5、直径 19 厘米。

鎏金契丹人形银缨罩 内蒙古赤峰市大营子辽驸马墓出

土，锤鍱成型。作覆钵式，腹部有凸棱，顶部为契丹人像，头部穿孔。通体鎏金。高 9、直径 12.5 厘米（图 34）。

图 34　鎏金契丹人像银缨罩
辽
内蒙古赤峰市大营子辽驸马墓出土
（刘洪帅　绘）

鎏金银马具　辽宁省建平县张家营子辽墓出土，锤鍱成型。由节约、铊尾、銙饰、山字形饰、带扣组成。节约呈“T”字形，中心饰团兽纹，其他部位饰卷草和飞鸟纹，背面有铆钉，长 8 厘米。铊尾呈圭形，正面饰卷草和动物纹，背面有铆钉，长 5.1 厘米。銙饰呈长方形，正面饰卷草双鸟纹，背面有铆钉，长 3.9 厘米。山字形饰，正面有双凤图案，长 4.4 厘米。带扣为铜质，分桃形、椭圆形等，中有活动的别卡，长 2.5 ~ 3.8 厘米。

鎏金银当卢 辽宁省建平县张家营子辽墓出土，锤鍱成型。呈心形，下端有一孔，顶部嵌一折页，正面鎏金。长 12.8、宽 7.2 厘米。

鎏金飞凤戏珠纹银马鞍饰 内蒙古赤峰市大营子辽驸马墓出土，锤鍱成型。由前后鞍桥、半月形饰、叶形饰组成。前桥呈弓形，凸面，凹背，正面锤双龙戏珠纹，周围饰流云纹。高 35 厘米。后桥呈拱形，凸面，正面锤双凤戏珠纹，周围饰流云纹。高 29 厘米。半月形饰，正面錾牡丹花纹和流云纹。长 20.4 厘米。叶形饰，正面錾牡丹纹，边缘饰流云纹，有五个穿孔。长 38 厘米。

鎏金双龙戏珠纹银马鞍饰 内蒙古赤峰市大营子辽驸马墓出土，锤鍱成型。由前后鞍桥、半月形饰、叶形饰组成。前桥呈弓形，凸面，凹背，正面锤出双龙戏珠纹，周围饰流云纹，高 36 厘米。后桥呈拱形，凸面，正面锤出双龙戏珠纹，周围饰流云纹，高 31 厘米。半月形饰，正面錾牡丹纹，边缘饰流云纹，长 2 厘米。叶形饰，正面錾牡丹纹，边缘饰缠枝花和流云纹，长 32.3 厘米。

银马鞍饰 内蒙古赤峰市大营子辽驸马墓出土，锤鍱成型。由前后鞍桥、半月形饰、叶形饰组成。素面。前桥高 36、后桥高 29、半月形饰长 7、叶形饰长 29.5 厘米。

鎏金牡丹纹银马鞍饰 内蒙古科尔沁右翼中旗代钦塔拉辽墓①出土，锤鍱成型。由前后鞍桥、半月形饰和叶形饰组成。前、后桥呈弓形，凸面，正面锤錾十三朵缠枝牡丹，上

① 内蒙古自治区兴安盟文物工作站：《科右中旗代钦塔拉辽墓清理简报》，《内蒙古文物考古文集》第二辑，中国大百科全书出版社，1997 年，第 651 ~ 667 页。

端锤錾莲纹、花瓣纹和鱼子纹，下端錾花卉和水波纹。高 29 厘米。半月形饰，正面錾缠枝牡丹纹，分上、下两层，每层三朵牡丹花，中间以连索纹相隔，底部饰羽状纹。长 15.6 厘米。叶形饰，正面錾刻缠枝牡丹纹和羽状纹，有五个桃形穿孔。长 26.5 厘米（图 35）。

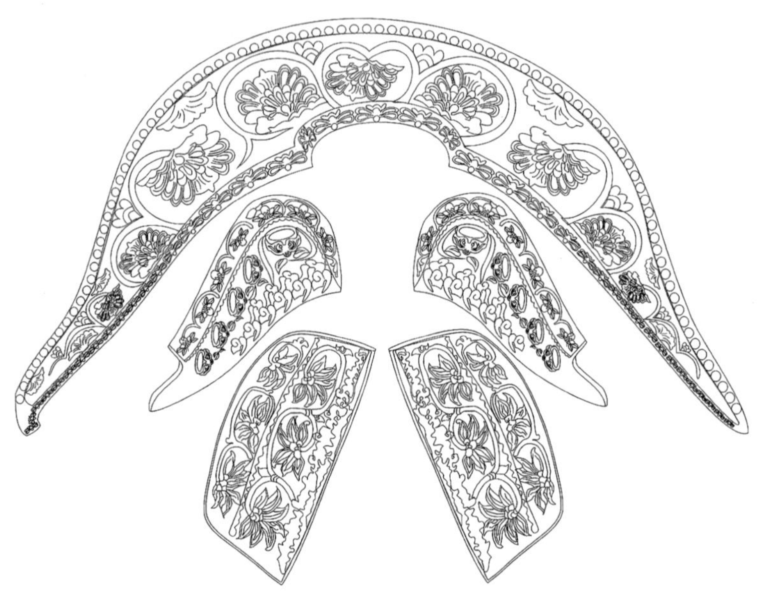

图 35　鎏金牡丹纹银马鞍饰
辽
内蒙古科尔沁右翼中旗代钦塔拉辽墓
（孙晓毅　绘）

4. 妆洗器

鎏金四瓣花纹银粉盒　A 型，内蒙古阿鲁科尔沁旗辽耶律羽之墓出土，锤鍱成型。器体呈方形曲角状，圈足佚失。盝顶式盒盖中心模冲四瓣花纹，周围饰折枝花，外围为联珠纹，盖与盒身周边以鱼子纹为地，錾花叶纹。图案鎏金。高 2.2、直径4.7厘米。

鎏金双狮纹银盒　B型，内蒙古阿鲁科尔沁旗辽耶律羽之墓出土，锤鍱成型。器体呈外向连弧形，圈足佚失。器盖顶部圆凸，中心模冲双狮腾跃，花枝缠绕，外围以凸线、联珠、花朵为边，外层錾飞鸟、昆虫、云朵、缠枝纹，以宝相莲瓣纹作框；侧面錾奔跑的双狮、双鹿、双羊及花卉纹。高8.9、口径14.6厘米（图36）。

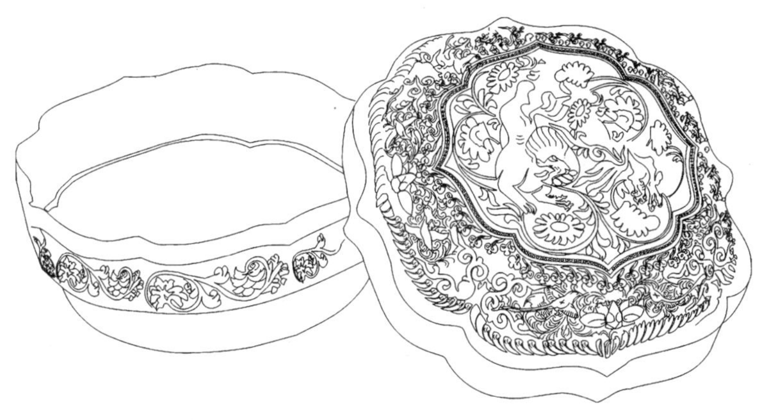

图36　鎏金双狮纹银盒
辽
内蒙古阿鲁科尔沁旗辽耶律羽之墓出土
（刘洪帅　绘）

"左相公"银盆　内蒙古阿鲁科尔沁旗辽耶律羽之墓出土，锤鍱成型。敞口呈五瓣花形，弧腹，圈足。素面，底刻"左相公"三字。高7.2、口径34厘米（图37）。

银匜　A型，内蒙古阿鲁科尔沁旗辽耶律羽之墓出土，锤鍱成型。器体呈椭圆形，口立折，内斜沿，圜底。一侧有流，素面。长21.3、宽18厘米（图38）。

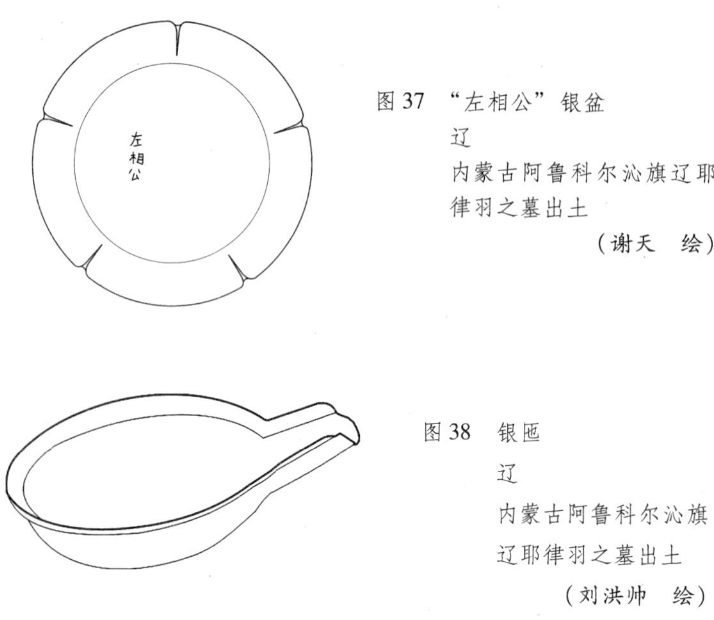

图 37 “左相公”银盆
辽
内蒙古阿鲁科尔沁旗辽耶律羽之墓出土
（谢天 绘）

图 38 银匜
辽
内蒙古阿鲁科尔沁旗辽耶律羽之墓出土
（刘洪帅 绘）

银匜 B型，内蒙古赤峰市大营子辽驸马墓出土，锤锞成型。呈椭圆形，圜底。器口一侧有流，另一侧附扁长的空心把手。口径16.6厘米。

银镜 内蒙古科尔沁右翼中旗代钦塔拉辽墓出土，铸造而成。宽沿，半球形纽。外缘饰一周联珠纹，内以宝相花为地；中间以联珠纹组成双框，内框用联珠纹隔开四区，饰两两相对的八只飞蝶纹，双框间饰云纹和涡纹。直径32厘米（图39）。

5. 装饰品

鎏金双龙戏珠纹银冠 辽宁省建平县张家营子辽墓出土，锤锞成型。冠体中间高，两侧渐低，展开呈“山”字形。正面上端呈外向弧曲，锤錾浮雕式的双龙戏珠纹，龙昂首翘尾，腾空飞跃。空隙錾卷云纹，衬卷草纹和鱼子纹为地纹。边缘有联珠棱和如意云纹一周，紧靠卷沿均匀分布成对的小孔。高19、直径20.9厘米。

图 39　银镜
辽
内蒙古科尔沁右翼中旗代钦塔拉辽墓出土
（谢天　绘）

嵌松石摩羯形金耳坠　内蒙古阿鲁科尔沁旗辽耶律羽之墓出土。模冲成型后对接而成，中空。摩羯身躯卷曲，镂空处镶嵌绿松石。高 4.4 厘米。

摩羯形金耳坠　内蒙古阿鲁科尔沁旗辽耶律羽之墓出土。模冲成型后对接而成，中空。摩羯身躯卷曲。高4.5厘米。

兽形金耳坠　内蒙古阿鲁科尔沁旗扎斯台辽墓出土。呈变形的摩羯形，口衔金珠，似戏珠状，身体弯曲，中部饰五珠组成的花状图案。长4.5厘米。

兽形金耳坠　内蒙古阿鲁科尔沁旗扎斯台辽墓出土。呈变形的摩羯形，口衔金珠，似戏珠状，身体弯曲，边缘饰联珠纹，身上的鳞片清晰可见。长2.6厘米。

摩羯形金耳坠　内蒙古克什克腾旗二八地一号辽墓出土。作摩羯形，中空，首向上，尾弯曲。高3.2厘米。

兽形金耳坠　内蒙古克什克腾旗二八地一号辽墓出土。作兽形，中空。高3.5厘米。

金耳坠　内蒙古陈巴尔虎旗巴彦库仁镇东山辽墓[①]出土，浇铸而成。呈椭圆形，一侧有缺口，另一侧圈外上下和缺口一侧的下部各有一乳头状纽，圈下端正中为纵向莲瓣形片状。

凤形金耳坠　辽宁省建平县张家营子辽墓出土。体中空为两面合成，凤作展翅飞舞状，翘尾，口衔瑞草，腹下云草托足，耳针弯曲。高5.6厘米。

摩羯形金耳坠　内蒙古科尔沁右翼中旗代钦塔拉辽墓出土，模冲成型后对接而成。摩羯身躯卷曲，头顶球饰，周身有小圆孔。长3.2厘米。

龙形金项饰　内蒙古科尔沁左翼后旗白音塔拉辽墓出土，金丝编缀而成。两端为龙头，龙须、龙眼、龙嘴清晰可辨。长114厘米。

鎏金连枝花纹银簪　内蒙古阿鲁科尔沁旗辽耶律羽之墓出土，锤锞成型。匕形，簪首曲边，柄末端弯折，穿一圆孔。正背面以鱼子纹为地，錾连枝花卉纹。柄背原有别卡，残存

---

① 王成、陈凤山：《陈巴尔虎旗巴彦库仁镇辽代墓群调查清理简报》，《呼伦贝尔文物》总第4期，1997年，第50～59页。

三个焊痕。长 16 厘米。

金花首银簪 内蒙古阿鲁科尔沁旗扎斯台辽墓出土。花首为牡丹，用金制作，扁状银叉插入金首。长 15 厘米。

银簪 内蒙古克什克腾旗二八地一号辽墓出土。用银条弯制而成，中部较粗呈四棱形，下端作细长圆柱形，尾端呈尖状。长 22.8 厘米。

银钗 内蒙古科尔沁左翼后旗白音塔拉辽墓出土，锻制成型。分三式。Ⅰ式钗头饰连点纹，鎏金。长 28 厘米。Ⅱ式钗头为圆形，断面为四棱形。长 23 厘米。Ⅲ式钗头为圆形，两侧有小缺口，断面为三棱形。长 22.4 厘米。

嵌玉盾形金戒指 内蒙古阿鲁科尔沁旗辽耶律羽之墓出土。正面模冲莲花纹，花蕊凸起嵌玉，指环饰叶纹。面长 3.6、宽 1.6 厘米。

盾形宝相花纹金戒指 内蒙古阿鲁科尔沁旗辽耶律羽之墓出土。花式边，中心模冲宝相花，周围衬以枝叶，指环饰卷叶纹。面长 3.2、宽 1.9 厘米（图 40）。

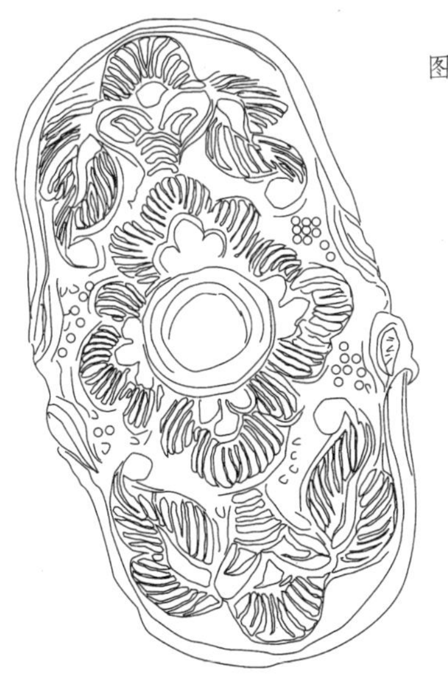

图 40 盾形宝相花纹金戒指
辽
内蒙古阿鲁科尔沁旗辽
耶律羽之墓出土
（刘洪帅 绘）

盾形缠枝纹金戒指 内蒙古阿鲁科尔沁旗辽耶律羽之墓出土。花式边，正面模冲缠枝纹，中心有圆凸。面长 3.2、宽 1.6 厘米。

嵌松石圆形金戒指 内蒙古阿鲁科尔沁旗辽耶律羽之墓出土。中心圆凸，内嵌绿松石，周边饰联珠纹，指环錾花纹。直径 1.3 厘米。

嵌松石梅花纹金戒指 内蒙古科尔沁右翼中旗代钦塔拉辽墓出土。戒面正中模冲一朵梅花，花蕊镶嵌绿松石，两侧錾缠枝纹。直径 2 厘米。

龙首金镯 内蒙古科尔沁右翼中旗代钦塔拉辽墓出土，锤打成型。呈椭圆形，正面錾刻十三朵梅花，两侧有联珠纹，两端为相对龙首，双眼圆睁，龙须向后飘逸。直径 7.5 厘米（图 41）。

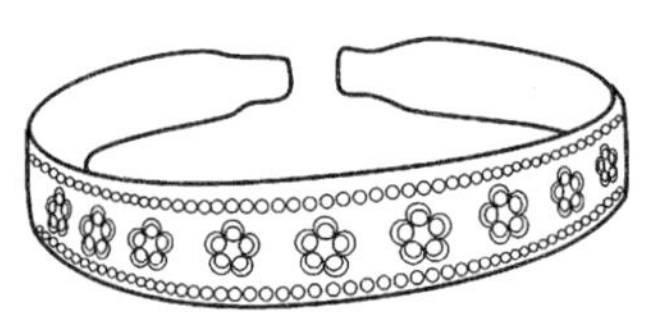

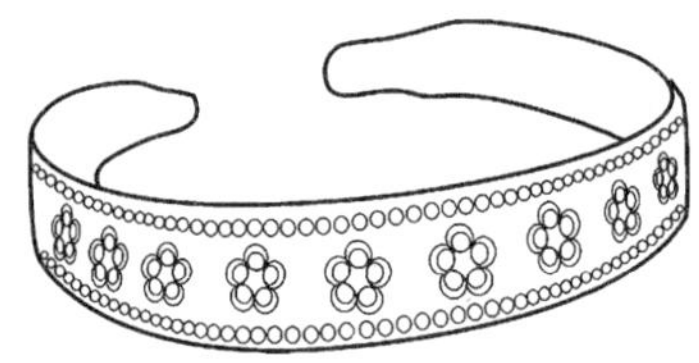

图 41 龙首金镯
辽
内蒙古科尔沁右翼中旗代钦塔拉辽墓出土
（刘洪帅 绘）

龙首形金镯 内蒙古阿鲁科尔沁旗辽耶律羽之墓出土，锤打成型。镯体扁宽，正面中心錾刻盛开的牡丹，侧枝蔓延，两旁各有一只振翅鸾鸟。镯两端模冲龙首。直径 6.1 厘米。

缠枝花纹金鞢躞带 内蒙古赤峰市大营子辽驸马墓出土，锤鍱组合而成。由带扣、带銙、铊尾、带箍、葫芦形饰组成。带扣，呈环形，有别卡，后为长方形饰，上錾缠枝花纹。长

5.4、宽3.2厘米。带銙分方形和桃形两种，一端有长孔，正面饰缠枝花纹，背面有钉。长3.8、宽2.6厘米。铊尾，分长方形和半圆形两种，背有钉。长3.6、宽2.8厘米。带箍，呈扁环形，三面透雕；葫芦形饰，正面透雕缠枝花纹，下部有革孔。长5.4厘米。

金鞢躞带　内蒙古陈巴尔虎旗巴彦库仁镇东山辽墓出土，浇铸而成。包括带扣、铊尾，无带銙、带箍。带扣呈椭圆形，中间有活动的别卡，正面饰浮雕式的缠枝纹，背面有铆钉。长5.3厘米。铊尾呈圭形，正面透雕龙纹，背有铆钉。长6.9厘米。

银带饰　内蒙古陈巴尔虎旗巴彦库仁镇东山辽墓出土，浇铸而成。由105件同样的饰件组成，饰件呈长条形，两端各为半球状；背面有铆钉。长2.8厘米。

异兽毬路纹银带銙　内蒙古丰镇市永善庄辽墓①出土，锤鍱成型。呈方形，纹饰凸起，有长方形古眼。正面饰异兽纹，瞠目张口，似在行走，长尾上扬，面目可怖。衬毬路纹和鱼子地纹。边长4.65厘米（图42）。

鎏金双鱼形银佩饰　内蒙古阿鲁科尔沁旗扎斯台辽墓出土。双鱼腹部相对，鱼嘴相衔，腹间饰波浪，其下有椭圆形穿孔，以便佩带，通体鎏金。长3.6厘米。

鎏金八角形人兽纹银佩饰　内蒙古赤峰市大营子辽驸马墓出土，模铸。八角形内外轮廓，中心为八角形穿孔，将环面分成八个梯形，上分别浮雕人、兽纹，鎏金。直径6.8厘米（图43）。

四鱼形银璧　内蒙古赤峰市大营子辽驸马墓出土，模铸。由四条相向的鱼组成环状，鱼鳍、鳞、尾錾刻清晰。直径4.2厘米。

---

① 王新民、崔利明：《丰镇县出土辽代金银器》，《乌兰察布文物》1989年第3期，第120~121页。

图 42　异兽毬路纹银带銙
辽
内蒙古丰镇市永善庄辽墓出土
（孙晓毅　绘）

图 43　鎏金八角形人兽纹银佩饰
辽
内蒙古赤峰市大营子辽驸马墓出土
（刘洪帅　绘）

双鱼形金佩饰 内蒙古科尔沁左翼后旗白音塔拉辽墓出土，模铸。双鱼头交汇处有一横穿，作吊挂之用，鱼身两侧刻鱼纹，正中为突出的空斗状，原有镶嵌物，已脱落。边饰连点纹。长4.8、宽2.8厘米。

鎏金摩羯纹银饰板 辽宁省北票市水泉一号辽墓①出土，锤鍱成型。呈长方形，表面以海水为地，上錾刻相对的双摩羯纹，张口摆尾，鳍、鳞展示清晰，四角及中部两侧各饰一五角软体动物。长18、宽10.5厘米。

鎏金文字兽面纹银饰牌 辽宁省锦州市张扛村辽墓②出土，钣金成型。呈圭形，外沿饰一周联珠纹，有铆孔。纹饰以圭形联珠棱为界分两重，外重饰卷草纹，内部上层为兽面，下层似某种文字。长7.3、宽4.4厘米。

鸡心形金坠 内蒙古阿鲁科尔沁旗辽耶律羽之墓出土。模冲后对接而成，有大小两种，为璎珞上的饰件。中空，顶端有鼓形吊纽，侧面穿孔。大者模冲三叶花纹，长3.8、宽2.1厘米。小者錾刻缠枝纹，长2.9、宽1.7厘米。

管状金坠 内蒙古阿鲁科尔沁旗辽耶律羽之墓出土。制法、纹饰与鸡心形金坠相同，应为配套装饰，有大小之分。大者长6.5厘米，小者长5.3厘米。

镂空金球饰 内蒙古阿鲁科尔沁旗辽耶律羽之墓出土，为装饰品上的饰件。球体中空，上下两端有孔，孔周围饰联珠纹，表面为镂空花叶纹。直径2.5厘米。

龟纹金饰 内蒙古克什克腾旗二八地一号辽墓出土。扁圆形，背面平滑，正面周沿稍鼓起，錾六只小龟，头向一致，作伏卧爬行状。直径2.25厘米。

---

① 辽宁省博物馆文物队：《辽宁北票水泉1号辽墓发掘简报》，《文物》1997年第12期。

② 刘谦：《辽宁锦州市张杠村辽墓发掘报告》，《考古》1984年第11期，第990～1002页。

镂空银饰 内蒙古克什克腾旗二八地一号辽墓出土。呈球形，四周有孔，垂挂鎏金小银铃七个。直径3.2厘米。

6. 日杂器

鎏金对雁团花纹银渣斗 内蒙古阿鲁科尔沁旗辽耶律羽之墓出土，锤锲成型。盘口，鼓腹，圈足。内沿錾刻上下交错的三叶花纹，盘面錾四组对称的团花，盘底一周宝相莲瓣纹，腹部錾四组对雁衔花纹。图案鎏金。高13.8、口径18厘米。

鎏金龙纹“万岁台”银砚盒 内蒙古阿鲁科尔沁旗辽耶律羽之墓出土，锤锲成型。平面略呈梯形，盒身内套一层素面银饰，内置箕形石砚，盒底附十三个花式足。顶盖正面模冲腾龙，三枝立莲穿绕龙身，其中一朵盛开的莲花经龙嘴衔立于龙首顶部，花蕊之上竖刻“万岁台”三字，上端錾刻远山浮云，一轮骄阳冉冉升起，龙下面刻水波纹，构成一幅龙腾跃出海水、朝着初升的太阳飞去的画面。盖四边及腹部錾刻牡丹和环形花纹。足上饰忍冬卷草纹。图案鎏金。高7.6、长18.4、宽11～13.6厘米。

银号角 内蒙古喀喇沁旗上烧锅辽墓①出土，打制成型。呈弧三角形，中空，内垫塞鹿角，后端卷棱上錾刻乳点纹。长12.8厘米。

（二）辽代金银器第一期第二阶段的分类

1. 饮食器

兔纹金碗 A型，流失到国外文物市场②，钣金成型。侈口，弧腹，圈足。内心模冲卧兔，回首，双耳竖立，周围饰西

① 项春松：《上烧锅辽墓》，《内蒙古文物考古》第2期，1982年，第56～68页。

② 韩伟：《辽代太平年间金银器錾文考释》，《故宫博物院院刊》（台湾）第十一卷第九期，第4～22页。

番莲蔓草，外围饰一周绞索纹，以鱼子纹为地。口沿錾一周莲瓣纹，外侧錾如意云纹。腹中部、足缘饰联珠纹。底錾文："太平戊辰进奉文忠王府大殿祭器。臣萧术哲等合供进又合拜揖"。高4.8、口径11.5厘米。

双鸳朵带纹金碗 A型，流失到国外文物市场，铸造成型。八曲花瓣式侈口，弧腹，圈足。内底饰一对比翼双飞的鸳鸯，口衔忍冬朵带，周錾鱼子纹；每瓣口沿内有折枝阔叶扁团花一株，口沿饰联珠纹。碗外錾文："太平丙寅又进文忠王府大殿供奉祈百福皿九拾柒"。高4.2、口径15厘米（图44）。

图44 双鸳朵带纹金碗
辽
流失到国外文物市场
（刘洪帅 绘）

伎乐天纹金碗 A型，流失到国外文物市场，钣金成型。侈口，弧腹，圈足。内底饰一隐起的伎乐飞天，衬以鱼子地纹组成圆形规范。碗壁散点装四个伎乐飞天，饰十字形小花为地纹。口沿錾桃形忍冬如意结一周。碗外有“太平乙丑年六月己未日造，武定军节度使、保静军节度使供奉文忠王府祈福”錾文。高6.7、口径21.5厘米。

宝相花纹银碗 B型，河北省平泉县小吉沟辽墓①出土，锤锞成型。敞口，弧腹，圈足失。腹部压印八瓣宝相花纹，内底饰六瓣花纹，底部有三个残孔。高2.5、口径7.5厘米。

伽陵频迦纹金碗 B型，流失到国外文物市场，钣金成型。六曲葵花式口，以联珠纹组成立唇，弧腹。内底錾两个首尾相随、环绕飞翔的伽陵频迦，束高髻，展翅，阔叶长尾，双手捧供盘，衬以鱼子地纹组成圆形规范，并围以变体联珠纹一周。口沿錾六个桃形忍冬如意结。碗外有太平乙丑年供奉文忠王府的錾文。高2.2、口径10.4厘米（图45）。

鎏金奔龙纹银碗 B型，流失到国外文物市场，铸造成型。敞口，弧腹，圈足。内心模冲奔龙，昂首阔步，三爪，周围饰云朵，以鱼子纹为地。内沿錾刻十二朵变体桃形忍冬团花，其间各以一小朵海棠花瓣相连。口沿饰联珠纹。花纹鎏金。外腹錾文：“太平五年进奉文忠王府大殿祈百福用皿，宣徽南院、本部提辖署各臣合拜”。高4.3、口径16.7厘米。

鎏金双鸳朵带纹银碗 B型，流失到国外文物市场，铸造成型。八曲葵口，弧腹，圈足。内底饰一对鸳鸯口衔异花方胜朵带纹，以鱼子纹为地。每葵瓣间饰以忍冬蝶形花结。口沿饰联珠纹。花纹鎏金。外腹錾文：“太平丙寅又进文忠王府，宣徽南院诸臣合金银百两造成贡进”。高4、口径17厘米。

鎏金坐佛纹银碗 B型，流失到国外文物市场，铸造成

---

① 河北省平泉县文保所等：《河北平泉县小吉沟辽墓》，《文物》1982年第8期，第50~53页。

图45 伽陵频迦纹金碗
辽
流失到国外文物市场
（刘洪帅 绘）

型。六曲葵口，弧腹，圈足。内底錾刻坐佛，肉髻，双耳垂肩，额有白毫，袒露右肩，右手无畏印，左手降魔印，以鱼子纹为地，外围饰绞索纹。每瓣内錾刻一朵阔叶折枝扁团花，曲间饰葡萄。口沿饰联珠纹，花纹鎏金。外腹錾文："太平丁卯武定军节度使，宣徽南院、行宫都部署、侍中臣张俭供进文忠王府大殿供养"。高3.9、口径12.5厘米。

摩羯纹银碗 C型，辽宁省凌源市下喇嘛沟辽墓①出土，

---

① 资料未发表，现藏于辽宁省凌源市博物馆。

锤鍱成型。花式敞口，曲腹，錾刻摩羯纹。

银碗 D型，凌源市下喇嘛沟辽墓出土，锤鍱成型。直口，双层口沿，直壁深腹，圈足，素面。

鎏金莲花纹银钵 内蒙古奈曼旗辽陈国公主墓①出土，锤鍱成型。直口微敛，方唇，弧腹，平底。口内沿饰二周联珠纹，间隔一周水波纹。内底錾一朵八瓣莲花纹，围绕一周联珠纹，外周饰缠枝莲花纹。外底中心刻一“比”形符号。高6.1、口径16.8厘米（图46）。

图46 鎏金莲花纹银钵
辽
内蒙古奈曼旗辽陈国公主墓出土
（孙晓毅 绘）

① 内蒙古自治区文物考古研究所等：《辽陈国公主墓》，北京，文物出版社，1993年，第25～113页。

契丹文银盘 A 型，内蒙古敖汉旗英凤沟辽墓[1]出土，锤鍱成型。直口，折沿，高圈足。錾刻契丹文字。

束腰形银托盘 B 型，内蒙古奈曼旗辽陈国公主墓出土，锤鍱成型。束腰形浅盘，卷边宽折沿，沿边起棱，平底。素面。高 1.8、口长 33.6、宽 13 厘米（图 47）。

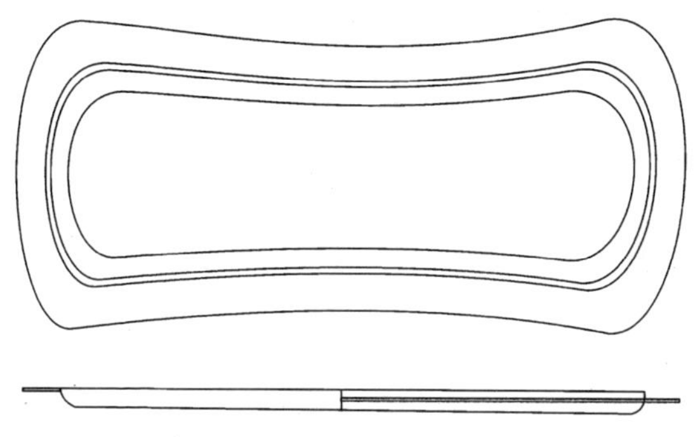

图 47 束腰形银托盘
辽
内蒙古奈曼旗辽陈国公主墓出土
（孙晓毅 绘）

供花菩萨纹金盘 C 型，流失到国外文物市场，钣金成型。六曲葵式口，平底。内心模冲跽坐菩萨，花冠，双手捧花篮，面微上昂，仪态虔诚，妙衣紧身，其侧面饰蔓草，外围饰一周绞索纹。葵瓣间饰葡萄纹，每瓣上錾阔叶扁团花一朵。口沿饰联珠纹。高 4.2、口径 12.5 厘米（图 48）。

银盖罐 内蒙古奈曼旗辽陈国公主墓出土，锤鍱成型。置于奁内。直口，矮颈，溜肩，鼓腹，平底。盖面隆起呈半圆形，中间焊环形纽。素面。高 8.2、口径 5.4 厘米。

---

① 资料未发表，现藏于内蒙古自治区敖汉旗博物馆。

图 48 供花菩萨纹金盘
辽
流失到国外文物市场
（刘洪帅 绘）

双凤纹高足金杯 A 型，流失到国外文物市场，铸造成型。直口，弧腹较深，高圈足。内心饰对凤纹，展翅飞翔，以鱼子纹为地，外围饰一周绞索纹。圈足饰竖行菱形图案，口沿、足缘饰联珠纹。圈足錾文："太平丁卯至匠造，奉文忠王府大殿供养祭器龙涎香皿一桌，臣萧术哲等合供进"。高 5.7、口径 9.2 厘米。

龙纹葵口金杯 B型，流失到国外文物市场，铸造成型。六曲葵式口，弧腹，圜底。内心饰行龙戏珠纹，以鱼子纹为地，每曲饰一朵卧云纹。口沿饰联珠纹。龙身下方框内錾文："文忠王府大殿祭器，希廿又七字号，臣萧术哲等供进"。高2.6、口径9.5厘米（图49）。

符号纹银盏托 内蒙古奈曼旗辽陈国公主墓出土，锤鍱焊接成型。由盏、托盘、圈足组成。盏，直口，平底。托盘，敞口，弧腹。高圈足。托盘外底刻一"ꓤ"形符号，圈足外壁一侧刻"𠂆"形符号，另一侧刻"⊠"形符号。高7.8、口径8.4、盘径16厘米。

鎏金立凤纹银壶 A型，内蒙古通辽市奈林稿辽墓①出土，锤鍱成型。侈口，长颈，折肩，鼓腹，下部残缺，环形单耳，耳上有扳指。腹部錾出数重莲瓣形规范，每一规范内錾一立凤纹，各规范间饰忍冬卷草纹。花纹鎏金。口径8厘米。

银执壶 B型，内蒙古奈曼旗辽陈国公主墓出土，锤鍱焊接成型。直口，广肩，鼓腹，圈足，肩一侧焊椭圆形管状直流，另一侧为曲环形把，有银链将把上端纽和盖上的宝珠纽相连。素面。高10.1、口径4.4厘米。

连弧纹银器盖 内蒙古奈曼旗辽陈国公主墓出土，锤鍱成型。盖面隆起呈椭圆形，顶中间焊环纽，面压印五曲连弧纹。高4.8、直径9.5厘米。

鎏金双鱼纹银匙 A型，内蒙古奈曼旗辽陈国公主墓出土，锤鍱成型。匙面呈椭圆形，细长柄后部弯曲，柄上端成竹节形，柄端成扁形，内錾刻双鱼纹，鱼尾部穿孔。通体鎏金。长28厘米。

银匙 B型，内蒙古奈曼旗辽陈国公主墓出土，锤鍱成型。匙面呈椭圆形，细长柄后弯曲，柄端呈扁平鸭蹼形。素面。长21.8厘米。

---

① 内蒙古文物工作队：《内蒙古哲里木盟奈林稿辽代壁画墓》，《考古学集刊》第1期，北京，中国社会科学出版社，1981年，第231～245页。

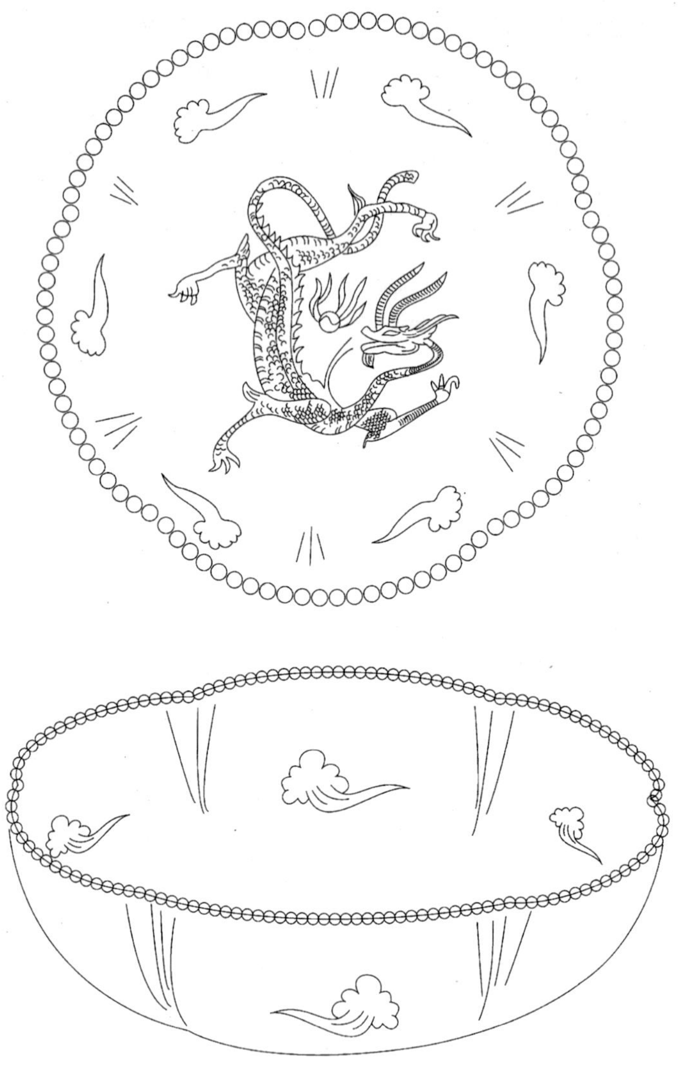

图 49　龙纹葵口金杯及内部纹样
辽
流失到国外文物市场
（刘洪帅　绘）

琥珀柄银刀 内蒙古奈曼旗辽陈国公主墓出土，刀锻制而成。鞘用薄银片打制卷曲、焊接成型。刀身细长，厚脊单面刃。琥珀柄，呈圆柱状。鞘的上部一侧焊一根系银链用的银条，中空，鎏金。鞘长32、刀长30.4厘米。

玉柄银刀 内蒙古奈曼旗辽陈国公主墓出土，刀锻制而成。鞘用薄银片打制卷曲、焊接成型。刀身细长，厚脊单面刃。青白软玉柄，呈圆柱状，平头，柄端上刻一“王”字。鞘的上部一侧焊一根系银链用的银条，中空，鎏金。鞘长24.8、刀长26.8厘米。

2. 殡葬器

金面具 内蒙古奈曼旗辽陈国公主墓出土，锤鍱成型。覆盖于公主面部，呈半浮雕形。脸型丰圆，双眼圆睁，鼻梁狭长，鼻翼略宽，抿唇，双耳宽大。面部呈现安详、端庄之态。面具边缘有穿孔，与网络连缀之用。作殡葬器。长20.5、宽17.2厘米。

金面具 内蒙古奈曼旗辽陈国公主墓出土，锤鍱成型。覆盖于驸马面部，呈半浮雕形。颧骨微突，面颊略瘦，下颌尖削，鼻梁狭长，鼻翼略宽，双眼圆睁，双唇抿合。面部呈刚毅之态。双耳与面部分别用铆钉缀接。面具边缘有穿孔，作为与网络连缀之用。为殡葬器。长21.7、宽18.8厘米。

银面具 辽宁省喀左县北岭辽墓[①]出土，锤鍱成型。边缘有四组小穿孔，每组三个眼，以缀连网络。口下部有一凸起的小点，无耳。长20.5、宽17厘米（图50）。

银丝网络 内蒙古奈曼旗辽陈国公主墓出土，用银丝根据人体的各部位编制而成。有头网、臂网、手网、胸背网、腹网、腿网、足网，穿于公主的内衣之外，用银丝将各部分衔接起来。长168厘米。

鎏金银冠 内蒙古奈曼旗辽陈国公主墓出土，锤鍱缀合成

---

① 辽宁省文物考古研究所：《辽宁喀左北岭辽墓》，《辽海文物学刊》1986年第1期。

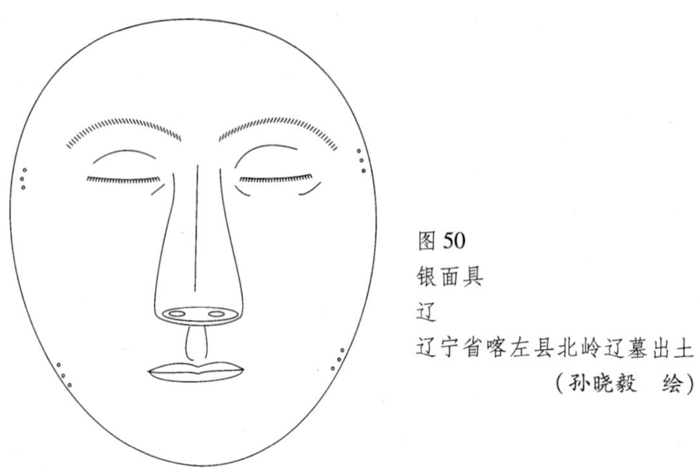

图 50
银面具
辽
辽宁省喀左县北岭辽墓出土
（孙晓毅 绘）

型，置于驸马头部右上方。冠前面正中为两片云朵形银片。两侧由下而上叠压十二片云朵形银片，背面上下叠压两片云朵形和莲瓣形银片。冠箍口用薄银片顺长对折成双层，卷曲成圆环形。正面饰对凤，用银丝钉缀，周围缀鎏金银圆片二十二件，上錾刻凤、鸟、鹦鹉、鸿雁、火焰、花卉等图案，箍外侧周边錾刻缠枝卷叶纹。高 31. 5、箍径 19. 5 厘米。

鎏金双高翅银冠 内蒙古奈曼旗辽陈国公主墓出土，锤鍱缀合成型，置于公主头部上方左侧。为高筒式，圆顶两侧有对称的立翅高于冠顶。冠箍口用长条形银片顺长对折成双层，卷曲成圆环形。正面镂空并錾刻花纹，中间刻火焰宝珠，左右两面錾刻飞凤，凤昂首，长尾上翘，展翅作起飞状。凤周围錾变形云纹。高翅、外侧正面中心各錾刻一只展翅欲飞的凤鸟，长尾下垂，周围饰以变形云纹。立翅边缘和冠箍外侧周边錾刻卷草纹。冠顶后部錾刻变形云纹。冠顶上缀元始天尊像，有底座和背光，长髯，高髻，头顶花冠，身着宽袖长袍，双手捧物于胸前，盘膝而坐，背光錾刻九朵灵芝。高 30、箍径 19.5 厘米。

鎏金双凤纹银靴 内蒙古奈曼旗辽陈国公主墓出土，锤锞缝缀成型。由靴靿、靴面、靴底组成。靴靿的前片略大，后片略小，两侧连接处用双股细银丝缝缀，两面各錾两只飞凤，凤首有羽毛，展翅向上飞翔，长尾下垂，四周饰变形云纹。靴口卷边，椭圆形。靴面前部略尖，左右两侧各錾一只长尾凤，昂首展翅，周围饰卷云纹。靴底前宽后窄，周缘上折，呈凹形，与靴面下口套合，周边用银丝连缀。靴前高 37.5、后高 25.6、底长 29.2 厘米。

鎏金双凤纹银靴 内蒙古奈曼旗辽陈国公主墓出土，锤锞缝缀成型。由靴靿、靴面、靴底组成。靴靿两侧各錾飞凤，首有羽毛，长尾下垂，展翅飞翔，凤鸟上下两侧各饰如意形云纹。靴面两侧各錾飞凤，昂首展翅，围绕凤鸟饰四朵如意形云纹。靴前高 34.6、后高 26.8、底长 30.4 厘米。

鎏金双凤纹银枕 内蒙古奈曼旗辽陈国公主墓出土，打制焊接成型。由枕面和底座组成。枕面上缘呈连弧形，下缘平直，卷边，中部微凹，錾刻对凤纹，凤昂首振翅，长尾上翘，两凤间錾火焰宝珠，下饰如意形云纹，底座呈箕状，置于公主头下。枕后高 13.2、前高 4.4、面宽 40.8、长 30 厘米。

鎏金双凤纹银枕 内蒙古奈曼旗辽陈国公主墓出土，打制焊接成型。由枕面和底座组成。枕面上錾刻飞翔的对凤，长尾下垂，头上有羽冠，昂首展翅，两凤间錾一组和合如意形云纹，上托一火焰宝珠，对凤上下两侧錾八朵云纹。花纹鎏金。枕后高 14、前高 0.9、面宽 49.6、长 36 厘米。

鎏金银流苏 内蒙古奈曼旗辽陈国公主墓出土，打制焊接成型。筒形，上窄下宽，上部焊一个小环纽，下口边缘截成锯齿形花边。通体鎏金。为尸床上丝织帷幔的垂体。长 2.8 厘米。

3. 鞍马具

银马络 内蒙古奈曼旗辽陈国公主墓出土，用薄银片制作，由项带、额带、颊带、咽带、鼻带组成。带上钉缀圆雕马形玉饰、圆雕狻猊形玉饰、四叶花形玉节约、三叶花形玉节约、银带扣、银带箍。项带长 48、额带长 56、颊带长 41.6、咽带长 47～59、鼻带长 34 厘米。

银马缰　内蒙古奈曼旗辽陈国公主墓出土，打制，用一条长薄银带和两条短薄银带连成。两条短银带分别穿套于马衔两侧的圆环内，然后各自对折成双层，在中部开一个直口，将长带的两端分别穿于短带的剪口内，各自挽口固定。长带长 155、短带对折长 22、宽 1.6 厘米。

彩绘银鞧　内蒙古奈曼旗辽陈国公主墓出土，用薄银片打制而成。略呈半圆形，上部微凹，有两个带孔。正面勾勒一个云朵形框，内涂橘红色，下部底面涂灰褐色，两侧各绘一只朱雀，昂首相对展翅飞翔，长尾上翘；雀首上部绘火焰珠，周围绘云纹。下部正中勾绘如意形框，框内绘朱雀和火焰珠。外侧边缘绘一条蓝色宽带，上绘一周黑色云纹。长 59、宽 66 厘米。

镶玉银胸带　内蒙古奈曼旗辽陈国公主墓出土，各由两条长银带和短银带组成。用三个三叶花形玉节约将长带中略短的一条和短带连接一起，长带中略长的一条两端各有带扣，略短的长带两端带头插入其中，并套银带箍固定。带上镶嵌马形和狻猊形玉饰。带扣呈圭形，有长条舌形活动扣针，环面錾刻卷草纹。胸带周长 170、宽 1.6 厘米。

银后鞦饰　内蒙古奈曼旗辽陈国公主墓出土，用薄银片制作，垂挂于鞍座后部左右两侧。每侧四条长带，一条短带，每条长带上各钉八件马形玉饰，每条短带上各套一件扁桃形无扣针的银带扣。长带长 56～61、短带长 15 厘米。

鎏金群鸟纹银马鞍饰　内蒙古奈曼旗辽陈国公主墓出土，锤鍱成型。由前、后鞍桥、半月形饰、叶形饰组成。前桥呈拱形，凸面，凹背，正面锤 40 只小鸟，周围錾刻卷草纹，鱼子纹为地，小鸟均尖嘴，长尾，展翅飞翔，有的向上飞，有的回首相望，高24.5、宽22.3～35.2厘米。后桥呈弓形，凸面，正面锤50只小鸟，周围錾卷草纹，以鱼子纹为地，高38、宽35－51.8厘米。叶形饰，正面锤12只小鸟，周围錾刻卷草纹，以鱼子纹为地，长31.5、宽5～地12厘米。

4. 宗教用具

龙纹盝顶金方盒　B型，流失到国外文物市场，钣金成型。盝式盖、底，盒体方正。盖顶中心模冲盘龙纹，阔嘴长舌，双眼圆睁，冉鬣飘飞，三爪，左前爪执火焰宝珠，顶四边饰海棠花瓣。腹部饰菱形二方连续图案。盒内錾文："太平五年臣张俭命工造成，又供养文忠王府皇太后殿前"。高3.5、边长7.3厘米。

双凤纹金方盒　B型，流传到国外文物市场，铸造成型。盝式盖、底，盒体方正，方圈足。花纹以鱼子纹为地，盖顶中心模冲双凤纹，凤作展翅飞翔状，四侧饰海棠纹。腹部饰菱形二方连续图案。盒内錾文："崇仁广孝功成冶定文忠王府殿前祭器，太平六年造成又贡，臣张俭等合拜揖"。高4.4、边长6.4厘米（图51）。

伎乐飞天纹盝顶金函　流失到国外文物市场，钣金成型。盝顶，函体方正，方圈足。花纹以鱼子纹为地，盖面为两个伎乐飞天，披帛飘飞，空白处填莲花、萱草，角隅和侧边饰海棠纹，侧面饰如意云头二方连续图案。函体正前方饰一双对凤，勾喙，鼓翼，长足，翘尾，空白填莲花、萱草。函内錾文："太平丙寅进奉文忠王府供养祭品，臣张俭等命吉匠造成，又合拜揖"。高7.8、边长7.5厘米。

鎏金四鹿团花纹盝顶银盒　B型，流失到国外文物市场，钣金成型。盝式顶、底，器身方正，方圈足。盖顶内切圆中有四重结构纹饰，中心为四出团花，再绕以大小相间的八出团花，第三重为四只花角奔鹿，两两相对，第四重为四朵扁

图 51　双凤纹金方盒
辽
流失到国外文物市场
（刘洪帅　绘）

团花，填于四鹿的首尾间。盖顶四角各饰一朵抱合式忍冬纹，四侧饰镂空忍冬纹。腹部饰两方连续的菱形图案。以鱼子纹为地，花纹鎏金。盒内錾文："太平四年文忠王府大殿祈福用皿，宣徽南院、本部提辖署诸臣合贡吉金做进"。高 6、边长 10.2 厘米。

鎏金伎乐飞天纹盝顶银方盒　B 型，流失到国外文物市场，钣金成型。盝式顶、底，器身方正。盖面中心錾刻两个伎乐飞天，披帛飘飞，四周绕以十字小团花，角隅为四破柿蒂纹。腹部饰两方连续的菱形图案。盒内錾文："睿德神略应运启化承天皇太后殿供养，太平六年三月廿又九日造成"。高4.1、边长8.3厘米（图52）。

图52 鎏金伎乐飞天纹盝顶银方盒
辽
流失到国外文物市场
（刘洪帅 绘）

鎏金双凤纹盝顶银方盒 B型，流失到国外文物市场，钣金成型。盝式顶、底，器身方正。盖面饰相对飞翔的双凤，四角有勾云纹。四侧饰一整二破式海棠纹。腹部饰二方连续的菱形图案。以鱼子纹为地，花纹鎏金。盒内錾文：“太平丙寅武定军节度使臣张俭命工造成又贡”。高4.1、边长8.7厘米。

鎏金迦陵频迦伎乐飞天纹盝顶银函 流失到国外文物市场，钣金成型。盝式顶、底，方圈足。盖面斗方中有两重四出团花，花尖各有一字，读为“太平清吉”。团花外绕四个迦陵频迦，人首鸟身，上身裸露，鼓双翼，展翘华尾，两个吹奏横笛，一个手执琵琶，一个乐器不明。斗方四角各有一只腾飞的仙鹤，外斗方四角各有一朵折枝纹，四侧饰如意云纹，盖四壁饰二方连续菱形纹。函体每面有两个伎乐飞天，披帛飘飞，舞姿各异，周围满绕如意云朵，以鱼子纹为地。花纹鎏金。函内錾文：“文忠王府大殿祈福祈祷用皿，宣徽南院、行宫都部署诸臣合贡吉金造成，太平四年三月廿又九日进”。高13、边长13厘米。

鎏金仙人骑凤纹盝顶银函 流失到国外文物市场，钣金成型。盝式盖，器身方正，方圈足。盖面饰骑凤吹箫仙人，四周饰流云，两侧的盖沿饰一整二破式海棠纹。函体正面錾刻一巨形兽面。花纹鎏金。函内錾文：“太平五年吉日造，奉文忠王府殿前供养”。高6、边长6.2厘米（图53）。

鎏金兔纹盝顶银函 流失到国外文物市场，钣金焊接成型。盝式顶，器身方正，方圈足。盖面中心錾刻一只卧兔，四周绕以串枝西番莲，其外刻小波浪蔓草方框，四侧饰两破式海棠纹。函体正面刻奔驰的双凤，其下空白填如意云朵纹。花纹鎏金。函内錾文：“睿文英武尊道至德文忠王府祭器，太平六年吉日造成又贡”。高6.5、边长7.2厘米。

5. 妆洗器

银盒 A型，内蒙古奈曼旗辽陈国公主墓出土，锤鍱成

图 53 鎏金仙人骑凤纹盝顶银函
辽
流失到国外文物市场
（谢天 绘）

型，置于奁内。呈扁圆形，子母口，直腹，平底，带盖。素面。高 2.5、口径 5 厘米。

八曲连弧形鸳鸯纹金盒 C 型，内蒙古奈曼旗辽陈国公主墓出土，锤鍱成型。呈扁形，盖与盒身以子母口相合，外侧焊两对对称的金纽，上端金纽内各穿一小段金链，链上端合二为一成人字形，链上系一金环，便于佩挂。下端的金纽内穿细链，链上接一个小插拴，以别合盖和身。盒面錾刻一对半浮雕状鸳鸯，昂首浮游于水面，周围衬以水波、萱草纹，外缘饰一周联珠纹。盒底錾刻半浮雕状双鹤，两鹤均一腿直立，一腿曲于腹下，立于水际沙汀之上，前鹤回首相视，后鹤作觅食状。沙汀周围饰水波、萱草、联珠纹。盖与盒的侧面錾刻缠枝卷叶纹。为妆洗器。直径5.5、链长4.5厘米（图54）。

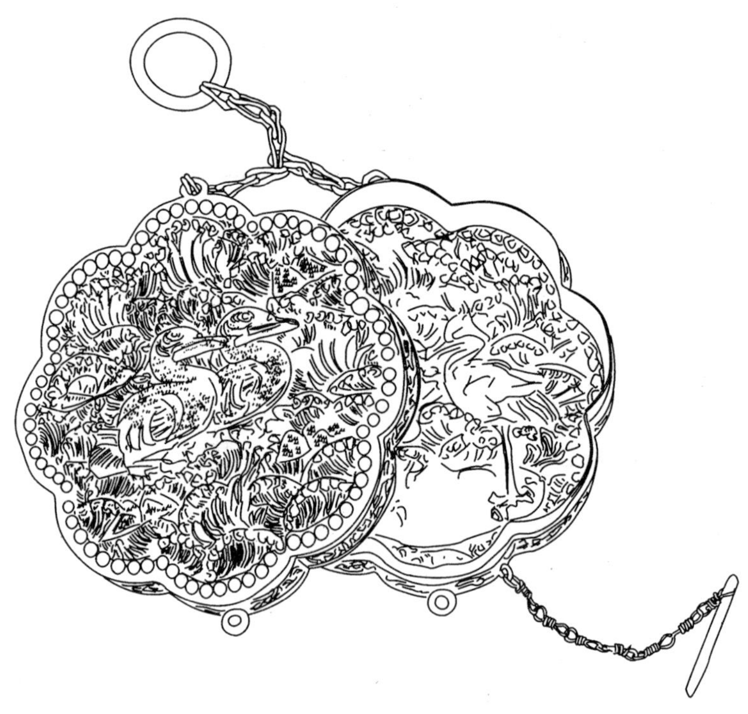

图54　八曲连弧形鸳鸯纹金盒
辽
内蒙古奈曼旗辽陈国公主墓出土
（刘洪帅　绘）

鎏金行龙戏珠纹银奁　内蒙古奈曼旗辽陈国公主墓出土，锤鍱焊接成型。子母口，曲腹，圈足，带盖。盖顶锤錾浅浮雕式的行龙戏珠纹，龙首有双角，颈后鬣毛，长颚，张嘴，有须有翼，背鳍密布，三爪，头尾间刻火焰宝珠，两侧各饰一朵如意形云纹；盖顶边缘饰一周联珠纹和变形莲瓣纹；盖侧沿饰凤纹和折枝牡丹纹。器腹錾两周海棠纹、一周凤纹和牡丹纹。圈足缘饰一周联珠纹。高 21、口径 25.4 厘米。

鎏金鸿雁纹银匜　流失到国外文物市场，钣金成型。敞口，弧腹，口一侧有流。内底錾刻展翅鸿雁，周围饰折枝，外围饰双波纹。口沿饰联珠纹，流内刻金钱龟纹。花纹鎏金。底部有“太平乙丑年供奉文忠王府第四”的錾文。高 3.2、口径 9.1 厘米（图 55）。

图 55　鎏金鸿雁纹银匜
辽
流失到国外文物市场
（刘洪帅　绘）

6. 装饰品

鎏金双凤戏珠纹银冠　辽宁省朝阳市前窗户村辽墓[1]出土，锤鍱成型。上端作外向连弧形，冠面正中饰一火焰珠，两侧双凤相对，昂首展翅，长尾，中有流云，周边压印卷云纹。高 20、直径 19.4 厘米（图 56）。

图 56　鎏金双凤戏珠纹银冠
辽
辽宁省朝阳市前窗户村辽墓出土
（孙晓毅　绘）

鎏金龙凤纹银冠　河北省平泉县小吉沟辽墓出土，锤鍱成型。上端呈外向连弧状，冠面锤錾浮雕式的二龙戏珠纹，龙昂首翘尾，二龙后各饰一凤，作展翅飞翔状，龙凤间填云纹，以草叶纹为地。冠两侧包长条银片。高 15.7、展开长 57.5 厘米。

鎏金鸾鸟衔草纹银镯　辽宁省朝阳市前窗户村辽墓出土，锤打成型。正面錾鸾鸟衔瑞草纹，边缘外折。直径 7 厘米。

缠枝莲花纹金镯　内蒙古奈曼旗辽陈国公主墓出土，锤打成型。呈椭圆形，镯体扁宽。正面錾刻浮雕式的缠枝莲花

① 靳枫毅：《辽宁朝阳前窗户村辽墓》，《文物》1980 年第 12 期，第 17～29 页。

纹，以细线方格纹为地。两端刻禽首，圆眼，长扁嘴。直径7.6厘米。

双龙纹金镯 内蒙古奈曼旗辽陈国公主墓出土，锤打成型。呈椭圆形，镯体宽扁，面錾相互缠绕的双龙，两端为龙首。直径6.4厘米。

錾花金戒指 内蒙古奈曼旗辽陈国公主墓出土。戒面略呈圆形，模冲四叶团花，两侧錾刻水波纹。戒面直径1.9厘米。

鎏金戏童纹银带饰 辽宁省朝阳市前窗户村辽墓出土，铸造而成。包括带扣、带铐、铊尾。带扣呈椭圆形，中间有活动的别卡，饰水波纹，环径6.9厘米。带銙呈方形，四边折缘，正面饰戏童图案，衬以缠枝花纹，背面有铆钉。从左到右第一带銙上饰三个童子，左者吹奏十管排萧，作盘腿跳跃状。右者双手击拍板，作屈腿跳跃状。上边者双手抱拳于胸前，作蹲踞跳跃状。第二带铐饰三个童子，左者右手舞旗，屈膝蹦跳。右者右手执鼓槌，击鼓，作跑跳状。上边者左手持带缨长枪，作侧身蹲踞蹦跳状。第三带铐饰三童子，左者右手执令箭，脸戴假面，屈膝蹦跳。右者右手执鼓槌，左肩扛鼓，以左手托之，屈膝蹦跳。上边者双手捂眼，两腿作交叉碎步行走状。第四带铐饰三童子，左者双手握曲棍，骑于两腿间，作回首奔跑状。左者握棍骑于两腿间，作欲追状。上边者右肩扛棍，观看其他二童。第五带銙饰三童子，左者丢弃曲棍和球，伸双手向右者讨鼓，右者捧鼓边跑边拍，作回首引逗状。上边者左手提编织笼，向两童跑来。整个构图反映了儿童作游戏的生动场面。长8.5、宽5.8厘米。铊尾呈圭形，四边折缘，正面饰八个戏童，衬以缠枝花纹，背面有铆钉。戏童分上、下两排，上排左一童右手握“风车”柄，迎风奔跑，左二、左三童作斗鸡游戏。下排左一、左二童打曲棍球，左三童左手牵三轮玩具车，右手指点玩曲根球的二童。上、下排中间偏后有一童子背一幼童，向作游戏的童子们跑来。长 10.5、宽 5.8 厘米。

金铐银鞓蹀躞带　内蒙古奈曼旗辽陈国公主墓出土，打制、模压、锤锞而成，为驸马所系。由带扣、带箍、带眼、带铐、铊尾、带饰、葫芦形带饰、银囊组成。带扣，呈椭圆形，中间装活动的别卡，后接圭形薄金片。扣环正面錾刻草叶纹，圭形金片錾刻莲花纹。长 5.1 厘米。带箍，有大小之分，大箍穿套于带身前端，长方环形，正面錾刻麦芒纹，长 3.8 厘米。小箍套于下垂的每条小带上，为长方环形，正面錾刻麦芒纹，长 1.7 厘米。带眼，呈桃形，正面錾刻云纹，穿呈椭圆形孔，背面有铆钉，长 2.5、宽 2.1 厘米。带銙，呈方形，两边为四曲连弧状，正面錾刻浅浮雕式兽面纹，兽为圆眼，竖眉，双眉间刻“王”字，透孔扁桃形口，兽口即“古眼”，衔下垂小带，背面有铆钉，长 3.5、宽 3 厘米。铊尾，有大小之分，大铊尾钉于带身末端，呈圭形，正面錾刻折枝莲花纹，以鱼子纹为地，背面有铆钉，长 5.6、宽 3.2 厘米。小铊尾钉于下垂小带的末端，呈圭形，正面錾花蕊纹，背面有铆钉，长 2.3 厘米。带饰，钉于下垂小带上，呈长方形，正面錾刻花蕊纹，背面有铆钉，长 2.2 厘米。葫芦形带饰，分别系于两条小带末端，上端有穿孔，正面錾兽面纹，长 7.5 厘米。银囊，垂挂于两条小带上，盖为半圆形，盖面与囊面下部各有长条形银带卡，盖面錾刻云纹，囊面錾刻相对的双凤和云纹，高 8.6、宽 8.8 厘米。总带长 156 厘米。

金铐丝带　内蒙古奈曼旗辽陈国公主墓出土，模压成型，束于公主的腰部。丝带已残，仅存八件带铐。铐呈圭形，四边有凸棱，正面錾刻行龙，四周錾海水江崖和云纹，背面焊五个银饰件，内穿银丝。长 10.2、宽 6.2 厘米（图 57）。

银铜铐银鞓鞢躞带　内蒙古奈曼旗辽陈国公主墓出土，打制、模铸而成。由银带扣、银带箍、银带銙、铜带銙、银铊尾组成。银带扣的环呈椭圆形，中间有活动的别卡，扣把呈

图 57　金铸丝带

辽

内蒙古奈曼旗辽陈国公主墓出土

（刘洪帅　绘）

凸面圭形，中部贯轴连接，背面有铆钉，环径4.4厘米。银带箍，呈椭圆形，长3.8厘米。银带銙，呈圆泡形，下部有桃形穿，垂挂小带，背面有铆钉，直径4.4厘米。铜带銙，呈桃形，正面有一穿孔，背后有铆钉，长2.1、宽1.9厘米。银铊尾，呈圭形，背面有铆钉，长5.2、宽3.3厘米。

玉銙银带 内蒙古奈曼旗辽陈国公主墓出土，由金带扣、玉带銙、玉铊尾组成。金带扣的环呈方形，有舌形活动别卡，扣把呈圭形；环长5.2厘米。玉带銙分方形和桃形两种，用白色软玉制作，背面钻孔，孔内穿钉，方形带銙长4厘米，桃形带銙长4厘米。玉铊尾，呈圭形，正面边缘有凸棱，背面钻孔，内穿铆钉，长8、宽4.2厘米。

牡丹纹金鞢韄带 内蒙古通辽市奈林稿辽墓出土，锤打而成。由带箍、带銙、扣眼、葫芦形饰和铊尾组成。带箍，呈椭圆环形，长1.5厘米。带銙分长方形、半圆形、弧头形三种，正面錾缠枝牡丹纹，下缘有长方形穿孔，背面有铆钉，长2.8厘米。扣眼，呈桃形，中间有孔，边錾牡丹花叶纹，背有铆钉，葫芦形饰，正面錾牡丹花纹，背面扣铜板，长7.1、宽3.3厘米。铊尾，分大小两种，正面錾缠枝牡丹纹，背面有铆钉，大铊尾长3.9、宽2.4厘米（图58）。

双狮纹金佩饰 流失到国外文物市场，钣金成型。呈长条形，中部模冲巨兽，口衔手执朵带，两侧各蹲踞一巨狮，身驮女童子，双狮身后各有两只阔步奔飞的凤鸟和一朵变体桃形忍冬花结。边框饰变形莲瓣纹。带饰下端两侧各有两个环钮。背面錾文："太平五年武定军节度使兼管诸军检事臣张俭等合贡金吉匠造成，又合拜揖，进文忠王府，行宫都部署司点讫"。长38厘米（图59）。

异兽纹银带銙 辽宁省凌源市八里铺村下喇嘛沟辽墓①出土，

---

① 资料未发表，现藏于辽宁省凌源市博物馆。

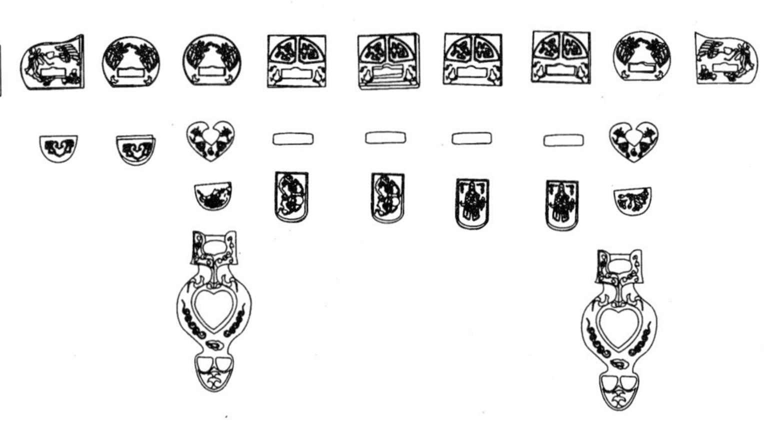

图 58 牡丹纹金鞢韄带
辽
内蒙古通辽市奈林稿辽墓出土
（刘洪帅 绘）

图 59 双狮纹金佩饰
辽
流失到国外文物市场
（刘洪帅 绘）

锤鍱成型。表面微凹，纹饰凸起，有山字形古眼。为双带扣双铊尾形制，方形銙和铊尾上饰神态各异的独角兽，桃形銙上饰云纹，带扣饰团花，带箍饰水波纹。长4.7～8.7、宽4.5～5厘米。

鎏金嵌琥珀鸾凤纹银捍腰 辽宁省法库县叶茂台辽墓①出土，锤锞成型。上边呈外向连弧状，表面锤錾五个塔式建筑，刹如伞顶，檐有流苏，底为莲座，塔身镶嵌琥珀，地錾鸾凤纹。两端有扣，连在棉袍的长带上。长66厘米。

牡丹纹包金银捍腰 内蒙古博物馆征集，锤锞成型。上端呈外向连弧状，面锤錾浮雕式的牡丹纹，两端有铜扣环，背包银。长65.5、宽20厘米。

7. 日杂器

镂花金荷包 内蒙古奈曼旗辽陈国公主墓出土，锤锞连缀成型。呈扁平桃形，上端穿孔，系人字形金链，链端穿圆环，便于佩挂。盖面与包面均镂刻缠枝忍冬纹。为日杂器。长13.4、宽7.8厘米。

錾花金针筒 内蒙古奈曼旗辽陈国公主墓出土，打制、焊接成型。呈圆筒形，带盖。盖顶隆起，顶部焊小环钮，筒上外侧焊接对称的双纽，钮内各穿一条双环束腰形金链，并与盖顶金链合并，易于佩挂。盖顶錾刻双重覆莲纹，筒身外壁

图60 錾花金针筒
辽
内蒙古奈曼旗辽陈国公主墓出土
（刘洪帅 绘）

① 辽宁省博物馆等：《法库叶茂台辽墓纪略》，《文物》1975年第12期，第26～36页。

錾刻缠枝忍冬纹，衬以鱼子纹为地。高 11.7、直径 1.2、链长 8 厘米（图 60）。

银渣斗　内蒙古奈曼旗辽陈国公主墓出土，锤锞焊接成型。盘口，束颈，鼓腹，圈足。盘下部剪成缺口，套入直颈内，将缺口外折，使盘底与颈口套连。素面。高 16、口径 24.5、腹径 14 厘米（图 61）。

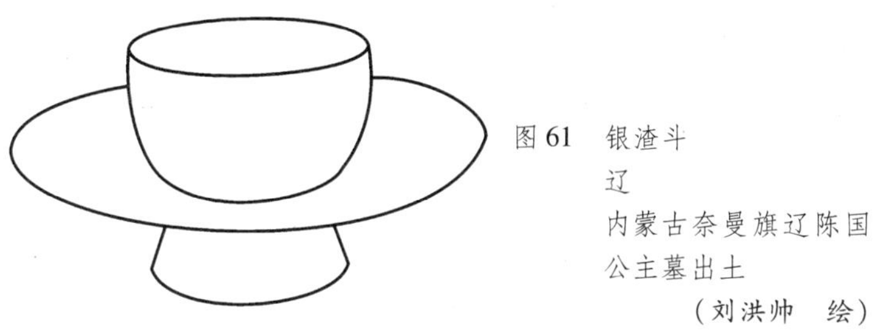

图 61　银渣斗
辽
内蒙古奈曼旗辽陈国公主墓出土
（刘洪帅　绘）

玉柄银锥　内蒙古奈曼旗辽陈国公主墓出土，锥锻制。鞘用薄银片打制卷曲、焊接成型。锥锐尖，白色玉柄，圆头，呈圆柱形。鞘上带银链，鎏金。鞘长 15、锥长 17.8 厘米。

（三）辽代金银器第二期的分类

1. 饮食器

银碗　内蒙古巴林右旗辽庆州白塔[①]出土，锤锞成型。敞口，弧腹，圈足。素面。高 2.08、口径 5.75 厘米。

花瓣口银碟　A 型，内蒙古巴林右旗辽庆州白塔出土，锤锞成型。六瓣花式口，弧腹，平底。素面。高 1、口径 6.9～8 厘米（图 62）。

---

① 德新等：《内蒙古巴林右旗庆州白塔发现辽代佛教文物》，《文物》1994 年第 12 期，第 4～31 页。

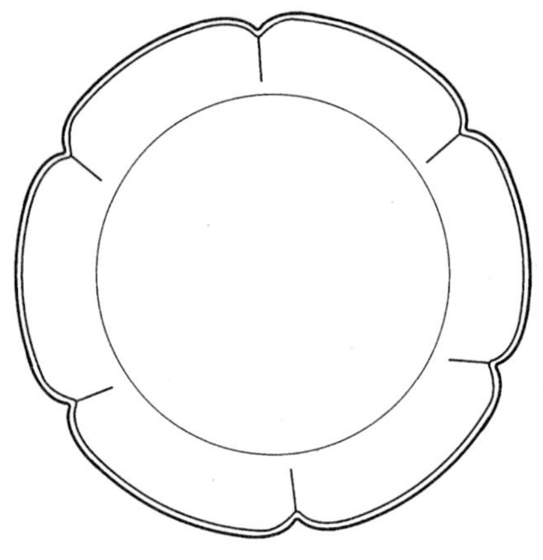

图 62　花瓣形银碟
辽
内蒙古巴林右旗
辽庆州白塔出土
（谢天　绘）

龙纹花式口银碟　B 型，辽宁省朝阳市辽代北塔天宫地宫[①]出土，锤锞成型。十三瓣花式口，斜直腹，平底。内底錾团龙纹，张口怒吼，鬃须飘逸，三爪。碟内盛珍珠、水晶、琥珀等供品。高 2.2、口径 11.4 厘米。

海棠形银盘　内蒙古翁牛特旗解放营子辽墓[②]出土，锤锞成型。四曲海棠形，浅腹，平底。素面。高 1、口径 21 厘米。

五瓣花形银杯　内蒙古翁牛特旗解放营子辽墓出土，锤锞成型。直口，长颈，折肩，鼓腹，小圈足。素面。高 3.5、口径 6.1 厘米。

银壶　内蒙古翁牛特旗解放营子辽墓出土，锤锞成型。直口，长颈，折肩，鼓腹，小圈足。素面。高 10.2、口径 5.2 厘米。

银罐　辽宁省朝阳市辽代北塔天宫地宫出土，锤锞成型。小口，鼓腹，矮圈足。腹部饰三周弦纹。高 6.9、口径 5.9 厘米。

---

① 朝阳北塔考古勘察队：《辽宁朝阳北塔天宫地宫清理简报》，《文物》1992 年第 7 期，第 1～33 页。

② 翁牛特旗文化馆等：《内蒙古解放营子辽墓发掘简报》，《考古》1979 年第 4 期，第 330～334 页。

2. 宗教用具

金舍利塔 A型，辽宁省朝阳市辽代北塔天宫地宫出土，用金片制成。方形单层檐式，三层平台式基座，上面和侧面錾刻云纹。座上置单层八瓣金莲座，上承方形塔身。塔身四角刻出圆形倚柱，每面刻坐佛一尊，头戴宝冠，手结契印，结跏坐于莲座上。塔身四周莲座上立有勾栏，前后开门。塔檐单层，四角攒尖式顶，顶上安刹，由莲座、宝珠组成，脊上和檐下装饰珍珠串穿的流苏。高11厘米。

金盖玛瑙舍利罐 辽宁省朝阳市辽代北塔天宫地宫出土，置于金塔内。小口圆唇，鼓腹，平底。斗笠状金盖，盖顶饰环钮，穿金链。盖上錾刻花纹。高4.5、腹径4.2厘米（图63）。

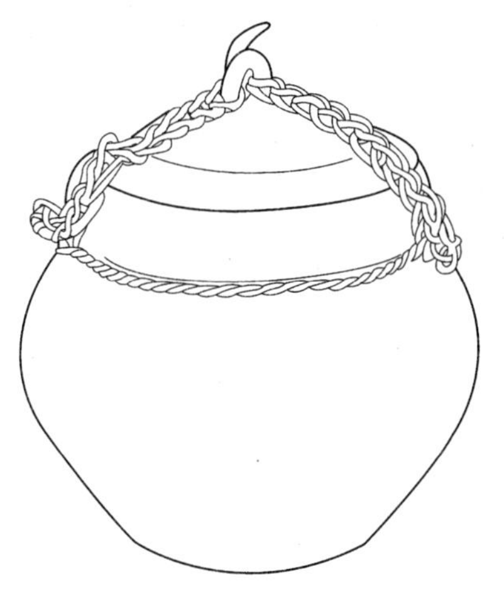

图63 金盖玛瑙舍利罐
辽
辽宁省朝阳市辽代北塔天宫地宫出土
（谢天 绘）

金法轮 辽宁省朝阳市辽代北塔天宫地宫出土，由法轮、金刚杵、筒形柄组成，连以金丝。法轮之毂中部突起，镶嵌珍珠，莲瓣形边。六辐，均作杵形。辋二道，錾刻莲花、刺点和杵形纹饰。法轮上缘突出如桃形，有嵌珠之孔。背有金丝钩，以便系挂。金刚杵作四股形，柄刻联珠纹。筒形柄一端作杵形。通长6.5、法轮直径2.7厘米。

鎏金银塔 B型，辽宁省朝阳市辽代北塔天宫地宫出土，作六角形三重檐式，由基座、塔身、刹顶构成。基座为铜质鎏金，作六角形，每面双线刻出壶门，角突起作圆形倚柱。塔身作六角柱状，铜质鎏金，套安三重鎏金银塔檐。基座上沿塔身一周安装勾栏，前后开门，有望柱、栏杆及壶门栏板。第一节塔身每面线刻一尊坐像，为释迦牟尼和密宗金刚界五方如来，佛下均有莲花和生灵宝座。第二节塔身刻写下面各佛的梵文种子，第三节塔身刻写梵文“六字真言”。六角攒尖式银塔檐，铸出脊和瓦垄，抟脊上托以单层仰莲，檐角上立伞盖，下垂金铎。刹顶由平座、莲座、宝瓶、火焰、伞盖、月轮、宝珠组成，系三根银王巢，上系小铎。高60.3厘米。

金银经塔 C型，辽宁省朝阳市辽代北塔天宫地宫出土，分火炉、莲座、塔身、顶盖四部分。炉盆作浅钵形，平底，铜质，上有豆座形连弧边银盖。炉盖上接仰莲座，内置一朵单层八瓣金莲叶。塔身系四重圆筒形套，内装经卷。顶盖为金片锤揲而成，八角帽顶形，上面凸起作八瓣半敷莲花，顶尖安一颗大珍珠，边缘和下面饰银丝穿珍珠。塔身四重套从外至内：第一重为金片，外面錾刻一尊坐佛和八大灵塔及塔名；第二重为银片，刻三尊菩萨；第三重为金片，刻大日如来佛与八大菩萨，还有三行题记，即“重熙十二年四月八日午时葬像法只八年提点上京僧录宣演大师赐紫沙门蕴　T4　记”；第四重银质，素面。经卷由七块银片连接后卷成筒形，刻写“波罗密多心经”和陀罗尼、真言密语，有汉字音译、意译和梵文三种。高39厘米。

金舍利塔 D型，辽宁省阜新市新营子辽塔[①]出土，用金片制作，分数段套合而成。塔下为圆形须弥座，上下各有三

---

① 资料未发表，现藏于辽宁省博物馆。

层叠涩，锤覆仰莲、卷草和牡丹花叶纹。塔身呈圆筒形，正面錾一壶门形长龛，周围錾字，由龛左起绕读，依次为偈语、造塔愿文和“法舍利真言”。塔檐锤出瓦垄，周缘饰火珠。檐顶锤覆莲，嵌珍珠，塔刹高耸，穿莲座、宝珠、相轮、华盖等饰，华盖周缘下垂璎珞，系以小珍珠、小金叶与镂空三花叶交错穿缀而成。高25厘米。

鎏金凤衔珠银舍利塔 E型，内蒙古巴林右旗辽庆州白塔出土，锤鍱焊接成型。由塔座、塔身、塔檐、塔刹组成。塔座为圆形重台式，錾刻荷叶覆莲纹，上焊六边形勾栏并錾刻花纹。塔身呈六边形，正面刻塔门，门楣上祥云缭绕，两侧四面对称錾刻供养人、侍女各二，背面刻一赤足力士。塔檐、塔顶覆钵连体，檐出瓦当排列有序，滴水以线条刻饰显示。塔刹以仰覆莲台为座，上置覆钵、露盘，刹杆串以三珠三盖。刹顶饰一昂首展翅、双爪着于花盖之上的凤凰，喙衔24颗珍珠编缀的璎珞。自第一华盖下分六根刹链与塔檐六角垂脊前端相连。华盖、塔檐转角和刹链上都悬系风铎。塔座前单独嵌置一鎏金立像，右手扶杖，左手托钵。高42厘米。

银座水晶塔 F型，北京市顺义区辽净光舍利塔①出土。由塔座、塔身、塔刹组成，塔座为八角形，模压莲花纹。塔身用水晶制作。高7.6厘米。

木胎银棺 辽宁省朝阳市辽代北塔天宫地宫出土，木板制成，外面包银片。右侧银片线刻释迦牟尼涅槃像，释尊头南足北，头枕右手，侧卧“七宝”床上，床侧天人异众皆作哀恸之相，并有婆罗双村和狮、象各一，右上方置锡杖、钵盂；床脚站护法天王一，双手执箭，脚踏夜叉。后侧银片线刻三尊佛像，头顶华盖，手结契印，有背光、头光、结跏趺坐于莲座之上，莲座下放一盆莲花。左侧银片线刻帝后礼佛图，释迦牟尼坐莲

---

① 北京市文物工作队：《顺义县辽净光舍利塔基清理简报》，《文物》1964年第8期，第49~54页。

座上，双脚下垂，脚下生出莲花，二弟子侍立两侧，作帝王形象的梵王和贵妇人形象的帝后跪于佛前，右侧刻一手持宝剑的护法天王。银片长 33～33.1、宽 17～18.1 厘米。

银菩提树　辽宁省朝阳市辽代北塔天宫地宫出土。银棍外包银片作树干，插入八角锥体台座上，银丝拧成绳状作树枝，卵形树冠，共 16 片弧边三角形叶。高 21.6 厘米（图 64）。

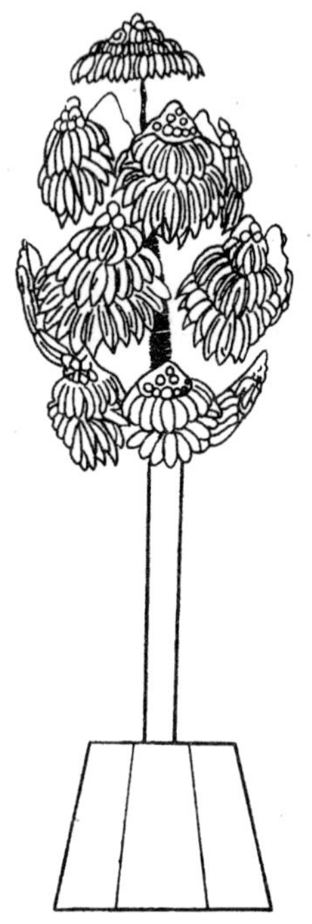

图 64　银菩提树
辽
辽宁省朝阳市辽代北塔天宫地宫出土
（谢天　绘）

银佛幡　北京市房山县北郑村辽塔①出土。为錾花银片制成，插在刻莲瓣纹八角形砖座上。高 17 厘米。

---

① 齐心、刘精义：《北京市房山县北郑村辽塔清理记》，《考古》1980 年第 2 期，第 147～158 页。

银宝花　北京市房山县北郑村辽塔出土。由宝相花、茨菇叶、桃花三种银花组成 14 支花束，插在刻莲花纹的砖座上。高 28. 5 厘米。

灯笼形银饰件　辽宁省朝阳市辽代北塔天宫地宫出土。下有单层莲座，座下出圆筒，中间安钉。莲座上出圆槽，内置水晶瓶，瓶盖上串水晶、琥珀珠。上、下莲座间以四根外弧形银丝相连，穿缀珍珠，如灯笼形。上部莲座为双层，中间一周珍珠。高 10. 7 厘米。

金板金法舍利　内蒙古巴林右旗辽庆州白塔出土，在金板上镌刻陀罗尼咒的形式。单面横书五行，双勾镌刻梵文陀罗尼咒 77 字，左侧竖刻汉字“相轮樘中陀罗尼咒”八字。长 16. 5、宽 9. 3 厘米（图 65）。

图 65　金板金法舍利
辽
内蒙古巴林右旗辽庆州白塔出土
（张景明　摄）

筒形银瓶　辽宁省朝阳市辽代北塔天宫地宫出土，锤锞成型。圆筒形，平底，莲花形盖，环纽。高 8. 4 厘米。

长颈舍利银瓶 内蒙古巴林右旗辽庆州白塔出土，锤鍱成型。细长颈，溜肩，鼓腹下内收，平底。盖作五瓣如意花式，正中蕊作弯头状。素面。内装舍利子若干。高9、腹径2.8厘米。

银匙 内蒙古巴林右旗辽庆州白塔出土，锤鍱成型。匙面呈桃形，錾刻“千年万载”四字。柄细长，背略弯曲，端稍宽。为取舍利之用。长9厘米。

3. 妆洗器

戏童纹银囊盒 辽宁省朝阳市辽代北塔天宫地宫出土，锤鍱扣合成型。作十曲椭圆形，两面各锤出三个戏童和云纹，童下有莲花。盒上端系银链，链端穿环。盒径3.4厘米。

（四）辽代金银器第三期的分类

1. 饮食器

银盘 A型，辽宁省建昌县龟山一号辽墓①出土，锤鍱成型。敞口，浅腹，平底。素面。高2.8、口径31厘米。

海棠形錾花银盘 B型，内蒙古巴林右旗白音汉辽代窖藏出土，锤鍱成型。呈四曲海棠形，敞口，斜直壁，平底。内心錾三组圆形图案，每组圆线外有联珠一周，中间錾海水双鱼纹，西边圆圈内錾复瓣莲花。沿錾卷草纹。高1.8、口径31厘米。

花瓣口银杯 A型，辽宁省建昌县龟山一号辽墓出土，锤鍱成型。二十二曲花瓣口，深弧腹，高圈足。腹壁压印水波纹。高5、口径7.4厘米。

柳斗形银杯 B型，内蒙古巴林右旗白音汉辽代窖藏②出

---

① 靳枫毅、徐基：《辽宁建昌龟山一号辽墓》，《文物》1985年第3期，第48～55页。

② 巴右文、成顺：《内蒙古昭乌达盟巴林右旗发现辽代银器窖藏》，《文物》1980年第5期，第45～51页。

土，锤锞成型。侈口，弧腹，圜底。腹、底压印柳斗形纹，口外沿饰绳纹。高 5.6、口径 10.4 厘米。

荷叶形敞口银杯 C 型，内蒙古巴林右旗白音汉辽代窖藏出土，锤锞成型。作荷叶形，敞口，浅弧腹，圈足。足缘饰羽状纹，杯内通錾荷叶脉纹，杯心錾突蕊五瓣梅花，附五叶。高 3.8、口径 10 厘米。

复瓣仰莲纹银杯 D 型，内蒙古巴林右旗白音汉辽代窖藏出土，锤锞成型。五瓣花式口，卷唇，深弧腹，高圈足。外壁錾双层仰莲及一组莲叶纹，下层莲瓣内錾叶脉纹。口沿下錾羽状纹和连点式卷云纹，足缘饰羽状纹。高 6.4、口径 9.6 厘米。

二十五瓣莲花口银杯 内蒙古巴林右旗白音汉辽代窖藏出土，锤锞成型。二十五瓣莲花口，弧腹，圈足。杯外通体錾五叶芙蓉花十朵。下托莲瓣，叶间錾筋脉，叶花重叠，俯仰有致。圈足外錾竖条纹和羽状纹。高 5、口径 8.7 厘米。

八棱錾花银执壶、温碗 内蒙古巴林右旗白音汉辽代窖藏出土，锤锞焊接而成。壶通体呈八棱形，子母口，长颈，鼓腹，圈足，肩部一侧有竹节状长流，另一侧腹部与颈上端铆接竹节状弯柄。盖作八角形塔状，錾四叶筋脉，叶间錾三瓣花朵附叶一株。盖上的图案分两层，每层均錾牡丹花及叶纹，荷花蓓蕾坛顶。壶身錾八组相同的缠枝牡丹花纹，肩部錾石榴花纹，每棱四周边缘錾羽状纹。高 26、腹径 15 厘米。碗，卷唇，弧腹，圈足。腹部每棱的图案分上、下组，每组錾牡丹纹，边缘及足上饰羽状纹。高 11 厘米（图 66）。

2. 鞍马具

鎏金双凤戏珠纹银马鞍饰 内蒙古宁城县埋王沟四号辽墓①出土，锤锞成型。前桥上宽下窄，边缘圆弧素面，回折，

---

① 内蒙古自治区文物考古研究所等：《宁城县埋王沟辽代墓地发掘简报》，《内蒙古文物考古文集》第二辑，中国大百科全书出版社，1997 年，第 609 ~ 630 页。

图 66－1　八棱錾花银执壶
辽
内蒙古巴林右旗白音汉辽代窖藏出土
（谢天　绘）

图 66－2　八棱錾花银温碗
辽
内蒙古巴林右旗白音汉辽代窖藏出土
（谢天　绘）

錾刻双凤戏珠纹，以浮云、缠枝、鱼子纹补缀空白，高 19、宽 3 – 8 厘米；后桥錾刻双凤戏珠纹，以云朵、缠枝草叶为地，高 38、宽 4 ~ 11 厘米。

3. 装饰品

鎏金银冠 辽宁省锦西县西孤山辽萧孝忠墓①出土，锤鍱成型。仅存冠沿一片，沿上部连着斜方格网状冠顶残部，沿内夹丝织物。

银饰片 辽宁省锦西县西孤山辽萧孝忠墓出土，锤鍱成型。呈薄体长条状，两端各有二孔，表面压花。长 6.5 厘米。

人物鱼舟形金簪 辽宁省新民县巴图营子辽墓②出土，锻打、模铸成型。体中空，由两扇合成。舟作鱼形，上有一座六角亭，亭两侧各有三人，神情不一，生动逼真。簪长 5.1、舟高 2.2、长 2.9、宽 1.3 厘米。

银钗 辽宁省新民县巴图营子辽墓出土，锻打成型。素面，分双叉。残长 10 厘米。

4. 日杂器

带枝莲花朵银薰炉 内蒙古宁城县埋王沟四号辽墓出土，模铸、锻打成型。形若初开之并蒂莲花，一仰一俯。一片荷叶背向花朵微倾向外张开，扁条形枝干在中部一分为三枝，中间主枝承托仰莲，两侧分枝弧曲向外，分别承托俯莲与荷叶。莲花中空为炉身，子母口，原有活动的小盖已脱落，枝干底端微回弧，尖部呈侧三角形。通高 36.5、宽跨 11.5 厘米（图 67）。

从辽代金银器各期的分类研究看，第一期第一阶段中有饮食器、殡葬器、鞍马具、妆洗器、装饰品、日杂器，没有发现宗教用具。第二阶段中七大类的器物都有，饮食器、鞍马

---

① 雁羽：《锦西西孤山辽萧孝忠墓清理简报》，《考古》1960 年第 2 期，第 34 ~ 35 页。

② 冯永谦：《辽宁省建平、新民的三座辽墓》，《考古》1960 年第 2 期，第 15 ~ 24 页。

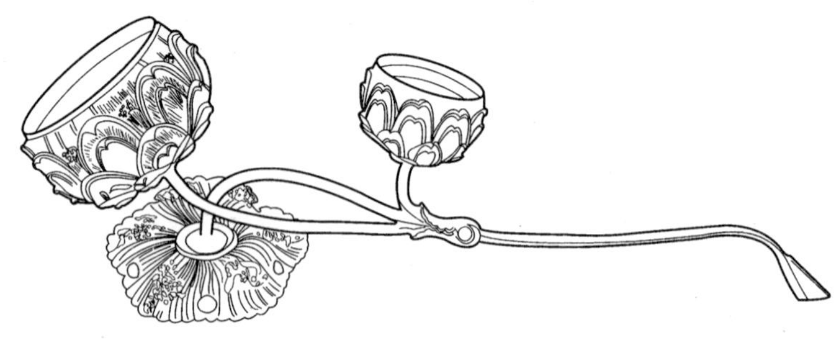

图 67 带枝莲花朵银薰炉
辽
内蒙古宁城县埋王沟四号辽墓出土
（谢天 绘）

具、殡葬器、装饰品特别发达。第二期中只见饮食器、宗教用具、妆洗器，宗教用具数量多，种类繁杂，有的饮食器作为宗教的供奉器使用。第三期中有饮食器、鞍马具、装饰品、日杂器，多为银器，以饮食器为主。总体上讲，第一期金银器的数量和种类最多，分布的地域也比较广，此后逐渐递减，可以看出辽代国力由盛而衰的发展状况。

四、辽代金银器的造型艺术

在造型艺术中，用审美的视觉和知觉注意指向性的一个重要方面是处理“图”与“底”的关系。美国学者阿恩海姆说：“‘图形’与‘基底’之间的关系，就是指一个封闭的式样与另一个和它同质的非封闭的背景之间的关系。”① 后来的学者根据阿恩海姆的观点，把“图”与“底”的关系归结为几个方面：（1）被包围的或封闭的形成“图”，包围者却成为“底”（或称“地”）；（2）小面积者为“图”，大面积者为“底”；（3）密度高或有纹理描写者容易成为“图”；（4）二者位于上下之位置。

运用上述理论看辽代金银器的构图，非常符合其造型的安排。金银器本身的质地就是所说的“底”，其中的纹样就是“图”，二者处于一个包围与被包围的关系中。造型的创作，分为“构图”（构思）和“传达”两个阶段。构图是创作者根据对现实生活的认识和观察，经过反复体验归纳，在头脑中首先形成一个造型的艺术形象，然后在“底”上表现出来。英国学者克莱夫·贝尔说：“当一个艺术家的头脑被一个真实

① ［美］鲁道夫·阿恩海姆著，滕守尧、朱疆源译：《艺术与视知觉》，北京，中国社会科学出版社，1984年，第311页。

的情感意象所占有，又有能力把它保留在那里和把它‘翻译’出来时，他就会创造出一个好的构图。”① 传达就是借助于一定的诸如金属、布、绢、纸等物质媒介，运用一定的艺术技法，通过线条、块面、色彩等，把原来升华于艺术家头脑中的自然艺术形象再创作出来，使之成为一个物化了的静态的、并能为人们所欣赏的造型艺术品。

“构图”和“传达”是相互辩证统一的，在塑造艺术品时缺一不可。“一方面，在构思时即已考虑到了传达，不能离开传达去构思；另一方面，在传达时构思并未终止，传达是构思的继续和深化。”② 任何人在这种构图和传达的过程中，都要受社会的影响，以及个人文化素质与艺术水平的制约。同样一个要创作的对象，在众人眼中是同样的物品，但反映在“底”上却风格各异，“使人看来不只是直接存在的现实世界中的一件事物，而是人的思想和精神的艺术活动的产品。”③ 因此，任何一种造型都是用物质形式描绘记载了历史，并在一定的审美情趣的指导下，采用艺术的技法展现了时代的风尚。

辽代金银器的造型，就是在“图”与“底”之间的关系中产生，它也经历了构图与传达的过程，包括形状、图案和工艺，工艺又分为制作工艺和装饰工艺。金银器在中国古代社会中多数为皇家和上层贵族所拥有的奢侈品，在一定程度上代表着一个国家或民族文化的精髓。孕育游牧民族的北方草原地区，大约在距今四千年前的夏家店下层文化墓葬出土的金耳环起，历经商周、春秋、战国、两汉、魏晋、北朝、隋唐的发展，到辽代契丹民族统治草原时期使金银器艺术达到

---

① ［英］克莱夫·贝尔著，周金环、马钟元译：《艺术》，北京，中国文联出版公司，1984 年，第 156 页。

② 刘纲纪：《美术概论》三，《美术史论》1982 年第 4 期。

③ ［德］黑格尔著，朱光潜译：《美学》第三卷上册，北京，商务印书馆，1991 年，第 33 页。

鼎盛，元代以后继续发展，形成了北方草原民族金银器的发展演变序列。正如黑格尔所言："因为艺术作品全部都是精神产品，象自然界产品那样，不可能一步就达到完美，而是要经过开始、进展、完成和终结，要经过抽苗、开花和枯谢。"① 辽代金银器之所以能达到成熟和完美的地步，就是经过了一个发生、发展的过程，在原有特色的基础上，吸收了前代民族文化、唐文化、宋文化、西方文化的因素，从而使辽代金银器造型艺术更加完美。

（一）辽代金银器的外形艺术

辽代金银器的器口有圆、椭圆、花瓣、盘状、曲式、海棠等多种形式，代表着不同时期金银器的风格。

辽代金银器第一期的器口形式有圆形、椭圆形、曲角形、盘状等，多为日常生活用具，器形有杯、碗、壶、盆、盒、匜、渣斗等。从器形种类的主次来看，又可分两个阶段。

第一阶段从太祖至穆宗时期（公元 907 ~ 968 年）。器口形式以花瓣形为主，其次为圆口，再为七角形、五角形、曲角形、椭圆形、盘状等。花瓣口器为杯、碗、盘、盆，大部分为五瓣形，盒为四瓣和曲角形。圆口见于杯、壶，有的杯口虽呈圆形，腹部却为五瓣花形。椭圆形口用于匜，盘状口为渣斗所专用。这一阶段的杯、碗、盘、渣斗腹部比较单薄，弧度小，高足杯的足矮小。多数器物圈足很发达，平底器较少，这是当时器物造型的一种时尚。

以内蒙古阿鲁科尔沁旗辽耶律羽之墓②出土的金银器

① ［德］黑格尔著，朱光潜译：《美学》第三卷上册，北京，商务印书馆，1991 年，第 5 页。

② 内蒙古自治区文物考古研究所等：《辽耶律羽之墓发掘简报》，《文物》1996 年第 1 期，第 4 ~ 32 页。

为例。

花瓣形口器有五瓣花形金杯、鎏金錾花银盘、“左相公”银盆、鎏金錾花银盒。圆口器有圆口花瓣腹金杯、鎏金摩羯纹银碗、鎏金孝子图银壶。曲角口器有鎏金花卉纹银粉盒。椭圆形口器有银匜。盘状口器有鎏金对雁衔花纹银渣斗。七角形口器有鎏金高士图银把杯。

这批器物中的花瓣口器占三分之一，圆口器次之，其他口器较少。

这一阶段的装饰品多为仿生形态。如阿鲁科尔沁旗辽耶律羽之墓出土的龙首形金镯、嵌松石摩羯形金耳坠、鸡心形金坠；内蒙古克什克腾旗二八地一号辽墓①出土的兽形金耳坠、摩羯形金耳坠、金龟饰，多以象征着吉祥如意、驱魔祛邪的动物为造型。

成套马具的出现，为其主要器物组合特征之一，器类有络头饰、缨罩、鞍饰、后鞦饰、盘胸饰、镫等。

第二阶段从景宗至圣宗时期（公元 969 ~ 1030 年）。器口形式以圆形为主，其次为花瓣形、方形，再为椭圆形，曲角形器不见。圆口器多为碗、杯、罐、盒、奁、钵、盏托等。花瓣口器见于盒、碗、杯，以六瓣和八瓣居多，不见五瓣形。方口器大量增多，以盒、函、盘为主。椭圆口器为匜，盘口器为渣斗。这一阶段的杯、碗、渣斗腹部比第一阶段的丰满、弧度大。高足杯的足有所增高。

以内蒙古奈曼旗辽陈国公主墓②出土的金银器为例。

圆口器有鎏金行龙戏珠纹银奁、银罐盖、银盆、鎏金莲花纹银钵。花瓣口器有八曲连弧形金盒。方形口器有束腰形

---

① 项春松：《克什克腾旗二八地一、二号辽墓》，《内蒙古文物考古》第 3 期，1984 年，第 80 ~ 90 页。

② 内蒙古自治区文物考古研究所等：《辽陈国公主墓》，北京，文物出版社，1993 年，第 1 ~ 186 页。

银托盘。盘口器有银渣斗。

这批器物圆口器占二分之一，花瓣口器变为少数，新出现方口形器。

这一阶段仿植物的装饰品增多，仿生形态的装饰品变少。如内蒙古通辽市奈林稿辽墓①出土的葫芦形金带饰、桃形金带銙；辽宁省朝阳市前窗户村辽墓②出土的葫芦形银佩饰、花口桃形银饰。另外，新出现了捍腰、宗教用具、殡葬服饰等。马具仍很发达，做工更加精致。如内蒙古博物馆征集的包金牡丹纹银捍腰，辽宁省法库县叶茂台辽墓③出土的鎏金嵌琥珀宝塔鸾凤纹银捍腰，北京市顺义南门外辽净光舍利塔塔基④出土银盒、银座水晶塔等，奈曼旗辽陈国公主墓出土两套完整的殡葬服饰，有鎏金银冠、金面具、银丝网络、金银鞢躞带、鎏金双凤纹银靴等，还出土了成套的鎏金银马鞍饰。

辽代金银器第二期的器口形式有花瓣形、圆形、椭圆形和海棠形。花瓣形口器有碟、盒、杯，圆形口器有瓶、罐、壶，椭圆形口器有盒，海棠形口器有盘。其中以花瓣口为主，分五瓣、六瓣、十瓣、十三瓣不等，融有第一期的特征。方口、曲口器不见，新增海棠口器，圈足器减少，平底器占主要地位，碟、碗的腹部变得斜直。

以辽宁省朝阳市北塔天宫地宫⑤出土的金银器为例。

花瓣口器有龙纹花式口银碟、银囊盒。圆口器有银罐。

---

① 内蒙古文物工作队：《内蒙古哲里木盟奈林稿辽代壁画墓》，《考古学集刊》第1集，北京，中国社会科学出版社，1981年，第231～245页。

② 靳枫毅：《辽宁朝阳前窗户村辽墓》，《文物》1980年第12期，第17～29页。

③ 辽宁省博物馆等：《法库叶茂台辽墓纪略》，《文物》1975年第12期，第26～36页。

④ 北京市文物工作队：《顺义县辽净光舍利塔基清理简报》，《文物》1964年第8期，第49～54页。

⑤ 朝阳北塔考古勘察队：《辽宁朝阳北塔天宫地宫清理简报》，《文物》1992年第7期，第1～33页。

这批器物花瓣口占了百分之九十以上。

这一期宗教用具大量增加，马具、殡葬具、装饰品少见。朝阳市北塔天宫地宫出土了金舍利塔、金盖玛瑙舍利罐、鎏金银塔、金银经塔、木胎银棺、银菩提树、灯笼形银饰件、法轮等。内蒙古巴林右旗辽庆州白塔①出土鎏金凤衔珠银塔、银舍利瓶、金银法舍利等。

辽代金银器第三期的器口形式有花瓣形、圆形、曲角形、海棠形。花瓣口器有杯，圆口器有杯、筒，曲角口器有壶、碗，海棠形口器有盘。其中以花瓣口为主，分五瓣、二十二瓣、二十五瓣，五瓣有复瓣式。方口、椭圆口器不见，海棠口器比较流行。器物腹部变深，圈足与平底器各占二分之一。

以内蒙古巴林右旗白音汉窖藏②为例。

花瓣口器有荷叶敞口杯、复瓣仰莲纹银杯、二十五瓣莲花口银杯。圆口器有柳斗形银杯、银筒。曲角口器有八棱錾花牡丹纹银执壶、银温碗。海棠口器有海棠形錾花银盘。

这批器物花瓣口占二分之一，其他的比例相同。

装饰品的数量较少，有冠、簪、钗，出现了人物、舟船、蓬亭的组合造型。

这一期的器物造型及种类比较简单，主要是生活用具，殡葬器、鞍马具、装饰品少见或不见。在纹饰与造型上取得和谐统一，如巴林右旗白音汉窖藏出土的柳斗形银杯、荷叶敞口银杯。

辽代金银器三期的器口以花瓣口居多，圆口也占很大比例。花瓣口中的五瓣形一直贯穿于三期之中，愈到晚期花瓣的瓣数愈多。腹部变化明显，从第一期的浅腹演变到第三期

---

① 德新等：《内蒙古巴林右旗庆州白塔发现辽代佛教文物》，《文物》1994年第12期，第4～31页。

② 巴右文、成顺：《内蒙古昭乌达盟巴林右旗发现辽代银器窖藏》，《文物》1980年第5期，第45～51页。

的深腹。圈足器在第一期中普遍存在，到第三期平底器数量增多。高足杯的足有从早到晚变高的趋势。仿生形态的器物在第一期中常见，到第二期以后已不见。马具在第一、二期特别发达，第三期不见。殡葬具在第一期第二阶段盛行，第二、三期少见。宗教用具出现于第一期第二阶段，第二期盛行，第三期不见。

（二）辽代金银器的纹饰艺术

辽代金银器的纹饰讲求构图对称，纹饰繁缛而层次分明，由于三期中受外来文化影响的程度不同，纹饰有其渊源及发展演变规律。纹饰有分区装饰、单点装饰和满地装饰等布局，在器物内底或器顶上饰主体纹样，其他部位饰辅助性纹样。第一期第一阶段主要受唐文化和西方文化的影响，纹饰采用环带夹单点式装饰和满地装饰。环带夹单点式装饰用于碗、盘、杯、渣斗等器物。如阿鲁科尔沁旗辽耶律羽之墓出土的五瓣花形金杯，内沿錾刻卷枝纹，内底以模压双鱼纹为主，辅以錾刻的放射线纹、五角纹、环纹；腹上部外表錾刻一周宝相莲瓣纹，中部有开光，内饰卷草芦雁纹，分五区装饰，下腹为仰莲纹。鎏金对雁衔花纹银渣斗，盘口边沿錾刻一周三叶花，盘面为四组团花，盘底饰一周宝相莲瓣纹，器腹錾对雁团花（图68）。内蒙古丰镇市永善庄辽墓①出土的鎏金鸳鸯团花纹银碗，内沿錾刻梯形图案内饰花卉纹，曲壁内各錾刻团窠花卉一组，内底錾刻鸳鸯一对于花叶丛中，雌前雄后，彼此神情呼应，周围以曲带纹和连续羽状花瓣纹圈衬。

在杯、碗、盘、渣斗、盏托的器口内沿上都錾刻有花纹，是这阶段的主要特征之一。如阿鲁科尔沁旗辽耶律羽

---

① 王新民、崔利明：《丰镇县出土辽代金银器》，《乌兰察布文物》1989年第3期，第120～121页。

图 68　鎏金对雁衔花纹银渣斗
辽
内蒙古阿鲁科尔沁旗辽耶律羽之墓出土
（刘洪帅　绘）

之墓出土的五瓣花形金杯、圆口花瓣腹金杯、鎏金对雁衔花纹银渣斗、鎏金摩羯纹银碗、鎏金錾花银盘，内沿分别錾刻卷枝纹、宝相莲瓣纹、三叶花纹、莲瓣纹、牡丹纹，在纹饰布局上起着点饰的作用。克什克腾旗二八地一号辽墓出土的双凤纹银碗，内沿錾刻花卉纹；内蒙古赤峰市大营子辽驸马墓①出土的鎏金团龙戏珠纹银高足杯、盘带纹银盏托，内沿錾刻莲瓣纹。

在杯、碗的口沿、底部和腹部饰联珠纹，饱满圆润，多为铸造而成。如阿鲁科尔沁旗辽耶律羽之墓出土的鎏金高士

① 前热河省博物馆筹备组：《赤峰县大营子辽墓发掘报告》，《考古学报》1956 年第 3 期，第 1～36 页。

图 69 鎏金高士图银把杯
辽
内蒙古阿鲁科尔沁旗辽耶律羽之墓出土
（谢天 绘）

图银把杯（图 69），在口沿、腹部棱角、圈足沿上均饰联珠纹。这种装饰风格是受西方文化影响的结果。

盒的顶部及腹部纹饰采用满地装饰的构图方法。如阿鲁科尔沁旗辽耶律羽之墓出土鎏金花卉纹银粉盒，在盝顶式盒盖正面模冲花卉图案，中心为四瓣花纹，周围饰折枝花，外围为联珠纹。盒身周边錾刻花、叶，以细密鱼子纹作地。鎏金双狮纹银盒，器盖顶部模压纹饰，正面主体纹饰分两层，中心双狮腾跃，花枝缠绕，外围以凸线、联珠花朵等为边。外层为飞鸟、昆虫、云朵、缠枝组合纹饰，以宝相莲瓣纹作边框。腹部錾刻奔驰的双狮、双鹿、双羊及花卉纹。这种满地装饰的风格在这一阶段不占主要地位，只局限在盒、砚台上。

纹饰种类可分动物、植物和人物故事。动物纹有龙、凤、摩羯、狮、鹿、羊、鸳鸯、鸿雁、鸟、昆虫、鱼等。植物纹有牡丹、莲花、莲瓣、卷草、宝相花、折枝花、盘带花等。人物故事纹有孝子图、高士图、对弈图等。动物纹以龙凤、摩羯、鸳鸯最为常见。龙的体形纤细，胸脯细小。凤的形体瘦长，头无顶帽，尾巴较短。植物纹以莲瓣、牡丹、卷草居多，常以缠枝的形式出现，团花装饰是这一阶段的主要特征。

装饰中龙的特征为带丫似羊的双角，角尖前曲，梳状上唇长于下唇，长舌伸出口外，带状飞翼与肘毛飘逸，三爪似鹰，尾缠绕于后腿上。常见团龙、双龙戏珠、升龙等。凤的头部较大，钩喙如鹰，S 形长颈与僵直的身体形成强烈的对比，翅羽简单整齐，全身羽毛常用碎线纹装饰，长翎尾简洁，由三或四根细长翎组成。还有一种凤尾由一簇华丽的阔叶组成，在构图上不与火焰珠相配，多衬卷云蔓草。摩羯纹是辽代金银器中常见的一种纹饰，以龙首鱼身为特征，带翅带鳍，长鼻上卷，大眼圆睁，张口戏火焰宝珠。鹿在契丹人的狩猎生活扮演着重要的角色，因而也是动物纹中的主要图案之一，多呈卧式，头上有肉芝，为瑞鹿形象，另外还有一种花角鹿，应是西方金银器的装饰图案。鸳鸯纹有双鸳衔绶、鸳鸯戏水等形象，纹样构意和组合形式都是直接来源于唐代金银器中。鸿雁的构图有鸿雁戏水、鸿雁踏莲、立雁等，从中可以想象契丹皇帝四时捺钵中春捺钵捕猎鹅雁的情景。鱼形如鲤鱼，常与水波纹、荷叶纹、鸿雁纹相配，多錾于碗、盘、杯的内底，有吉庆有余、年年有余等之意。狮以双狮腾跃的形式出现，这是自西汉从西域传入的一种猛兽，以威武刚强被人们所喜爱，并在一些物质载体上被装饰。植物纹中的团花装饰是由各种花卉组成，包括了牡丹、莲花等，有作为中心装饰的圆形团花，有作为散点装衬于腹部的折枝团花、双鸳团花，有作为边饰的扁团花。缠枝卷草纹有通体装饰的忍冬类卷草纹、围衬在主体纹样周围的西番莲卷草纹和作为边饰的由忍冬卷草变体简化而来的图案。人物故事多以古代的民间故事、文人雅士情趣生活为题材。

辽代金银器第一期第二阶段，仍主要受唐文化和西方文化的影响。纹饰采用环带夹单点式装饰和满地装饰。环带夹单点式装饰用于碗、杯。如流失到国外文物市场上[①]的双鸳朵带纹金碗，内底錾一对比翼双飞的鸳鸯，口衔忍冬朵带，周围錾鱼子纹，形成圆形规范；每瓣口沿内有折枝阔叶扁团花一株；碗外有錾文："太平丙寅又进文忠王府大殿供奉祈百福皿九拾柒"。龙纹葵口金杯，杯心有火焰宝珠，行龙回首阔步，身首绕于宝珠周围，杯内遍布鱼子纹。每瓣口沿内饰如意卧云纹一朵。龙身下方框内有錾文："文忠王府大殿祭器，希□廿又七字号，臣萧术哲等供进"。还讲究在口内沿或内壁上分区装饰纹样。

这一阶段的杯、碗纹饰布局比第一阶段要简单，第一阶段是在内沿、内壁、底心分三层装饰图案；第二阶段只在内沿、底心或内壁、底心錾刻纹样。如流失到国外文物市场上的鎏金双鸳朵带纹银碗，纹饰为一对鸳鸯口衔异花方胜朵带，相对站立于碗的内底，周围有鱼子纹组成的圆形规范，每瓣间饰以忍冬蝶形花结，下腹外表錾文："太平丙寅又进文忠王府，宣徽南院诸臣合金银百两造成贡进"（图70）。

在碗、杯、盒的口沿、底沿上饰联珠纹，比第一阶段更饱满，腹部不见联珠纹。如流失到国外文物市场上的鎏金奔龙纹银碗，以联珠组成立唇，形成美观雅致的器形。这也是受西方文化的影响。

满地装饰在这一阶段非常盛行，在纹饰布局上占主要地

---

① 韩伟：《辽代太平年间金银器錾文考释》，《故宫博物院院刊》（台湾）第十一卷第九期，第4～22页；《欧洲流传和收藏的辽代金银器》，《远望集——陕西省考古研究所华诞四十周年纪念文集》，西安，陕西人民美术出版社，1998年，第749～758页。

图 70 鎏金双鸳朵带纹银碗
辽
流失到国外文物市场
（谢天 绘）

位，多用于盒、函、奁、荷包等器物上。在布局上又分为适合纹样、连缀纹样、格律式纹样、单独纹样、平视纹样和装饰画式纹样。适合纹样和连缀纹样常用于一种器物，如奈曼旗辽陈国公主墓出土的鎏金行龙戏珠纹银奁，在器盖顶中间浅浮雕行龙戏珠纹，龙头尾刻火焰宝珠和如意云纹，边缘饰联珠纹和变形莲瓣纹；腹分四区錾刻连缀的凤纹、折枝牡丹纹和海棠纹（图 71）。格律式纹样多用于盒的图案装饰，如流

图 71 鎏金行龙戏珠纹银奁
辽
内蒙古奈曼旗辽陈国公主墓出土
（谢天 绘）

失到国外文物市场上的盘龙纹盝顶金方盒，盖顶上模冲盘龙纹，盝顶叠涩饰一整二破式海棠瓣，腹部饰菱形两方连续图案，很有格律（图72）。平视式纹样的器物比较少，只在殡葬

图72 盘龙纹盝顶金方盒
辽
流失到国外文物市场
（谢天 绘）

服饰中看到。如奈曼旗辽陈国公主墓出土的鎏金双凤纹银靴，在靴鞠两侧各錾两只凤凰和云纹，靴面两侧各錾一只凤凰及云纹。图案比较随意、自由。装饰画式纹样用于宝函上，如流失到国外文物市场上的鎏金仙人骑凤纹盝顶宝函，顶有骑凤吹箫仙人，四周饰流云五朵；叠涩及函盖沿饰海棠纹；函体正面錾刻巨形兽面，整体纹样如同装饰画一样。单独纹样见于装饰品上，如奈曼旗辽陈国公主墓出土的镂雕金荷包，盖面与包面均镂雕缠枝忍冬纹，纹饰单调。

在杯的纹样装饰中，还有单点式和满地装饰相结合的纹饰布局。如流失到国外文物市场上的双凤纹金高足杯，内底有相对翱翔形成圆形规范的一对凤鸟，周围錾鱼子地纹；外壁錾一周相同的流云纹；前者是单点式装饰，后者为满地装饰构图中的连缀纹样（图 73）。

在纹饰风格上开始有宋文化的因素。朝阳市前窗户村辽墓出土的鎏金戏童纹银带，其戏童形象与陕西省扶风县柳家村出土的宋代戏婴大带铐上的纹饰非常相似，人物作高浮雕处理。

纹饰种类分为动物纹、植物纹、人物故事和佛造像四种。动物纹有龙、凤、鸳鸯、狮、兔、鹤等，以龙凤为主，龙比第一阶段体形粗大，胸脯高挺。凤多飞凤造型，勾喙，带帽，尾巴长曳，显得形象生动。植物纹中以缠枝忍冬纹为主，还有牡丹纹、莲纹、海棠纹。人物故事图案有仙人、伎乐天，后者为这一阶段新增纹样。佛造像的图案开始出现，与佛教用具的出现同属于一期。此外，鱼子纹作为器物的地纹特别流行，少见羽状纹。

这一阶段的动物纹、植物纹多数都继承了第一阶段的特征，也有新出现的纹样。鹤纹本意有道教色彩的纹样，有象征长寿之意，多以飞翔的姿态出现于器物上，有双鹤和单鹤之分。兔纹可以与契丹人的狩猎活动联系起来，在金银器中作为主体纹样装饰，兔的神态饱满安详。花结纹指具有团花

图73 双凤纹金高足杯
辽
流传到国外文物市场
（谢天 绘）

形式而中空的纹样，有忍冬花结和绶带花结两种。佛教造像有释迦牟尼、供花菩萨、伽陵频迦、伎乐飞天等。人物多为仙人与动物的组合。

在器物上錾刻年号、被供奉者名字、贡臣结衔署名等，为这一阶段最明显的特征，也是辽代金银器显著的特点之一。

辽代金银器第二期的纹饰，受唐文化和西方文化的影响较第一期减少，单点装饰和满地装饰的布局仍然使用，素面器大量增加。由于此期佛教用具比较多，与佛教题材有关的纹饰也相应而生。

单点装饰的器物局限于碟，简单而明了。如朝阳市北塔天宫地宫出土的龙纹花式口银碟，在内底錾刻盘龙纹，其他部位无纹饰。

满地装饰适用于盒，纹饰较第一期简单。如朝阳市北塔天宫地宫出土的银囊盒，两面各锤鍱出三个童子及云纹，纹饰无层次。

佛教图案占主要地位，有佛像纹、宝塔纹、礼佛图、涅槃图、天王像、供养人等。如朝阳市北塔天宫地宫出土的鎏金银塔，在第一节塔身每面线刻一尊坐佛，为释迦牟尼和密宗金刚界五方如来，佛下均有莲花和生灵宝座；第二节塔身刻写下面各佛的梵文种子；第三节塔身刻写梵文“六字真言”（图 74）。内蒙古巴林右旗庆州白塔出土的鎏金凤衔珠银舍利塔，塔座錾刻荷叶覆莲纹；塔身正面刻塔门，两侧四面对称錾刻供养人的侍女各二，背面刻一赤足力士，说明佛教在辽代传播的盛况。

第二期纹饰比第一期种类减少，简练明朗，没有分区装饰，在纹样构图上不讲究，缺少规划整齐的布局。龙纹继承了第一期的风格，有带丫似羊的双角，梳形上唇微微翘起，带状飞翼与肘毛飘逸，四足三爪，龙尾缠绕在后腿上，但此时的龙头和口角缩短，双角略直，颈部粗壮。凤具有宋代的

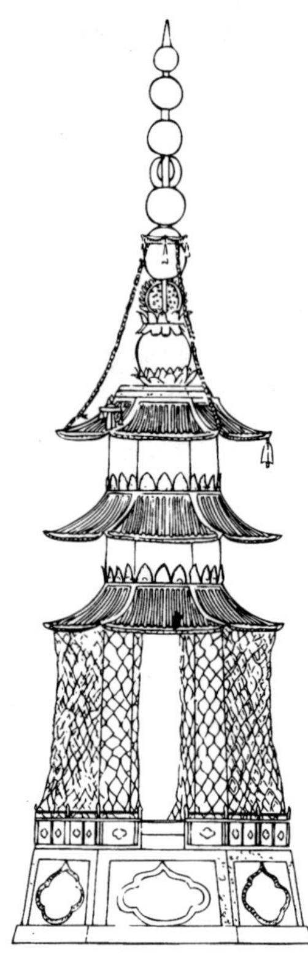

图 74　鎏金银塔
辽
辽宁省朝阳市北塔天宫地宫出土
（谢天　绘）

风格，头部较小，尖喙，羽尾华丽。

辽代金银器第三期的纹饰，主要受宋文化影响或直接从宋地输入器物，完全是宋朝的风格，唐文化和西方文化的影响微乎其微。纹饰布局以写实为基调的花叶形为主，打破前两期的团化格局，显得生动、活泼、优美。多式的曲瓣花形，使器物的造型与纹饰和谐统一。如巴林右旗白音汉窖藏出土的二十五瓣莲花口银杯，杯外通体錾五叶芙蓉花十朵，下托莲瓣，叶间錾出筋脉，叶花重叠，布满杯壁，俯仰有致（图 75）。

纹饰有莲花纹、牡丹纹、石榴纹、鸟羽状纹、双鱼纹等，莲花纹为主要纹饰，多见复瓣莲花，莲瓣单薄瘦长，有涣散

图 75
二十五瓣莲花口银杯
辽
内蒙古巴林右旗白音汉窖藏出土
（刘洪帅 绘）

之势。龙、凤、狮、摩羯等象征吉祥如意的图案很少出现。素面器物大量增加。

辽代金银器制作工艺非常精湛，第一期的纹饰工艺采用线雕、镂雕、立雕、錾刻技法，浮雕只限于局部花纹。制作采用铸、铆、焊接、锤鍱、抛光、模冲、编缀、鎏金等工艺。如阿鲁科尔沁旗耶律羽之墓出土的鎏金錾花银盘，纹饰和制作采用錾刻、模冲、锤鍱、鎏金、抛光等工艺，底部为焊接而成。第二期继承了第一期的工艺，总体工艺简练，新增贴金、错金工艺。如巴林右旗庆州白塔出土的鎏金凤衔珠银舍利塔。第三期的制作加工技术日臻成熟，切削、抛光、焊接、模冲、压印、锤鍱、錾刻等工艺运用更加自如，不见鎏金工艺，浮雕凸花技术得到发展，出现立体装饰技法。如巴林右旗白音汉窖藏出土的柳斗形银杯。早期工艺在继承唐文化的基础上又有创新，晚期工艺又吸收宋文化的技法，使制作工艺更加完美。

辽代金银器的器形、纹饰和工艺，从第一期到第三期有其演变发展过程。第一期的器形种类多，纹饰繁缛，工艺精湛；第二期的器形没有第一期的丰富，纹饰也变得简单，有新增工艺；第三期的器形比较单一，纹饰风格变化大，工艺得以完美。

五、辽代金银器的文化内涵和外来因素

辽代金银器是北方草原地区民族历史文物的一支奇葩。有辽一代，北方草原地区的金银器制作工艺已达到鼎盛时期。早在四千前这一地区就已出现金器，经过历代各民族的发展、创新，形成了具有民族特色和地方特色并融入了中原文化和西方文化因素而自成一体的发展序列。这种独特的文化传统被不同的民族一代又一代地继承下来。辽代时期，金银器已达到一个前所未有的成就，其中外来文化因素起了重要的作用，尤其是辽代早、中期受唐文化影响极深，金银器中表现出浓郁的唐代风格。到辽代中期时，金银器开始出现宋文化的因素，晚期却完全宋化或从宋地输入。

（一）辽代金银器的前代民族文化因素

在辽代以前的游牧民族中，匈奴、鲜卑、突厥的金银器比较发达，对辽代金银器的造型艺术有着直接或间接的影响。匈奴在公元前三世纪开始登上历史舞台，直到公元一世纪中叶控制着整个中国北方草原地区。当匈奴势力衰退时，鲜卑乘势南下，“转移据其地，匈奴余种留者尚有十余万落，皆自号鲜卑。鲜卑由此渐盛。”① 继匈奴以后成为北方草原的主人。之后建立了多个地方性政权，其中的拓跋鲜卑建立北魏政权，并南下中原，成为当时中国北方地区最强大的国家。《新唐书》卷二一九《契丹传》记载：“契丹，本东胡种。其先为匈奴所破，保鲜卑山。魏青龙中，部酋比能稍桀骜，为幽州刺史王雄所杀。众遂微，逃潢水之南，黄龙之北。至元魏，自号契丹。”说明契丹与鲜卑同为东胡的后裔，并为鲜卑的一支。内蒙古阿鲁科尔沁旗辽耶律羽之墓②出土的墓志说：“其先宗分佶首派出石槐，历汉魏隋唐已来世为君长。”说明契丹的族源来自于鲜卑。从早期契丹墓葬的形制、埋葬习俗及器物特征看，多有鲜卑的风格。学术界认为：“契丹早期文化是直接继承舍根文化发展而来的。”③ 舍根文化是早于契丹的鲜卑文化，分布于今内蒙古通辽地区。由于契丹与鲜卑有着同源的族属，在文化上也有承继关系，必然在金银器的造型艺术方面有些相近的地方。

突厥势力最强大时，东部的统治范围可达大兴安岭一带。唐初在漠南设置定襄、云中等都督府，任用归附的突厥贵族为各州都督，使大量的突厥降户安置于此。后来，突厥可汗颉跌利施重建汗国，向东破契丹和奚，使契丹处于突厥的控制之下。《通典》卷一九七《突厥》上记载：“契丹与奚，自神功（公元697年）之后，常受其（突厥）征役。”直到突厥晚期，契丹“仍与突厥连和，屡为边患。”④ 公元十世纪以后，

① ［宋］范晔撰：《后汉书》卷九〇《鲜卑传》，北京，中华书局点校本，1965年。

② 内蒙古自治区文物考古研究所等：《辽耶律羽之墓发掘简报》，《文物》1996年第1期，第4～32页。

③ 张柏忠：《契丹早期文化探索》，《考古》1984年第2期。

④ ［后晋］刘昫等撰：《旧唐书》卷九三《薛讷传》，北京，中华书局点校本，1975年。

契丹强大，于神册元年（公元916年）“秋七月壬申（太祖）亲征突厥、吐谷浑、党项、小蕃、沙陀诸部，皆平之。俘其酋长及其户万五千六百，铠甲、兵仗、器服九十余万，宝货、驼、马、牛、羊不可胜算。”① 从此，突厥又臣服于契丹。在这种关系中，双方的文化势必有交流的趋向，也使金银器的造型艺术有相近的一面。

匈奴与鲜卑的金银器主要为装饰品，以草原上常见的动物为装饰，动物纹的种类有虎、豹、狼、野猪、马、牛、羊、鹿、驼、神兽、鹰、鸟等。在东汉晚期，鲜卑金银器中出现了容器类的器皿，直至北魏时期的金银器皿，但从器型和装饰风格看，主要是受西方文化的影响，或者从西方国家直接传入的输入品。所以，匈奴与鲜卑的金银器中缺乏容器类器皿，契丹从他们那里直接继承的金银器类型比较少。

从金银带饰看，战国时期匈奴的遗物中常见成对的带扣，以窄带系结腰部。汉代时，匈奴和鲜卑的带饰，以成对的带扣系结，在带上饰牌饰和垂钉带銙。这种有穿孔的带铐，可以下垂小带，类似后来鞢躞带上的带铐，但只有靠近带扣后面的各有一个带铐，不是整条带上都有穿孔的带铐。南北朝以后，带制发生了重大变化，装活动扣舌的小带扣在腰带上广泛使用，腰带前后等宽成一整条，并迅速向鞢躞带过渡。辽代的鞢躞带主要承继唐制，其上的带铐可以溯源到匈奴和鲜卑的穿孔带铐，是否暗示契丹的带饰有匈奴和鲜卑文化的因素。而且从带饰的发展历史看，这是一个北方游牧民族带饰的相次序列的变化规律。在纹饰上看，匈奴与鲜卑金银器多为纯动物题材，契丹金银器的纯动物装饰较少，更多的是动植物同时并存。如鹿纹在匈奴与鲜卑金银器中为常见的动物题材，契丹金银器的鹿是头顶肉芝的鹿，虽然在唐代金银

① ［元］脱脱等撰：《辽史》卷一《太祖纪》上，北京，中华书局点校本，1974年。

器中也有装饰，但不是其母体纹饰，应该是北方游牧民族一脉相承的装饰风格。神兽纹、神马纹是匈奴与鲜卑金银器的一种受西方文化影响的题材，但鲜卑的神马纹似乎与其神灵崇拜有关，这种纹饰在内蒙古满洲里市扎赉诺尔鲜卑墓①和吉林省榆树县老河深鲜卑墓②中发现，都为鎏金神马纹铜饰牌，在装饰风格上与内蒙古敖汉旗沙子沟一号辽墓③出土的鎏金神马纹银带铐相近。匈奴与鲜卑中的鹰纹，在辽宁省建平县张家营子辽墓④中的鎏金银马具上见到。在工艺上，内蒙古准格尔旗西沟畔四号匈奴墓⑤出土的盘角羊纹包金铁带扣、和林格尔县另皮窑鲜卑墓葬⑥出土的嵌宝石野猪纹包金铁带扣、野猪纹包金铁饰牌、土默特左旗讨合气鲜卑墓葬⑦出土的神兽纹包金铁带饰（图76），都采用了包金技术，并且在契丹的金银器中发扬光大，尤其是马具、装饰品运用得更加娴熟。由此看来，契丹金银器虽然继承匈奴和鲜卑文化的因素并非很多，但可以找出一些相似或相近的地方。

突厥金银器中常见到一种折肩罐，有无耳、环耳、錾耳之分。其中，无耳折肩罐在辽代金银器中多有发现，如内蒙古阿鲁科尔沁旗辽耶律羽之墓出土的鎏金“孝子图”银壶、

---

① 内蒙古文物工作队：《内蒙古扎赉诺尔古墓群发掘简报》，《考古》1961年第12期，第673~680页。

② 吉林省文物考古研究所：《榆树老河深》，北京，文物出版社，1987年。

③ 内蒙古自治区敖汉旗文物管理所：《内蒙古敖汉旗沙子沟、大横沟辽墓》，《考古》1987年第10期，第889~904页。

④ 冯永谦：《辽宁省建平、新民的三座辽墓》，《考古》1960年第2期，第15~24页。

⑤ 伊盟文物工作站等：《西沟畔汉代匈奴墓地调查记》，《内蒙古文物考古》创刊号，1981年，第15~27页。

⑥ 内蒙古博物馆等：《和林格尔另皮窑村北魏墓出土的金器》，《内蒙古文物考古》第3期，1984年，第52~54页。

⑦ 伊克坚、陆思贤：《土默特左旗出土北魏时期文物》，《内蒙古文物考古》第3期，1984年，第55下转51页。

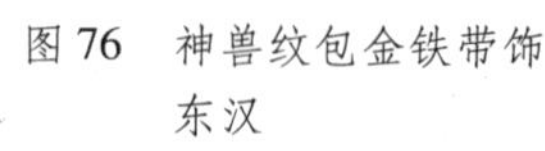
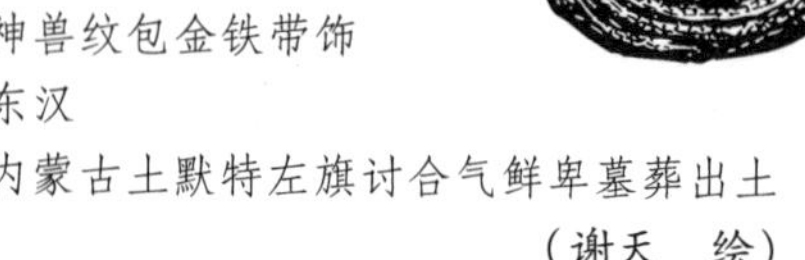

图 76 神兽纹包金铁带饰
东汉
内蒙古土默特左旗讨合气鲜卑墓葬出土
（谢天 绘）

克什克腾旗二八地一号辽墓①出土的“大郎君”银壶、科尔沁左翼后旗吐尔基山辽墓②出土的银盖壶、翁牛特旗解放营子辽墓③出土的银壶。錾耳折肩罐也是突厥的典型器之一，在辽代金银器也有发现，如科尔沁左翼后旗吐尔基山辽墓出土的鎏金錾花银壶、内蒙古通辽市奈林稿辽墓④出土的鎏金立凤纹银壶、赤峰市个人收藏的辽代凤纹錾耳金杯。这种錾耳折肩罐在辽代墓葬中出土过类似的瓷器，如辽宁省阜新市海力板辽墓卧凤沟辽墓、王府辽墓、南皂力营子辽墓⑤出土的錾耳折肩

① 项春松：《克什克腾旗二八地辽墓》，《内蒙古文物考古》第 3 期，1984 年，第 80～90 页。

② 内蒙古文物考古研究所《内蒙古通辽市吐尔基山辽代墓葬》，《考古》2004 年第 7 期，第 50～53 页。

③ 翁牛特旗文化馆等：《内蒙古解放营子辽墓发掘简报》，《考古》1979 年第 4 期，第 330～334 页。

④ 内蒙古文物工作队：《内蒙古哲里木盟奈林稿辽代壁画墓》，《考古学集刊》第 1 期，北京，中国社会科学出版社，1981 年，第 231～245 页。

⑤ 辽宁省文物考古研究所等：《阜新海力板辽墓》，《辽海文物学刊》1991 年第 1 期；李宇峰《阜新发现的辽瓷錾耳壶》，《中国文物报》1989 年 8 月 11 日；辽宁省文物考古研究所等《阜新南皂力营子一号辽墓》，《辽海文物学刊》1992 年第 1 期。

瓷罐。同时，在辽墓出土的金银马具中，带有突厥式的马具部件，如异形杏叶、丁字形节约、葫芦形吊扣、豆荚形横栓等。内蒙古苏尼特右旗布图木吉①出土的突厥的狩猎纹金鞢躞带，与辽代的金银鞢躞带的形制非常接近。可见，突厥金银器对辽代金银器的影响较大，特别是辽代早中期的金银器，有些器形直接继承了突厥文化（图 77）。

图 77－1　錾花金罐
俄罗斯科比内二号墓出土
（谢天　绘）

① 丁学芸：《布图木吉金带饰及其研究》，《内蒙古文物考古文集》第二辑，北京，中国大百科全书出版社，1997 年，第 463～473 页。

图77－2 錾耳折肩银罐
唐
内蒙古敖汉旗李家营子墓葬出土
（谢天 绘）

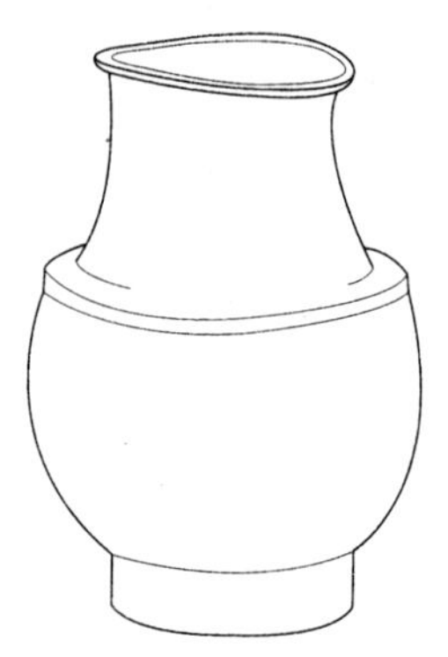

图77－3 折肩金杯
俄罗斯科比内二号
墓出土
（谢天 绘）

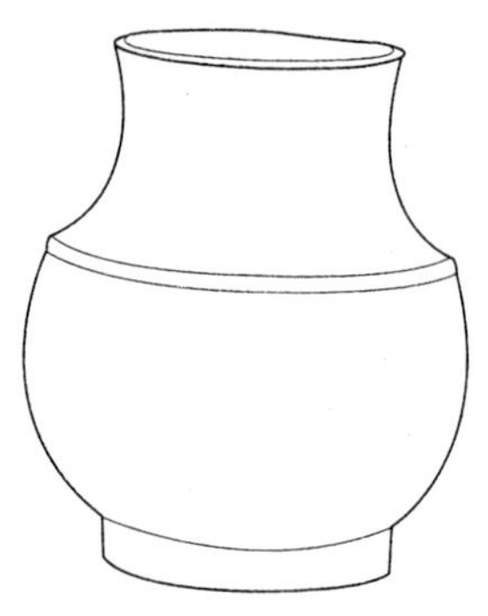

图77－4 折肩银杯
辽
内蒙古克什克腾旗二
八地一号辽墓出土
（谢天 绘）

（二）辽代金银器的唐文化因素

早期契丹人主要与北魏至唐朝时期的中原地区往来，双方通过关市、贸易、朝贡、赏赐、战争等手段，促进经济上的贸易，带动文化的交流。《魏书》卷一〇〇《契丹传》载："真君以来，求朝献，岁贡名马。……太和三年（公元479年），……其莫弗贺勿于率其部落车三千乘、众万余口，驱徙杂畜，求入内附，止于白狼水东。自此常朝贡。后告饥，高祖矜之，听其入关市籴。及世宗、肃宗时，恒遣使贡方物。熙平中（公元516～518年），契丹使人祖真等三十人还，灵太后以其俗嫁娶之际，以青毡为上服，人给青毡两匹，赏其诚款之心，余依旧式。朝贡至齐受禅常不绝。"契丹从北魏太平真君年（公元440～451年）以来，一直向北魏朝贡特产，并在边界的关市进行贸易，用牲畜换取必要的生活资料。《隋书》卷八四《契丹传》记载："开皇四年（公元584年），率莫贺弗来谒。五年（公元585年），悉其众款塞，高祖纳之，所居其故地。……其后契丹别部出伏等背高丽，率众内附。……开皇末，其别部四千余家背突厥来降。"指出了隋开皇年间，契丹与隋朝交往的情景。《新唐书》卷二一九《契丹传》记载：武德中（公元618～626年），其大酋孙敖曹与靺鞨长突地稽俱遣人来朝，而君长过小入寇边。后二年，群长乃遣使者上名马、丰貂。……贞观三年（公元629年），摩会复入朝，赐鼓纛，由是有常贡。""咸通中（公元860～874年）时，……复败约入寇，刘守光戍平州，契丹以万骑入，守光伪俱和，帐饮具于野，伏发，禽其大将。群胡恸，愿纳马五千以赎，不许，钦德输重略求之，乃与盟，十年不敢近边。"在唐玄宗开元年以前，契丹向唐朝朝贡，但战争频繁。开元以后，契丹向唐朝朝贡献物增多，战争减少，有利于促进双方的经济往来，也带动了文化的交流。

辽代早期，正是中原地区的五代时期。朱温建立后梁政权时（公元907年），契丹耶律阿保机送名马、女口、貂皮，求册封。公元908年，耶律阿保机和耶律述分别向后梁皇帝朱温赠送良马、细马、金马鞍辔、貂皮衣冠、男女小奴隶和朝霞锦。① 公元909年八月，又赠送金镀铁甲、银甲、马匹、云霞锦。② 后来，不断派人赠送物品给朱温。天赞四年（公元925年）五月，耶律阿保机给后唐"遣使拽鹿孟等来贡方物。"③ 天显元年（公元926年），由于要"复寇渤海国，又遣梅老里已下三十七人贡马三十匹，诈修和好。"④ 天显九年（公元934年），耶律德光向后唐赠送"马四百、驼十、羊二千。"⑤ 双方的使者一直往返不绝。与南唐的关系，在《南唐书》卷一八《契丹传》中有记载。会同三年（公元940年）九月，"契丹……来聘，献狐白裘。"六年（公元942年）六月，"契丹……来聘，献马五驷；"七年（公元943年）正月，"契丹……来聘，献马三百、羊三万五千。"由于契丹与唐朝和五代的经济往来，也带动了双方的金银器文化的相互交流。

唐代是我国古代金银器发展的极盛时期。器形种类繁多，造型变化大，纹饰布局严谨规范，工艺精湛，对后代金银器的发展影响深远。契丹族建国后，统治者对外来文化实行了

---

① ［宋］王溥撰：《五代会要》卷二九《契丹》，上海，上海古籍出版社标点本，1978年。

② ［宋］王钦若等编：《册府元龟》卷九七二《外臣部·朝贡五》，中华书局，1960年影印本。

③ 同注①。

④ 同注①。

⑤ 同注②。

开放的政策，使本民族文化在外来文化的滋养下获得了空前的繁荣发展。辽代金银器不论是器物种类、形制，还是装饰、工艺，都无不打上唐代金银器艺术风格的深刻烙印。尤其是一、二期金银器，在很大程度上是直接吸收唐文化金银器艺术风格的产物。

1. 从器形看唐文化的影响

辽代金银器的器形，在器口变化上呈多样化，有圆形、花瓣形、盘状、曲式、海棠形等；这种器形的变化多端是始自唐代的，与唐代金银器的圆形、葵式、椭方、海棠、花瓣、菱弧形口有着明显的共性，二者显然有着直接的渊源关系。

辽代金银器第一期第一阶段，器口形式有花瓣形、圆形、多角、曲角、椭圆、盘状等。以花瓣口为主，且多为五瓣。器物种类有杯、碗、盘、盆。盒为四瓣或曲角形；圆口见于杯、壶，有些杯口沿呈圆形，而腹部为五瓣形；椭圆口用于匜；盘状口为渣斗专用；杯、碗、盘、渣斗等器腹部单薄，弧度小；高足杯的足部矮小。总体说来，此段圈足器发达，平底器较少；而装饰品多呈仿生形象，有龙形、摩羯形、兽形、龟形等。

属于此段的典型器有：阿鲁科尔沁旗辽耶律羽之墓出土的五瓣花口金杯，五瓣花口，花瓣形深弧腹，圈足外侈。口内沿錾卷草纹，腹部纹饰呈带状分布，口沿下饰羽状纹，花瓣上如意形开光内平錾卷草芦雁纹，开光周围饰卷草纹，近底处錾复瓣仰莲纹，足部饰水波纹。高 4.9、口径 2.3、足径 4 厘米。鎏金“高士图”银把杯，敞口，直腹，足呈倒置的喇叭形，口沿外附三角形花叶指垫，下连指环，通体呈七棱形，足缘及开光边框均饰联珠纹，开光内以鱼子纹为地，平錾“高士图”，下腹錾缠枝花，足壁錾“山”字纹，通体鎏金。高 6.4、口径 7.3、足径 3.9 厘米。内蒙古赤峰市大营子辽驸马墓①出土的鎏

① 前热河省博物馆筹备组：《赤峰县大营子辽墓发掘报告》，《考古学报》1956 年第 3 期，第 1～36 页。

金团龙戏珠纹银高足杯，圆口，斜腹，高圈足。内底錾团龙戏珠纹，口沿及足缘饰羽状纹，图案部分鎏金。高4.5、口径13.8厘米。内蒙古丰镇市永善庄辽墓①出土的鎏金鸳鸯团花纹银碗，四瓣花口，弧腹，圈足外侈。口沿至底部饰四组花纹，内沿为俯仰扇形花卉，腹部饰相间的两种花结，内底饰一对鸳鸯穿行于花叶丛中，周饰以曲带与羽状纹组合图案，花纹处鎏金。高6.9、口径22.8、足径11.6厘米。

从器口形式看，唐代金银器第一、二期以圆形为主，第三、四期则以多瓣形为主，这与辽代金银器第一期第一阶段的风格十分相似，特别是唐代金银器第三、四期的花瓣形器口，在辽代被完全吸收并得到了充分的发展，仅在花瓣瓣数上略有差异。如阿鲁科尔沁旗辽耶律羽之墓出土的五瓣花口金杯，与江苏省丹徒县丁卯桥唐代窖藏②出土的五瓣银碗接近。鎏金“高士图”银把杯，呈七棱形，与此相似的八棱形金器在陕西也曾出土，如陕西省西安市何家村唐代窖藏③出土的人物八棱金杯、乐伎八棱金杯，二者显然是同种器形的变异，这与西方文化的交流密切相关。丰镇市永善庄辽墓出土的鎏金鸳鸯团花纹银碗，在丹徒县丁卯桥唐代窖藏也发现了同种器形。此外，阿鲁科尔沁旗辽耶律羽之墓出土的鎏金对雁团花纹银渣斗，与浙江省临安县唐代水邱氏墓④出土的银渣斗相似。辽代的高足杯则与唐代高足杯几近相同，只是足略矮。赤峰市大营子辽驸马墓出土的成组马具，从形状和各部

---

① 王新民、崔利明：《丰镇县出土辽代金银器》，《乌兰察布文物》1989年第3期，120～121页。

② 江苏省丹徒县文教局等：《江苏丹徒丁卯桥出土唐代银器窖藏》，《文物》1982年第11期。，第15～24页。

③ 陕西省博物馆等：《西安南郊何家村发现唐代窖藏文物》，《文物》1972年第1期。

④ 明堂山考古队：《临安县唐水邱氏墓发掘报告》，《浙江省文物考古研究所学刊》，1981年。

位名称看，与唐代马具如出一辙。并且在鞍马文化发达的契丹民族的创造下有了更进一步的发展，如络头饰、镳、攀胸、杏叶、鞍桥、鞦饰、障泥、镫等，均与唐代马具相似。尤其是前鞍桥。呈颌弓形，两边斜向外侈，明显可见与唐代同类器物的前后承继关系。

辽代金银器第一期第二阶段，器口形式有圆口、花瓣口、方口、椭圆口、盘口，不见曲口器。以圆口为主，器种有碗、杯、罐、盒、奁、钵、盏托；花瓣口器见于盆、碗、杯，以六瓣和八瓣居多；方口器增多，有盒、函、盘；椭圆口器为匜；盘口器有渣斗。较之第一阶段，杯、碗、渣斗的腹部更加丰满，弧度大；高足杯的足变得稍高；装饰品中的仿植物形状增多，有葫芦形、桃形等，宗教用具出现，殡葬服饰大量盛行。

属于第二阶段的典型器有：内蒙古奈曼旗青龙山镇辽陈国公主墓①出土的鎏金缠枝莲花纹银钵，弧腹，平底。口与底之间錾刻四组图案，口沿为联珠纹间以水波纹，底部为莲花周以联珠纹，其外围饰缠枝莲叶纹周以羽状纹，外底刻“比”字，图案鎏金。高 6.1、口径 16.8 厘米。符号纹银盏托，由碗、盘、足三部分组成。碗，直口，斜弧腹。盘，敞口，浅斜腹。高圈足外侈。托盘、圈足外壁刻类似契丹文字的符号。高 7.8、口径 8.4、足径 6.8 厘米。鎏金团龙戏珠纹银奁，外形呈圆筒状，子母口，圈足外侈。盖顶饰团龙戏珠纹，腹部饰连续的丹凤纹、四叶海棠纹，图案部分鎏金。高 21、腹径 24、足径 20.8 厘米。金覆面具，按照公主生前的容貌用薄金片锤锞成形，呈半浮雕状，眉、眼等局部錾刻。面具边缘有缀孔，连接网络之用。长 20.5、宽 17.2 厘米。

这一阶段从器形看，与唐代金银器有诸多相似之处。圆形口器在唐代金银器第一、二期占主要地位，在第三、四期

---

① 内蒙古自治区文物考古研究所等：《辽陈国公主墓》，北京，文物出版社，1993 年，第 42 页。

中也仅次于多瓣形口器。这样，辽代金银器第一期第二阶段与唐代金银器在器口变化上仍保持一致，没有走出唐代金银器的模式。如内蒙古奈曼旗辽陈国公主墓出土的鎏金缠枝莲花纹银钵，形制与江苏省丹徒县丁卯桥唐代窖藏出土的银盆很接近；鎏金团龙戏珠纹银奁同于丹徒县丁卯桥唐代窖藏出土的鹦鹉纹银盒；银盖罐与陕西省西安市何家村唐代窖藏出土的银药壶如出一辙；金面具与新疆昭苏县[①]出土的嵌红宝石金面具接近，都是用大张金箔或金片仿照死者生前的容貌锤锞而成，只是没有昭苏县金面具上的双目镶嵌红宝石、鼻及两颊原有附加的装饰而已（图 78）。此外，辽代的银箸、银匙、渣斗、盏托，在造型上都与唐代同类器物有共同点。马具的特征与第一阶段无大差别，仍具有浓厚的唐代艺术韵味。从这一阶段金银器的特征看，对唐代金银器的模仿是全面的，

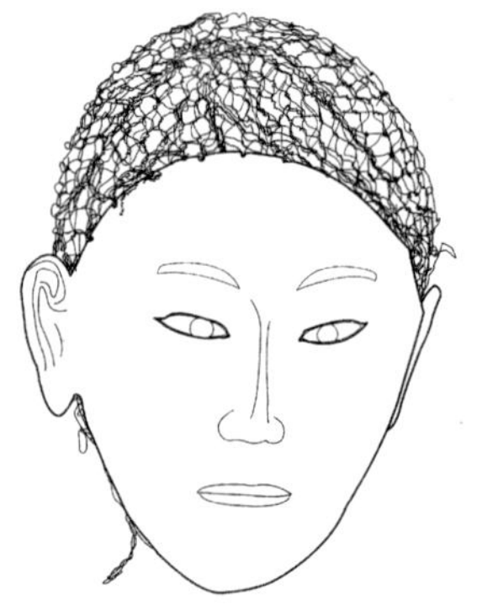

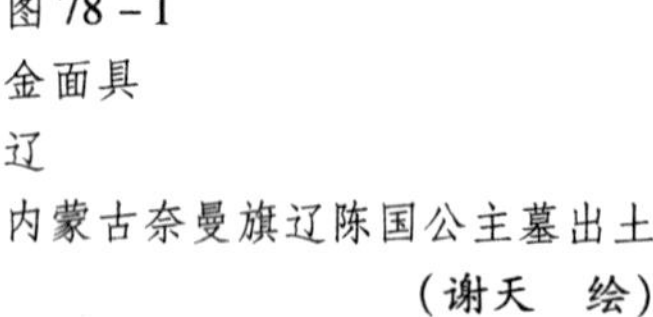

图 78－1
金面具
辽
内蒙古奈曼旗辽陈国公主墓出土
（谢天　绘）

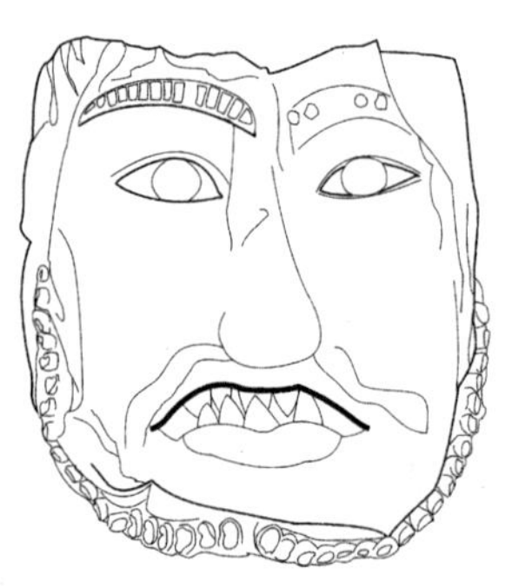

图 78－2
嵌宝石金面具
唐
新疆昭苏县出土
（谢天　绘）

① 安新英：《新疆伊犁昭苏县古墓葬出土金银器等珍贵文物》，《文物》1999 年第 9 期，第 4～15 页。

不仅限于晚唐，而且模仿唐前期风格。同时，辽代金银器经过第一期第一阶段的积累，在唐文化的熏陶下，到第二阶段契丹本民族的文化因素也得到极大的发展，形成了独具特色的金银器器物群。如殡葬服饰用具、金面具等，均为契丹葬俗所独有，在唐代金银器中不见。

辽代金银器第二期，器口形式有花瓣形、圆形、海棠形等。花瓣形口见于碟、盒、杯上；圆口器有瓶、罐、壶；椭圆口器有盒；海棠口用于盘。以花瓣口为主，分五瓣、六瓣、十瓣、十三瓣不等。碟、碗的腹部变为斜直，圈足器减少，平底器增多。

属于第二期的典型器物有：辽宁省朝阳市北塔天宫地宫①出土的花瓣形团龙纹银碟，敞口，斜腹，平底，十三瓣花式口、腹。内底錾团龙纹。高2.2、口径11.4、底径6厘米。内蒙古巴林右旗庆州白塔②出土的长颈舍利瓶，细长颈，广肩，斜腹下收，平底，盖为五瓣如意花式，盖纽作弯头状，素面。高9、腹径2.8厘米。花瓣口银碟，六瓣花口，斜直腹，平底，素面。高1、口径8厘米。

这一期仍以花瓣口为主，特别是海棠口器在此期出现，是唐文化对辽代的影响继续走向深化的表现；海棠花口在唐代金银器第三、四期常见。在这一时期的辽代金银器中，唐文化因素仍是各种外来文化因素的主流。如内蒙古翁牛特旗解放营子辽墓出土的海棠形银盘，在丹徒县丁卯桥唐代窖藏中也有同类器物出土。花瓣形团龙纹银碟、花瓣口银碟，在陕西省扶风县唐代法门寺塔地宫③中亦可找到其原形范本。此

① 朝阳北塔考古勘察队：《辽宁朝阳北塔天宫地宫清理简报》，《文物》1992年第7期，第1～33页。

② 德新等：《内蒙古巴林右旗庆州白塔发现辽代佛教文物》，《文物》1994年第12期，第4～31页。

③ 陕西省法门寺考古队：《扶风县法门寺塔唐代地宫发掘简报》，《文物》1988年第10期，第1～28页。

外，佛教用具中的法轮、供奉器等都是受唐文化直接影响的产物，造型艺术十分接近。

辽代金银器第三期，由于辽宋间的同处共存、频繁交往，尤其是澶渊之盟以后，随着辽、宋之间接触的增多，汉族工匠的大量涌入，宋文化的影响已占压倒地位，唐文化的影响已经日渐消退，很少见到了。

2. 从装饰艺术看唐文化的渗透

辽代金银器的纹饰题材、布局几乎是唐代艺术的翻版。尤其是第一、二期，纹饰布局讲求对称，构图繁缛而层次分明。纹饰有分区装饰、单点装饰和满地装等，在器物内底或器顶饰以主体花纹，其他部位以辅助性花纹修饰。

辽代金银器第一期第一阶段，纹饰题材包括动物纹、植物纹和人物故事。动物纹有龙、凤、摩羯、狮、鹿、羊、鸳鸯、鸿雁、鸟、鱼、昆虫等；植物纹有牡丹、莲花、莲瓣、卷草、宝相花、折枝花、盘带花；人物故事有孝子图、高士图、对弈图等。其中，动物纹以龙、凤、摩羯、鸳鸯最为常见；植物纹中以莲瓣、牡丹、卷草居多，常以缠枝的形式出现，团花装饰为主要特征。而唐代金银器中，动物纹和植物纹更是主要装饰的题材，种类比辽代更为丰富。二者的承继关系十分明显。如辽代金银器中龙的体形纤细，胸脯细小，与丹徒县丁卯桥唐代窖藏出土的龙纹残盒类似；凤的造型为尖喙、长颈，呈展翅飞翔的姿态，十分酷似唐晚期的凤纹；摩羯是印度神话中的一种长鼻利齿、鱼身鱼尾的动物，阿鲁科尔沁旗辽耶律羽之墓出土的摩羯形金耳坠、鎏金摩羯纹银碗等多用此种题材。摩羯长鼻上卷，鱼身弯曲、摆尾，颇似唐晚期风格。莲瓣、牡丹、折枝花、团花是唐代金银器中最普遍的纹饰题材；团花的分区或单点装饰，对辽代第一期金银器有直接的影响。阿鲁科尔沁旗辽耶律羽之墓出土的鎏金对雁团花纹渣斗、丰镇市永善庄辽墓出土的鎏金鸳鸯团花纹银碗、克什克腾旗二八地一号辽墓出土的鎏金双凤团花纹银碗，与陕西省西安市何家村唐代窖藏出土的小簇花银盖碗、内蒙古喀喇沁旗锦山镇河东村唐代窖藏①出土的鎏金摩羯团花纹银盘，鎏金卧鹿团花纹银盘、鎏金雄狮团花纹银盘，西安北郊坑底寨②出土的唐代“裴肃进”双凤纹银盘，陕西省蓝田县杨家沟③出土的唐代鹦鹉团花纹银盘、折枝团花纹银碗盖等，都属于团花的分区装饰，从题材到布局都保持一致（图79）。

图79－1　鎏金飞凤团花纹银碗
辽
内蒙古克什克腾旗二八地一号辽墓出土
（谢天　绘）

① 内蒙古自治区喀喇沁旗文化馆：《辽宁昭盟喀喇沁旗发现唐代鎏金银器》，《考古》1977年第5期，第327～334页。
② 李长庆等：《西安北郊发现唐代金花银盘》，《文物》1963年第10期。
③ 樊维岳：《陕西蓝田发现一批唐代金银器》，《考古与文物》1982年第1期。

图 79－2 鎏金摩羯团花纹银盘
唐
内蒙古赤峰市喀喇沁旗锦山镇河南东村窖藏出土
（谢天 绘）

这一阶段的纹饰布局，采用环带夹单点式装饰和满地装。前者用于碗、盘、杯、渣斗等器物，往往在器内沿上錾刻花纹，杯、碗的口沿、腹部、底部饰联珠纹，比唐代的联珠纹饱满。满地装的布局常见施于盒的顶、腹部。这两种构图方法在唐代金银器中十分流行，单点装饰见于第一、二期，散点装饰在第二至四期占主要地位，满地装则从第一至四期一直沿用不衰。内蒙古阿鲁科尔沁旗辽耶律羽之墓出土的鎏金摩羯纹银碗，与陕西省西安市南郊曲江池村①出土的唐代折枝团花纹六曲三足银盘、团花纹三足银盘，同属环带夹单点式布局；鎏金錾花银盒、金花银粉盒与蓝田县杨家沟出土的唐代凤衔绶带纹五曲银盒、鹦鹉葡萄纹云头形银盒，同属满地装的构图。

辽代金银器第一期第二阶段，纹饰题材除了动物纹、植物纹和人物故事外，又增加了佛教造像。动物纹主要有龙、凤、鸳鸯、狮、兔、鹤等；植物纹有忍冬、牡丹、莲花、海棠等；人物故事有仙人、伎乐天；佛教造像有释迦牟尼、菩萨、弟子等。鱼子纹作为地纹特别流行。还常见在器物上錾刻年号、被供奉者名字、贡臣结衔署名等。龙体形粗大，胸脯高挺，与唐代早期相近；凤为勾喙，尾巴长曳，多为飞凤造型，综合了唐代早、晚期凤的特征。忍冬、牡丹、莲花始终是唐代金银器的主体纹饰，对辽代这一时期的金银器影响重大。

第二阶段纹饰布局仍采用环带夹单点式装饰和满地装。碗、杯多用前者，并在内沿、底心、内壁錾刻纹样，联珠纹更加饱满；满地装极其盛行，用于盒、函、奁、荷包等器，在布局上又分为适合纹样、连缀纹样、格律式纹样、单独纹样、平视纹样和装饰画式纹样，这与唐代的满地装完全相同。如内蒙古奈曼旗辽陈国公主墓出土的鎏金团龙戏珠纹银奁，与陕西省西安市何家村唐代窖藏出土的鸳鸯莲瓣纹金碗、蔓草鸳鸯纹银羽觞，都属适合纹样及连缀纹样；流失到国外文物市场②上的盘龙纹盝顶式金方盒，与江苏省丹徒县丁卯桥唐代窖藏出土的凤纹菱弧形银盒，同属格律式纹样；奈曼旗辽陈国公主墓出土的鎏金双凤纹银靴，与西安市何家村唐代窖藏

① 陆九皋、韩伟：《唐代金银器》，北京，文物出版社，1985 年，第 2 页。

② 韩伟：《辽代太平年间金银器錾文考释》，《故宫博物院院刊》（台湾）第 11 卷第 9 期，第 4～22 页。

出土的孔雀纹盝顶方箱、陕西省耀县柳林背阴村①出土的唐代春秋人物三足壶，是自由构图的典型，属于平视式纹样；流失到国外文物市场上的鎏金仙人骑凤纹盝顶银宝函，与西安市何家村唐代窖藏出土的乐伎纹八棱金杯、人物纹八棱金杯、鎏金歌舞狩猎纹八瓣银杯，同属装饰画式纹样，写实作风强烈（图80）。在器底錾刻年号、被供奉者名字、贡臣结衔署名

图80－1　鎏金仙人骑凤纹盝顶银宝函
辽
流失到国外文物市场
（谢天　绘）

① 陕西省博物馆：《陕西省耀县柳林背阴村出土一批唐代银器》，《文物》1966年第1期。

图 80－2　鎏金歌舞狩猎纹八瓣银杯
唐
陕西省西安市何家村窖藏出土
（谢天　绘）

等，在喀喇沁旗锦山镇河东村唐代窖藏出土的鎏金卧鹿团花纹银盘，陕西省西安北郊坑底寨出土的唐代双凤纹银盘、蓝田县杨家沟唐代窖藏出土的凤衔绶带纹五曲银盒上均可看到类似现象，这也是唐文化传播的遗留。

从流失到国外文物市场上的辽代太平年间的金银器看，无论在风格、装饰纹样、錾刻铭文、工艺等方面，均与唐代金银器有较深的渊源关系。在器形、制作手法、纹样上，与唐代金银器有明显的继承因素。葵口多曲碗、杯、盝顶宝函等，均为唐代常见的器物。联珠唇口在晚唐少见，但在盛唐则是惯用的装饰手法，辽代的联珠纹饱满圆润，多为铸造而成，与唐代錾刻成型稍有区别。盝顶盒、函大量出现，数量之多在唐代金银器中不见。装饰纹样中的奔龙、盘龙、双凤、伎乐、伽陵频迦、仙人骑凤、花角鹿等，都是唐代纹样装饰的主要题材，尤其是相对翱翔形成圆形规范的凤鸟，更是从晚唐装饰题材中直接脱胎而来，以坐佛、卧兔、兽面为装饰题材却是辽代所创造。附加纹样主要用于函、盒腹部或叠涩部位以及碗口内外，最常见的是菱形二方连续图案、两破或一整两破式的海棠纹图案、如意云头图案、莲瓣图案、折枝阔叶扁团花图案等，这些二方连续图案的唐风甚浓，是辽代在唐代金银器的基础上又有创新。从器物錾刻铭文看，与唐代金银器有一定的区别。宣徽南院可视为工部，其下应有类似唐代文思院的设置。唐代文思院所制作的器物，一定标明制作年代、数量、重量、制造机构的长次官、审验官、工匠头，錾文格式固定，结构规则；辽代的铭文内容有制作年代、被供奉者、器物泛称、结衔贡臣，有时还有点讫机构或编号，錾文排列形式多达十几种，无规则可循。辽代宣徽南院的主要职能是祗应御前之需要，这批金银器因其被供奉者的特殊关系和地位，必为奉圣宗皇帝之命而制作的，但却无奉旨制作之錾文，而唐代文思院制作的金银器上必有“准……”的錾文。辽代金银器上无制作机构及其各级官吏姓名，仅有贡臣结衔署名，说明辽代制作机构地位不及唐代被重视，工匠的地位也较为低下。辽代制作祭器所需的金银原料，多由主官和同僚纳献，不似唐代由内库支付。每件器物没有明确标明重量，说明辽代金银器的管理机构没有唐代那样的严格制度。由此看出，辽代金银器中的唐风虽然很浓，但不是完全的继承，而有很多自己的特征。

辽代金银器第二期纹饰比第一期简单，单点装饰和满地装的布局仍被采用，但已变得简练明朗，没有分区装饰，构图也不讲究，缺少规划整齐的格局。在长期的模仿唐代过程中，辽代金银器已不自觉地走向简化、涣散和潦草。即便是这种变化倾向，仍可在唐代金银器中寻觅到根源。辽宁省朝阳市北塔出土的花瓣形团龙纹银碟，与内蒙古敖汉旗李家营子唐代墓葬①出土的鎏金狻猊纹银盘、陕西省西安市何家村唐代窖藏出土的鎏金双狐纹双桃形银盘，就同是这一简约化风格的产物，显然不是辽代金银器的独创（图 81）。当然，这一期金银器的艺术风格已夹杂了宋文化的因素，直至第三期完全宋化。

图 81－1　花瓣形团龙纹银碟
辽
辽宁省朝阳北塔天宫地宫出土
（谢天　绘）

---

① 内蒙古自治区敖汉旗文化馆：《敖汉旗李家营子出土的金银器》，《考古》1978 年第 2 期，第 117～118 页。

图 81－2
鎏金狢狮纹银盘
唐
内蒙古敖汉旗李家营子墓葬出土
（谢天 绘）

图 81－3
鎏金双狐纹双桃形银盘
唐
陕西省西安市何家村窖藏出土
（谢天 绘）

3. 从制作工艺看唐代技术的传播

辽代金银器的制作和装饰工艺已达到了相当高的水平，这与唐文化的影响是密切相关的。唐代金银器工艺技术吸收了印度、中亚、西亚等先进文化的因素，錾刻、浮雕、线雕、鎏金、切削、抛光、铸造、焊接、模冲、压印、锤鍱、钣金等技术已全面运用，日臻成熟，已达到我国古代制作金银器的巅峰。这对辽代金银器制作技术有着极其深远的影响。

辽代金银器第一、二期，在一般中小型墓葬中难得见到随葬金银器，偶有出土也多是壶、杯、碗、勺等小型明器或步摇、耳环、簪、戒指等装饰品，多素面无雕饰。这一方面是辽代统治者对金银器皿严格控制、屡下禁令的结果，另一方面也反映了契丹本土金银器制作的传统工艺状况。但在诸王大贵族墓葬、窖藏、佛寺塔藏中，情况却完全不同，大批精致、华美的金银器出土于此，外来复杂、先进的工艺技术在贵族阶层追求奢侈品风气的推动下，被充分地吸收、引进和发扬。在第一、二期金银器中，制作工艺已采用了铸、铆、焊、切、锤鍱、钣金、抛光、模冲、编缀等技术；装饰工艺也采用了鎏金、线雕、镂雕、立雕、錾刻等手法，浮雕限于局部花纹。如唐代金银器的主体纹饰一般隐起，早期只用于盘、碗内底中心，纹饰中部高，四周低，隐起得浅而缓；晚期出现主体纹饰与辅助纹饰一同隐起，边缘微微起棱。这两种作法在辽代金银器中共存。局部鎏金是唐代金银器普遍出现的一种装饰手法，突出主体纹饰，增加器物的整体美观，辽代金银器继承了这一作法。在纹样的錾刻工艺中，唐代金银器的纹饰錾线的刀口轻浅瘦劲，这种錾刻方法被辽代第一、二期金银器广泛地吸收运用。通过对比研究，辽代金银器的制作和装饰工艺可与唐代金银器相媲美。如内蒙古阿鲁科尔沁旗辽耶律羽之墓、奈曼旗辽陈国公主墓出土的成批的金银器，不仅数量可观，而且极尽华贵，明显具有唐代遗风。在辽宁省法库县叶茂台七号辽墓①中出土的鎏金嵌琥珀宝塔龙凤纹银捍腰，使用多层錾刻技艺，具有强烈的立体效果，更是稀见的艺术珍品，其工艺来自唐代。

（三）辽代金银器的西方文化因素

丝绸之路横贯欧亚大陆，加强了处于这条线上许多国家和地区的联系。在亚洲大陆中部有大片的沙漠，其上的绿洲从河西走廊延伸到地中海之滨。虽然绿洲是沙漠地区文明的摇篮，但其自己的产品却不能达到自给自足的地步，需要与

① 辽宁省博物馆等：《法库叶茂台辽墓纪略》，《文物》1975 年第 12 期，第 26～36 页。

他国进行交换才能使人们更好地生存。亚洲内陆生活在绿洲上的居民自古就形成经商的习惯，在历史的发展进程中一直扮演着沟通东西方和南北方经济、文化交流的角色。以草原为腹地的辽王朝，在契丹、汉等民族的共同经营下开发草原取得硕硕累果，但毕竟地力有限，客观上促使他们有对外贸易的要求，并带动了辽朝与西方国家和中国中原王朝以及周边少数民族的文化往来。

唐代晚期，吐蕃兴起，占据了河西走廊一带，割断了沙漠丝绸之路，使这条通道不能进行正常的东西交往，但草原丝绸之路仍然畅通无阻。当时，控制草原丝绸之路的是回鹘人，在其势力分崩离析后，契丹人乘虚而入，代之为草原的新主人。辽太祖耶律阿保机曾远征西域，至鄂尔浑河畔的古回鹘城刻石记功而还。早在辽代早期，波斯、大食等国就先后给辽朝进贡。辽代中期继续开拓西北边境，修筑旧时回鹘的“可敦城”，作为钳制西夏和西北诸部落的军事重镇，维护草原丝绸之路的畅通。随着辽王朝在国际上影响的增大，许多国家的商旅纷至沓来，辽王朝在上京同文馆设置驿馆，给各国信使提供居住。由于西夏占据着河西走廊，辽朝与西方的交往只能走草原丝绸之路，分南北两线在可敦城会合，通往西域及亚洲腹地和欧洲大陆。

在契丹耶律阿保机建国的前一段时期，西域地区有三大较强的割据势力。一为以高昌为中心的西州回鹘，势力范围包括吐鲁番、天山南北，西至龟兹一带，亦称高昌回鹘。一为以于阗为中心的于阗王国。一为以八拉沙衮和喀什噶尔为两大中心的黑汗王朝，是由突厥旧部和一支西迁的回鹘联合组成，其控制范围包括中亚和新疆西部地区。辽天赞三年（公元924年），其势力已经扩张到今新疆境内。此后，高昌回鹘及其邻近的乌孙、黠戛斯等部，开始向契丹称臣纳贡，并在商业上互相往来。《契丹国志》卷二一《外国贡进礼物》

记载："高昌国、龟兹国、于阗国、大食国、小食国、甘州、沙州、凉州，已上诸国三年一次遣使，约四百余人，至契丹贡献。玉、珠、犀、乳香、琥珀、玛瑙器、宾铁兵器、斜合黑皮、褐黑丝、门得丝、怕里呵、硇砂、褐里丝，已上皆细毛织成，以二丈为匹。契丹回赐，至少亦不下四十万贯。"这里虽然没有记载金银器的情况，但从辽代遗迹出土的金银器看，有些器物造型和装饰风格带有明显的西方文化特征。

《契丹国志》卷二二《四至地理》记载了许多民族与契丹交易的情况。居住在契丹境内的屋惹、阿里眉、破骨鲁诸部落，每年除给契丹进贡"大马、蛤蛛、青鼠皮、貂皮、胶鱼皮、蜜腊"之外，还和契丹"任便往来买卖"。铁离部"惟以大马、蛤蛛、鹰鹘、青鼠、貂鼠等皮及胶鱼皮等物与契丹交易。"靺鞨"惟以鹰鹘、鹿、细白布、青鼠皮、银鼠皮、大马、胶鱼皮等物与契丹交易。"铁离喜失牵部"惟以羊、马、牛、驼、皮毛之衣与契丹交易。"蒙古里部"惟以牛、羊、驼、马、皮毛之物与契丹交易。"于厥部"惟以牛、羊、驼、马、皮毛之物与契丹交易。"契丹设置榷场和西北各族贸易，"高昌、龟兹、于阗、大小食、甘州人，时以物货至其国（契丹），交易而去。"① 契丹与周边民族政治上的联姻、军事上的攻战、经济上的往来，在很大程度上促进了文化的交流。

高昌、于阗等国，在辽朝与中亚波斯、大食等国的交往中起到了桥梁作用，这里不排除波斯、大食等国与辽朝的直接贸易和文化交流，这在考古学资料中可以得到证实。辽宁省朝阳市姑营子辽耿氏墓②出土的玻璃带把杯，呈圆筒状，腹部急收成假圈足，口、腹部附一把手，把上端一角翘立，具

---

① ［元］马端临撰：《文献通考》卷三四六《契丹》下，北京，中华书局标点本，1986 年。

② 辽宁省朝阳地区博物馆：《辽宁朝阳姑营子辽耿氏墓发掘报告》，《考古学集刊》第 4 期，1983 年。

有典型的伊斯兰玻璃器特征，与伊朗高原喀尔干出土的玻璃把杯有着相同的造型。奈曼旗辽陈国公主墓出土的乳钉纹玻璃把杯，口颈漏斗形，圆腹圈足，与喀尔干出土的公元九世纪玻璃把杯的器形相似。刻花玻璃瓶，细长颈，折肩，桶形腹，腹部刻几何纹。在河北省定县北宋五号塔基①内出土有类似的玻璃瓶，与德黑兰考古博物馆藏乃沙不耳出土的公元十世纪水瓶的形状和纹饰相近②。这些玻璃器皿，都产于伊朗高原，属于伊斯兰风格，通过草原丝绸之路传入辽朝境内（图82）。根据《宋史》卷四九〇《外国》六的记载，在宋朝与各政权间的贡市贸易中，白银主要被宋王朝用于回赐。如天圣三年（公元1025年）十二月，于阗遣使罗面于多等入贡，宋朝“给还其值……别赐袭衣、金带、银器百两、衣著二百，罗面于多金带。”喀拉汗王朝在击败于阗后，继承于阗与北宋的贸易关系，在熙宁年间以后，“远不逾一二岁，近则岁再至。所贡珠玉……安息鸡舌香，有所持无表章，每赐以晕锦旋襴衣、金带、器币。”这里的“器币”中，当包括白银。天圣年间（公元1023～1032年），甘州回鹘一年一贡，而天圣三年四月，“可汗王、公主及宰相撒温讹进马、乳香，赐银器、金带、衣著、晕锦旋襴衣有差。”此外，位于地中海沿岸的拂林，元祐六年（公元1091年）“其使两至，诏别赐其王帛二百匹，白金瓶、袭衣、金束带。”西域诸国与宋朝的贡赐往来，有些使者走的就是草原丝绸之路，使西方和宋朝的金银制品融入到辽代的金银器之中。

辽代时，草原丝绸之路分为南、北两路。北路自上京临潢府，经乌古敌烈、统军司，西经札剌部，到西北路招讨司

① 河北省定县博物馆：《河北定县发现两座宋代塔基》，《文物》1972年第8期，第39～51页。

② 安家瑶：《中国的早期玻璃器皿》，《考古学报》1984年第4期，第413～441页。

图 82
刻花玻璃瓶
辽
内蒙古奈曼旗辽陈国公主墓出土
（刘洪帅　绘）

辖境，向西经可敦城（镇州），经阻卜（达旦）到北庭（斡鲁朵），进入高昌、龟兹，到达大宛，与沙漠丝绸之路北道会合。南路自南京析津府，过居庸，到西京大同府，西北经丰州天德军，越阴山，过黑水，经过白达旦部（汪古部），西北经可敦城，与北路会合，而后通向西域。根据史书记载的不完全统计，辽朝从高昌、于阗、龟兹等国输入的物品有珠玉、琥珀、玛瑙器、珊瑚、犀、硇、砂、皮革、毛织品、乳香、珍玩、玻璃器、镔铁兵器、斜台里皮、门得丝等，其中的珍玩包括了金银器。从辽朝输往西方国家的物品，史书虽无明确记载，但根据辽朝一贯向外输出的物品来看，品类基本相同，计有马、牛、羊、貂鼠皮、银鼠皮、熟皮靴鞋、海豹皮带、毡、青毡帐、毡鞯、朝霞锦、云霞锦、绫罗绮锦绢纱、匹缎、鎏金银龙鞍勒、银鞍、白楮皮黑银鞍勒、素鞍辔、银匣、银带、北珠、弓箭、镔铁刀、剑、青盐、白盐、加工食品、佛经、海冬青等。在辽朝向西方国家输出的物品中，金银器占有一定的比例。说明了辽朝与西方国家在金银器方面的双向交流状况。

辽代金银器的多瓣形器的原形渊源于粟特地区的银器，它直接或通过唐代金银器作为媒介间接地影响了辽代金银器。辽代金银器中大量出现的摩羯形图案，则是通过唐代间接吸收印度佛教文化艺术的因素。辽代金银器不仅融入大量唐代金银器的文化特征，还吸取西方文化的因素，并且在辽代金银器的第一、二期中明显地表现出来。

摩羯是印度神话传说中的一种长鼻利齿、鱼身鱼尾的动物，随佛教文化艺术传入我国，在唐代金银器的纹饰装饰中广为流行。随后，佛教文化艺术又不断地传入北方草原地区，摩羯纹或摩羯造型在辽代金银器中盛行，种类有摩羯形金耳坠、鎏金摩羯形银壶（图 83）、鎏金摩羯纹银碗、鎏金摩羯

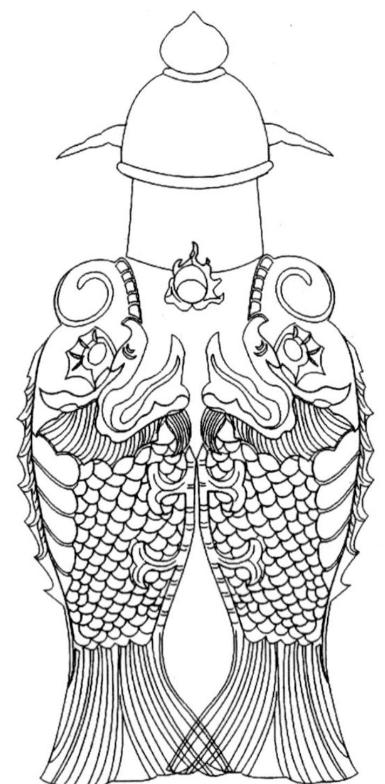

图 83　鎏金摩羯形银壶
辽
内蒙古赤峰市松山区城子山辽代窖藏出土
（刘洪帅　绘）

纹银饰板等，摩羯呈游动式，昂首摆尾，有的戏火焰宝珠，造型已处于成熟化，并在宋元瓷器中得到发扬光大。随之佛教在辽代的盛行，与佛教有关的器物和纹饰大量出现，在顺义县净光舍利塔、农安县万金塔、阜新市新营子辽塔、朝阳市北塔、巴林右旗庆州白塔、流失到国外文物市场，都发现了金银制的佛塔、佛教造像及供奉器，虽然器物本身融合了中国的特征，但其根源却来自于印度。

在辽代金银器中，仍可找到波斯和粟特金银器的遗风。内蒙古科尔沁左翼后旗吐尔基山辽墓出土的八棱单耳金杯、阿鲁科尔沁旗辽耶律羽之墓出土的鎏金“高士图”银把杯，造型多呈多棱式，圈足，有把和指环，在边棱饰联珠纹。克什克腾旗二八地一号辽墓出土的五星纹银把杯，直口，深腹，平底，口侧附把和指环。科尔沁左翼后旗吐尔基山辽墓出土的鎏金錾花银壶，带盖，束颈，折肩、瘦长弧腹，圈足，肩部附花瓣形錾耳，耳下有圆形指环，环下饰一乳突，腹部、颈部錾刻牡丹纹。内蒙古阿鲁科尔沁旗扎斯台辽墓①出土的鎏金鸿雁焦叶五曲錾耳银杯，五曲花瓣状，敞口，弧腹，圈足，一侧附錾耳，下有圆形指环，环下饰一乳突，腹部錾刻鸿雁纹，下腹錾焦叶纹，圈足以鱼子纹为地錾刻花叶纹（图84）。鎏金鸿雁纹银耳杯，敞口，弧腹，圈足，一侧口部附錾耳，下有圆形指环，环下侧饰一乳突，内底錾鸿雁纹，腹部分五区錾刻草叶纹。这种器物造型，在粟特金银器中流行，但纹饰带有中国化，当为仿粟特产品。阿鲁科尔沁旗辽耶律羽之墓出土的鎏金“孝子图”银壶（图85）、克什克腾旗二八地一号辽墓出土的“大郎君”银壶，敞口，束颈，折肩，圆腹，圈足，与俄罗斯米努辛斯克盆地西部、濒临叶尼塞河上游的科比内二号突厥墓出土的折肩金杯非常

---

① 张景明：《中国北方草原古代金银器》，北京，文物出版社，2005年，第148页。

图 84 鎏金鸿雁焦叶五曲鋬耳银杯
辽
内蒙古阿鲁科尔沁旗扎斯台辽墓出土
（谢天 绘）

相似①，纹饰和鋬文为中国式，应为仿突厥的造型。联珠纹装饰又是波斯萨珊王朝银器的做法，饱满圆润，技法高超。

辽代早期高足杯的形状在唐代金银器中不见，杯身宽浅，呈敞口盘形，圈足矮小，如赤峰市大营子辽驸马墓出土的鎏金团龙戏珠纹银高足杯。这种类型的高足杯，与中亚（今乌兹别克斯坦南部铁尔梅兹市）巴拉雷克发现的公元五至六世纪嚈哒壁画中人物手中的高足杯相近。流失到国外文物市场的辽太平年间的双凤纹金高足杯，口缘有一周联珠纹，杯身比早期稍有增高，圈足矮，但有增大的趋势，器形明显具有波斯的风格（图 86）。粟特银器中的杯、碗，器体多分曲或作花瓣形，这种匠意深深地影响了唐代早期金银器的造型。粟

① 孙机：《论近年内蒙古出土的突厥与突厥式金银器》，《文物》1993 年第 8 期，第 48～58 页。

特风格的分曲线多呈较宽的凹槽，有的彼此贯通，分瓣数目很多，变化丰富，器表凸凹起伏，立体感很强。唐代后期的分曲线只打出一条直线浅折，一般彼此并不相连，有的甚至很短，朴素大方，分曲瓣数以四、五、六曲为主。辽代花瓣形或多曲式金银器主要继承了唐代后期的风格，但有的金银

图 85　鎏金“孝子图”银壶
辽
内蒙古阿鲁科尔沁旗辽耶律羽之墓出土
（谢天　绘）

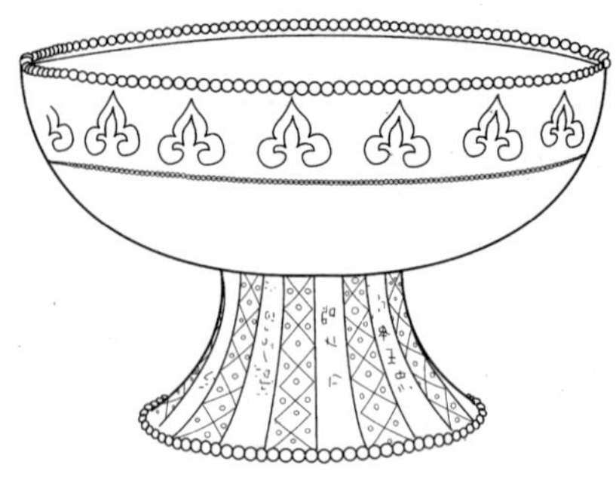

图 86　双凤纹金高足杯
辽
流失到国外文物市场
（谢天　绘）

器却明显是粟特银器的做法，如辽宁省喀左县北岭辽墓[①]出土的六曲银碗和辽宁省凌源市八里铺村下喇嘛沟辽墓[②]出土的摩羯纹五曲银碗。

中国与中亚、西亚的许多国家和地区，随着草原丝绸之路的开通与繁荣，带来了中西文化的相互渗透，在这一过程中，分布于阿姆河和锡尔河流域的粟特地区及粟特人作用是极为突出而深远。它是东西方交通的枢纽，也是南北往返的中继站，是与中国直接联系最多、关系最密切的地区和民族。综合史料的零散记载，从公元四世纪开始，大量的粟特人陆续移居中国，并逐渐向东发展。直到公元八世纪，吐鲁番以东，不仅丝绸之路的东段之中路沿河西走廊到西安、洛阳，而且在丝绸之路的北段自河西走廊北上到宁夏、大同，再奔朝阳，都有粟特人的移民聚落。唐朝时，柳州城（今辽宁省朝阳市）“集商胡立邸肆。不数年，仓廪充，居人蕃辑。”[③] 所以，尽管唐代金银器中有诸多的粟特文化因素在初唐以后不

① 辽宁省文物考古研究所：《辽宁喀左北岭辽墓》，《辽海文物学刊》1986年第1期。

② 资料未发表，现藏于辽宁省凌源市博物馆。

③ ［宋］欧阳修、宋祁撰：《新唐书》卷一三〇《宋庆礼传》，北京，中华书局点校本，1975年。

断弱化，但粟特银器的器形、装饰和制作工艺通过草原丝绸之路传入辽朝境内，在辽代金银器中持续的更加久远，一直冲击到草原地区元代的金银器中。

（四）辽代金银器的宋文化因素

辽代中、晚期，辽宋之间经常互派使者，馈赠礼物。双方在公元1004年定下“澶渊之盟”，宋每年给辽输银十万两，绢二十万匹。此后，辽宋间继续互派使节，在边境互市，有利于加强辽宋之间的经济、文化交流。北宋初年，辽宋双方就已经在沿边互市，但没有设置官署管理，纯属民间贸易。公元977年，在北宋的镇、易、雄、霸、沧等州设置榷场。公元991年，又在雄州、霸州、静戎军、代州雁门砦设置榷场。公元1005年，辽在涿州新城、振武军及朔州南设置榷场；北宋在雄州、安肃军及广信军设置榷场，派官吏监督贸易。这些榷场开设的时间很长，“终仁宗、英宗之世，契丹固守盟好，三市不绝。”① 短期设置的榷场有定州军城寨、飞狐茭牙、火军山、久良津等。榷场交易的物品，在澶渊之盟之前，从宋输入辽的有香药、犀、象、茶，后来增加苏木一项。澶渊之盟后，再增加缯帛、漆器、粳糯。由辽输入宋的商品有银、钱、布、羊、马、橐驼等。在辽代金银器中，出现宋文化的因素开始于辽代金银器的第二期，在第三期中非常显著。

《契丹国志》卷二一《南北朝馈献礼物》记载：“契丹贺宋朝生日礼物：宋朝皇帝生日，北朝所献，刻丝花罗御样透背御衣七袭或五袭，七件紫青貂鼠翻披或银鼠鹅项鸭头纳子，涂金银装箱，金龙水晶带，银匣副之，锦缘帛皱皮靴，金玦束皂白熟皮靴鞢，细锦透背清平内制御样、合线搂机绫共三

---

① ［元］脱脱等撰：《宋史》卷一八六《食货志》下八，北京，中华书局点校本，1977年。

百匹，涂金银龙凤鞍勒、红罗匣金线绣方鞯二具，白楮皮黑银鞍勒、毡鞯二具，绿褐楮皮鞍勒、海豹皮鞯二具，白楮皮裹筋鞭一条，红罗金银线绣云龙红锦器仗一副，黄桦皮缠楮皮弓一，红锦袋皂雕翎𫄨角骲头箭十，青黄雕翎箭十八，法渍法麹麪麹酒二十壶，蜜晒山果十束棂椀，蜜渍山果十束棂，匹列山梨柿四束棂，榛栗、松子、郁李子、黑郁李子、麪枣、楞梨、棠梨二十箱，麪秔糜梨粆十椀，芜荑白盐十椀，青盐十椀，牛、羊、野猪、鱼、鹿腊二十二箱，御马六匹，散马二百匹。”“宋朝贺契丹生辰礼物：契丹帝生日，南宋遣金酒食茶器三十七件，衣五袭，金玉带二条，乌皮、白皮靴二量，红牙笙笛，觱栗，拍板，鞍勒马二匹，缨复鞭副之，金花银器三十件，银器二十件，锦绮透背、杂色罗纱绫縠绢二千匹，杂采二千匹，法酒三十壶，乳茶十斤，岳麓茶五斤，盐蜜果三十罐，干果三十笼。其国母生日，约此数焉。正旦，则遣以金花银器、白银器各三十件，杂色罗纱绫縠绢二千匹，杂采二千匹。”“宋朝劳契丹人使物件：……至白沟驿赐设，至贝州赐茶、药各一银合，至大名府又赐设，及畿境，遣开封府判官劳之，又命台省官、诸司使馆伴迓于班荆馆，至都亭驿各赐金花、银灌器、锦衾褥。朝见日，赐大使金塗银冠、皂罗毡冠、衣八件、金鞢躞带、乌皮靴、银器二百两、采帛二百匹；副使皂纱折上巾、衣七件、金带、象笏、乌皮靴、银器一百两、采帛二百匹、鞍勒马各一匹。其从人，上节十八人，各练鹊锦袄及衣四件、银器二十两、采帛三十匹；中节二十人，各宝照锦袄及衣三件、银器十两、采帛二十匹；下节八十五人，各紫绮袄及衣四件、银器十两、采帛二十匹，并加金塗银带。……遇立春，各赐金塗银镂幡胜、春盘。又命节帅就玉津园伴射弓，赐来使银饰箭筒、弓一、箭二十；其中的，又赐窄袍、衣五件，金束带、鞍勒马。……辞日，长春殿赐酒五行，赐大使盘裘晕锦窄袍及衣六件、银器二百两、采帛一百匹。副使紫花罗窄袍及衣六件、银器一百两、采帛一百匹，并加金束带、杂色罗、锦、绫、绢百匹。从人各加紫绫花絁锦袍及银器、采帛。将发，又赐银瓶、合盆、纱罗、注椀等。”在辽朝与宋朝的往来中，金银器是双方贡赐的主要物品之一，特别是宋朝赐给辽朝皇帝和使臣的金银器，对辽代金银器的发展有很大的促进作用。

文献记载宋代有很多金银器通过赐贡形式传入辽代，那么，考古学资料又可以证实文献的记载。1958 年，在内蒙古巴林左旗毛布力格村附近出土五件宋代银铤①，都为两端宽厚的束腰形，正面或背面錾刻铭文或铸款。其一正面铭文为“郑祐”、“福州进奉同天节银伍拾两专副陈□等监匠”；其二正面铭文为“杭州都税院买发转运衙大观元年郊禋银壹阡两年挺伍拾两专秤魏中立等监匠作。”背面铭文为“左班殿直监杭州都税院郭立”；其三正面铭文为“虔州瑞金县纳到政和四年分奉进天宁节银□□□本县典书袁丰银行汤□□验行银田六田五专副梁开口等”；其四正面铭文为“监银□阮监镌□唐”，背面铭文为“潭州刘阳县永兴银场□□□进奉银伍拾两”，左侧铭文为“专知王钊”；其五正面铭文为“信州银伍拾”，背面铭文为“铅山场”，在“铅”字当中錾刻“郑渐”二字。这批银铤的铭文中有宋代大观元年（公元 1107 年）和政和四年（公元 1114 年）两个年号，当时正处于辽代末期，为宋朝给辽朝的贡银。根据《宋史》卷一八五《食货志》下七记载：“凡金、银、铜、铁、铅、锡监冶场务二百有一：金产商、饶、歙、抚四州，南安军。银产凤、建、桂阳三州，有三监；饶、信、虔、越、衢、处、道、福、汀、漳、南剑、韶、广、英、连、恩、春十七州，建昌、邵武、南安三军，有五十一场；秦、陇、兴元三州，有

① 李逸友：《内蒙古巴林左旗出土北宋银铤》，《考古》1965 年第 12 期，第 643 ~ 644 页。

三务。”这批银铤所记的地名，除杭州外，都是产银的地方。可见，在内蒙古发现的宋代银铤，确实是产于宋地，并作为贡银输入辽朝。

在辽代金银器的器形上，宋文化的因素可见一斑，特别在辽代中期以后更加明显。宋代金银器的一个显著特点是仿生多变的造型，用锤鍱、钣金的方法制作如花朵、荷叶形状的碗、盘等。结合这种造型，原来适宜于唐代金银器上的四、五、六等分区法随即失去了意义，宋人在器形和纹饰统一下，曲口分瓣非常随意，瓣数增多，出现了二十多瓣的器物。如内蒙古巴林右旗白音汉辽代窖藏①出土的柳斗形银杯（图87）、荷叶形银杯、复瓣仰莲纹银杯（图88）、二十五瓣莲花

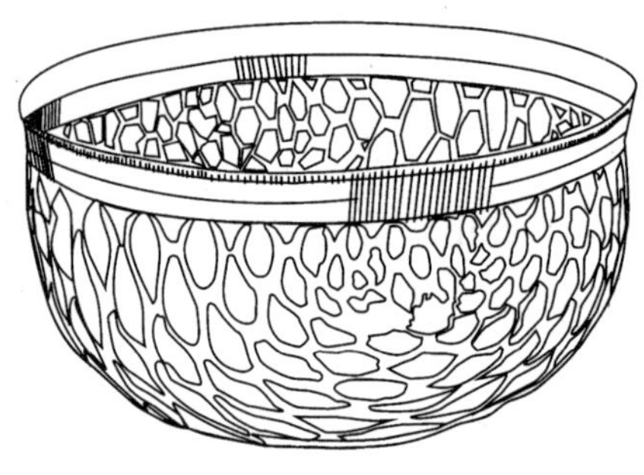

图87　柳斗形银杯
辽
内蒙古巴林右旗白音汉辽代窖藏出土
（孙晓毅　绘）

口银杯、海棠形錾花银盘，辽宁省建昌县龟山一号辽墓②出土的花瓣式口银杯、银盘。其中，柳斗形银杯的制作工艺和器形，与江苏省吴县藏书乡③出土的宋代荷叶盖柳斗形银罐接

---

① 巴右文、成顺：《内蒙古昭乌达盟巴林右旗发现辽代银器窖藏》，《文物》1980年第5期，第45～51页。

② 靳枫毅、徐基：《辽宁建昌龟山一号辽墓》，《文物》1985年第3期，第48～55页。

③ 叶玉奇、王建华：《江苏吴县藏书公社出土宋代遗物》，《文物》1986年第5期，第78～80页。

图88 复瓣仰莲纹银杯
辽
内蒙古巴林右旗白音汉辽代窖藏出土
（孙晓毅 绘）

近；二十五瓣莲花口银杯，与江苏省溧阳市平桥宋代银器窖藏[①]出土的鎏金十二曲六角栀子花银盏、复瓣莲花银盏和四川省德阳市宋代窖藏[②]银器中的Ⅰ式、Ⅲ式、Ⅳ式银杯相类似；海棠形錾花银盘，与溧阳市平桥宋代银器窖藏出土的鎏金海棠形狮子绣球纹银盘的形制相近。八棱体金银器是宋人的器物，《宣和已巳奉使金国行程录笺证》记录宋使许亢宗等充奉

① 肖梦龙、汪青青：《江苏溧阳平桥出土宋代银器窖藏》，《文物》1986年第5期。

② 沈仲常：《四川德阳出土的宋代银器简介》，《文物》1961年第11期，第48～52页。

使贺金吴乞买登位，所带贺礼中有“涂金半钑八角饮酒斛二支，盖勺全；涂金半钑八角银瓶十支。涂金大浑角银香狮三支，座金等。”如巴林右旗白音汉辽代窖藏出土的八棱錾花银执壶、八棱錾花银温碗，与福建省邵武故县①出土的鎏金夹层银八角杯同属八棱体器物，河北省固安县于沿村金代宝严寺塔基地宫②出土的折枝牡丹纹八棱银熏炉，造型与纹饰更接近于巴林右旗白音汉窖藏的八棱体器，说明宋代的八棱体器不但影响了辽代金银器，也对金代金银器有一定的文化冲击。辽代的金银舍利塔分圆体和多边体两种，多边体又以六边体为主，与宋塔的形状相似，不同的是宋代舍利塔以多层取胜，辽塔最多三层，以一层多见。如浙江省宁波市宋代天封塔地宫③出土的六面七层银塔、瑞安县宋代慧光塔地宫④出土的四面七层银塔，都为七层塔；而内蒙古巴林右旗辽代庆州白塔出土的鎏金凤衔珠银舍利塔（图 89）、辽宁省朝阳市辽代北塔出土的金舍利塔、鎏金银塔，都为三层塔。可见，辽代舍利塔与宋代之间的相同和相异之处。

在装饰方法上，辽代晚期金银器的曲瓣花形器类，纹饰和造型完全和谐统一，工巧而富有立体感，有一种很强的雕塑性，多取材于植物类造型，如荷花、莲叶和柳斗。这是宋代金银器惯用的表现手法。在纹样上，宋代金银器的纹样没有大量的出现在辽代金银器上，只是一些局部而零散的继承。龙、凤、卷草、云纹、折枝纹等，在辽代中期以后的变化趋势上能识别出宋的因素，如折枝花由图案性团花格局走向写实的宋风格。但是，宋代金银器具有代表性的仿古作风、亭

---

① 王振镛、何圣庠：《邵武故县发现一批宋代银器》，《福建文博》1982 年第 1 期。

② 河北省文物研究所等：《河北固安于沿村金宝严寺塔基地宫出土文物》，《文物》1993 年第 4 期，第 1～19 页。

③ 林士民：《浙江宁波天封塔地宫发掘报告》，《文物》1991 年第 6 期。

④ 浙江省博物馆：《浙江瑞安北宋慧光塔出土文物》，《文物》1973 年第 1 期。

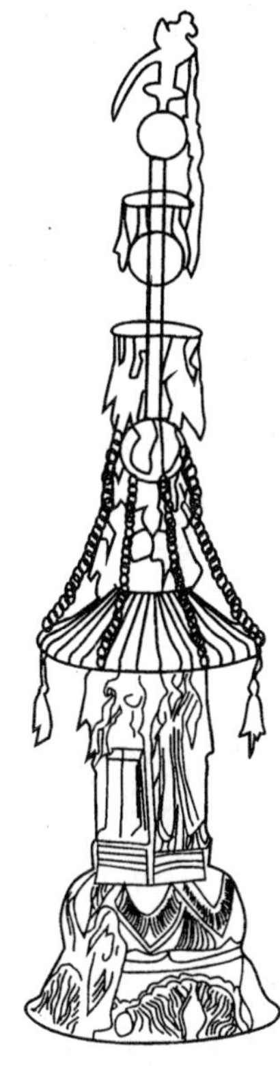

图 89 鎏金凤衔珠银舍利塔
辽
内蒙古巴林右旗辽代庆州白塔出土
（刘洪帅 绘）

台楼阁、双层结构、题诗赋文等作法，未曾在辽代金银器中发现。辽代金银器第三期，宋代风格的金银器大量渗透。在纹饰布局上，打破了辽代金银器第一期以来的团花格式，采用了因器施画的多种布局形式，以取得装饰与造型的和谐统一。浮雕凸花工艺是宋代金银器普遍应用、最具特色的装饰技法，在辽代金银器第三期中得到发展，出现了立体装饰手法。内蒙古巴林右旗白音汉辽代窖藏、建昌县龟山一号辽墓出土的银器，都具备宋代金银器的特征，或为宋地工匠所造，或为从宋地直接输入。

在工艺上，宋代金银器的一个显著特征就是凸花工艺，这种工艺源于波斯萨珊银器，唐初被中国接受，到唐晚期又以新的面目出现，并在宋代金银器中发扬光大。初唐的凸花是一种浅浮雕式，以单点装为主要表现形式，饰于碗、盘类器皿的底部中心。由于锤鍱工艺的进步，宋代的凸花工艺以高浮雕满地装的形式出现，还可形成多层面的效果，立体感极强，盘心的凸花纹饰有时会高出盘面。辽代金银器很早就接受了初唐和晚唐的凸化技法，立体感更强的宋代工艺出现在辽代中期，如辽宁省朝阳市前窗户村辽墓①出土的鎏金戏童纹银带饰，并与陕西省扶风县柳家村出土的宋代戏婴纹大銙上的纹样十分类同，人物均作高浮雕处理（图90）。以镂刻方法装饰器皿，用于顶盖、盒、金饰上，是宋代金银器的一种创新的风格，在辽代金银器中也有表现，如辽代中期的函、盒

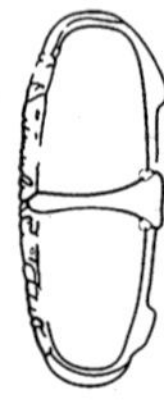

图90　鎏金戏童纹银带饰
辽
辽宁省朝阳市前窗户村辽墓出土
（谢天　绘）

① 靳枫毅：《辽宁朝阳前窗户村辽墓》，《文物》1980年第12期，第17～29页。

叠涩部位的镂空忍冬如意结。但更多使用镂空技法是各类金属冠上，如内蒙古奈曼旗辽陈国公主墓出土的鎏金高翅银冠、鎏金螺叠式银冠等。此外，宋代的剔地工艺在辽代金银器上出现，如巴林右旗白音汉辽代窖藏出土的银器的卷草纹边饰就是采用了这种工艺，而且使用得非常有限。

宋代金银器的发现地点多在南方地区，主要有：江西省的遂川、彭泽、波阳、乐安，江苏省的南京、江浦、吴县、溧阳、镇江，四川的德阳、崇庆，福建的邵武故县，湖北的黄石、蕲春，浙江的宁波、永嘉、衢州，河北的定县，安徽的无为、六安等。金银器综合起来有如下的特点：（1）造型富于变化，与前代相比器物出现了许多新的种类。器皿流行多曲形、多瓣形、多棱形，如邵武故县宋代窖藏出土的莲花形银杯、梅花形银杯、鎏金八角形银碗菊花形银碗、菊花形银盘、梅花形银盘、鎏金双鱼形银盅、鎏金八角形银碟等，多数不见于唐代金银器中。溧阳市平桥宋代窖藏中仅出土银盏一类，器体及口沿分为四曲、五曲、六曲、十二曲等，许多器物成套使用。唐代的银盘有圆形、菱花形、葵花形和少量不规则形，但入宋以后出现的八角和六角形盘，棱角分明，庄重沉稳，多角形金银器应是唐以后新流行的器物形制。（2）构图别致、题材广泛，多出现器物造型与纹饰和谐统一。以寓意繁荣幸福和美好吉祥的纹饰内容广为盛行，如瑞果、鱼藻、牡丹、童子戏球等。纹样不再是图案化的装饰，更具写实性，包括飞鸟、菊花、缠枝牡丹、荷莲、团花等，有的装饰花纹生活情趣浓厚。当时流行的鱼藻图，主要饰于盆、盘上，因多采用浮雕、高浮雕的作法，器物盛水后，水波荡漾，游鱼追逐，生动逼真。双狮跳跃戏球图案等也与唐代同类题材有较大的区别。往往出现造型与纹饰融为一体的器物。（3）工艺制作有新技术、新发展。器物采用双层、重瓣、高浮雕等新颖的工艺，充分显示了当时工匠的精湛技艺。器皿做成双层是两宋时期比较流行的工艺，邵武故县宋代窖藏中的鎏金八角形银碗、溧阳市平桥宋代窖藏出土的鎏金乳钉纹银盏、鎏金双兽耳乳钉纹银盏，都是有内、外壁的夹层器物。重瓣的作法别具一格，溧阳市平桥宋代窖藏中的各种银盏，整体如花形，盏心有一层或多层花瓣；邵武故县宋代窖藏银器的主要装饰特征即为重瓣作品。高浮雕是北宋以后，特别是南宋时期颇具特色的装饰技法，溧阳市平桥宋代窖藏中的鎏金瑞果图银盘、鎏金狮子戏球图银盘和邵武故县宋代窖藏中的鎏金八角形银杯、鎏金八角形银盘都是这种高浮雕装饰技法的代表作。镂空技术更加精致，并与其他技法结合使用，如江苏省南京市幕府山北宋墓①出土的心形金饰，由两个椭圆形的金片合成，镂空的纹样再施以錾刻、掐丝，使器物玲珑剔透。（4）仿古制品出现。溧阳市平桥宋代窖藏出土的鎏金乳钉纹银盏，如同商周时期青铜器中的簋，所饰的乳钉、雷纹也类似青铜器的装饰纹样。江西省乐安县北宋窖藏②出土的乳钉纹凸花银杯，外观具有青铜礼器的浑厚凝重感，具有独特的时代特色，是当时社会上下崇古仿古风习的反映。（5）佛教用具的数量和种类增多。两宋时期不仅在塔基出土了金银棺椁，还出现了银制的塔、佛、僧人及寺院建筑模型、舍利瓶、葫芦瓶、净瓶等。（6）在金银器上流行錾刻铭文。两宋金银器上錾刻的铭文，纪年款识很少，而打印或錾刻店铺、产地、工匠名字增多，显示出当时商品经济已十分繁荣，以文字刻铭维护商品信誉。如浙江省永嘉县宋代窖藏③出土银器上的“京溪供铺记”、“京溪供铺工夫”、“冯将士工夫”等刻

---

① 南京市博物馆：《南京幕府山宋墓清理简报》，《文物》1982 年第 3 期，第 28～30 页。

② 杨后礼：《江西省乐安县发现宋代窖藏银器》，《文物资料丛刊》第 8 辑，1983 年。

③ 金柏东、林鞍钢：《浙江永嘉发现宋代窖藏银器》，《文物》1984 年第 5 期。

铭中，至少可以看出有三个店铺和九个工匠的名字。湖北省黄石市西塞山宋代窖藏①出土银锭上刻铸有解银者的官职姓名、银锭重量和铸银工匠的姓名，也有刻记银锭来源和用途的。溧阳市平桥宋代窖藏出土银锭上的“真花银”、“京销银”等字样，则带有宣传产品的意味。湖北省蕲春罗州城村宋代窖藏②出土的金首饰中，有精雕细刻的花纹和大量的戳记或砸记。邵武故县宋代窖藏出土的鎏金八角形银碗，内底刻《踏莎行》词一首，十行共61字，外壁饰人物、建筑和卷草等，融词、书、画为一体。乐安县南宋窖藏出土的两块银牌上，分别刻有宋代文学名作《黄州竹楼记》和《醉翁亭记》两文。这种金银器上带有戳记、宣传性质、长句词等铭文，在前代的金银器中不见。由此看来，辽代金银器中有些器物的造型、纹样、性质、刻铭等，都融有宋文化的因素。

总体上说，辽代与宋代在金银器文化中的关系表现在辽代中期以后，此时辽代金银器的鼎盛繁荣期已经过去。所以，辽代金银器吸收宋文化的因素没有像吸收唐文化那样淋漓尽致，宋的纹饰和器形只是局部地渗透进来。宋代与辽代金银器，都是从晚唐金银器文化的基础上发展起来的，宋沿着晚唐新兴的某些作风继续创新，从而形成了与唐风迥异的宋代意趣，并对辽代中期以后的金银器有一定的影响。

（五）辽代金银器装饰艺术的文化象征

在辽代金银器的动植物纹饰中，龙、凤、摩羯、狮、鹿、鸳鸯、莲花、牡丹等占了很重要的位置，这些纹样类型都是

① 程欣人：《湖北黄石市西塞山发现大批宋代银锭》，《文物参考资料》1955年第9期。

② 湖北省蕲春县李时珍墓文物保管所：《湖北蕲春县罗州城村发现宋代金首饰》，《考古》1987年第11期。

具有文化象征意义的符号，在中国古今社会中广泛流行。象征人类学作为文化人类学的一个分支学科，认为只有将意义——象征作为人类的特征来进行研究才有真正的重要意义。象征人类学视文化为象征系统，通过象征表现文化的含义，由此形成文化象征论、文化符号论。这个象征系统提供了建构和重构实体的基础。关于对象征的解释和理解，国内外的一些词典中的界定都不相同。归纳起来，共有两种表达意思：一为象征是用来表达某种意义的事物，一为象征是用某种事物表示某种特殊意义的手法。但其总体上都包含相同的意思，认为象征是一种表达方式，是人类有意识地用某种事物或行为表现某种特定意义。这种事物或行为就是象征符号，所表示的意义是文化的内涵。正如英国人类学家尼达姆（Rodney Needham）把象征意义的解释寓于蔷薇花中，认为“恋人赠送的蔷薇花包含着热烈的爱，放置在棺木上的蔷薇则表示沉痛的缅怀，家徽上的蔷薇表示某种特定的含义，而广告中出现的蔷薇则表示其他的意思。”①

文化人类学对象征的研究，可追溯到 19 世纪中叶。法国学者菲斯泰尔·德·库朗热的《古代城邦》，对火进行了象征的分析。19 世纪末至 20 世纪初，人们对代表社会地位和生命经历的各种仪式进行解释、赋予意义的研究。法国社会人类学家杜尔干（Emile Durkheim）在《宗教生活的基本形式》中，对“集体表象”作了充分的研究，指出“图腾首先是一种符号，是对另外某种东西的有性的表达。”“图腾既是神的外在可见的形式，也是一种名为氏族的确定社会的符号，……氏族的神、图腾本原，都只能是氏族本身而不可能是别的东西，是氏族被人格化了，并被以图腾动植物的可见形式

① 转引自绫部恒雄著，周星等译：《文化人类学的十五种理论》，贵阳，贵州人民出版社，1988 年，第 159 页。

表现在人们的想象中。"① 他还说："社会生活在它的各个方面和它的各个历史时期只能由一个巨大的象征主义造成。"② 美国心理学家弗洛伊德（Sigmund Freud）在《梦的解析》中强调："一方面依赖梦的联想，一方面靠释梦者对象征的认识。"③ 20 世纪 40 年代初，美国人类学家怀特（Leslie A. White）对象征文化进行了探索，指出象征符号使人类从动物转变为真正的人；而且，人所具有的使用象征符号的能力，在本质上是积累的和进步的。象征符号是人类意识的主要功能，是我们创造和认识语言、科学、艺术、神话、历史、宗教的基础，是理解人类文化和各种行为的"秘诀"。④ 英国人类学家拉德克利夫·布朗（Alfred Reginald Radcliffe - Brown）和埃文思·普里查德（Edward Evan Evans - Pritchard）对图腾信仰和原始人宇宙观的研究，也涉及了象征现象。

在 20 世纪 60 年代以后，人类学界对象征文化的研究成为一种思潮，并形成学术界引人注目的两种倾向。一种是由法国社会人类学家列维 - 斯特劳斯为代表，以结构人类学、结构语言学、认知人类学为中心的"抽象的系统学派"，重点放在神话研究中象征的分类和理论方面；另一种以美国人类学家特纳为代表，以微观社会学、社会语言学、民俗学、文艺批评等理论所共同具有的"象征和社会的动力学派"，重视庆祝和祭祀及其具体过程。

---

① ［法］杜尔干著，渠东等译：《宗教生活的基本形式》，上海，上海人民出版社，1999 年，第 276 页。

② 转引自 B. N. Colby，j. w. Fernandez，D. B. Kronenfeld，Toward a Conuergence of Cognitiue and Symbolic Anthropology，American Ethnologist，Vol. 8，No. 3，pp. 431，1981.

③ ［美］弗洛伊德著，赖其万等译：《梦的解析》，北京，中国民间文艺出版社，1986 年，第 274 页。

④ 夏建中：《文化人类学理论学派》，北京，中国人民大学出版社，1997 年，第 288 页。

列维·斯特劳斯（Claude Gustave Levi – Strauss）认为文化传统本身是一种符号系统，“在形象和概念之间还存在着一个中介物，即符号”，“符号作为形象是具体的实体，但由于它具有的指示能力而与概念相象：无论概念还是符号都不仅与本身有关，每一个都能用其他东西替换。”① 英国人类学家利奇（Edmund Ronald Leach）研究的象征体系包括了神话、巫术和宗教，对符号和象征作了区分，符号表达了一种内在的关系，它与它所表达的事物同属于一个文化背景，是一种“局部代表整体”的关系；象征代表了属于不同文化背景下的事物。他对象征体系的研究有两种方式，一种是社会–结构的分析方式，另一种是结构主义的分析方式。在前一种方式中，象征被看作是社会种类的反映。后一种方式是继承了列维·斯特劳斯的结构主义思想，他研究文化的各种非言语方面，指出：“诸如衣着、村落位置、建筑、家具、食物、烹饪、音乐、身体动作、姿势等，都以模式系统的形式来组织，而以相同于自然语言中的音、词和句子的方式来体现代码信息。因此，我认为，讨论规范衣着的法则，与谈论规范语言表达的法则，具有同样的意义。”②

美国人类学家奥特纳（S. Ortner）在《关键的特征》一文中，说明有些人类学者由文化意义系统的研究转而表述意义的象征单元，研究关键的象征，或称核心象征、主导象征。他根据与文化的思维和行动密切联系之象征作用的不同方式，提出可分为概括性的特征和阐发性的特征。概括性的象征能够激励情感，如国旗或其他政治性象征。阐发性的特征，其价值在于能够把人的经验加以分类，它包括根本的隐喻和关

---

① ［法］列维·斯特劳斯著，李幼蒸译：《野性的思维》，北京，商务印书馆，1987 年，第 104 页。

② ［英］利奇著，郭凡等译：《文化与交流》，广州，中山大学出版社，1990 年，第 8 页。

键的脚本，前者为理性经验的秩序化提供了范畴，后者为行为的经验组织化提供了策略。他还指出："象征只是作为一种符号，针对思维之文化系统中的其他因素而发挥着某种关键的作用。简言之，所谓关键性，指的是它涉及文化意义之系统的内在结构，而这一系统的功能则决定了人们在特定文化中的生活方式。"①

美国人类学家科恩（Abner Cohen）把象征符号分为两种，一种是神圣的象征符号，用于宗教仪式；另一种是世俗的象征符号，用于世俗礼仪。他认为象征符号可以包括一切物品、动作、关系、语言等，它可以唤起人们的情感冲动，驱使人们采取行动，如典礼仪式、礼物交换、宴饮酬酢、社交礼节。象征符号的主要功能是能够将个人与个人、个人与群体之间的关系予以具体表现，能够具体表现人的地位与角色等。②

美国人类学家基辛（Roger Keesing）在《象征人类学》一文中指出："尽管我在当代象征人类学中发现了重大价值，但我仍认为我们的任务不应限于解释文化的含意，我们应该提问是谁创造并限定了文化的含意，而且为了什么目的。……文化必须在历史上、经济上和政治上处于和被置于一种因果关系之中。"他还指出："如果象征人类学还不是另一种一时流行的风尚，作为解释探索的人类学必须将被更明智地置于更广泛的理论之中。同时，文化含意也必须更明确、更细心地与曾在它们中生活过的现实的人联系在一起。"③

解释人类学学派的代表人美国人类学家格尔茨（Clifford Geertz）说："文化的概念，本质上是一种符号的概念"，文化

① ［美］奥特纳：《关键的象征》，史宗主编，金泽等译：《20世纪西方宗教人类学文选》，上海，三联书店，1995年，第200～214页。

② 夏建中：《文化人类学理论学派》，北京，中国人民大学出版社，1997年，第321页。

③ ［美］基辛著，刘文远等译：《象征人类学》，《民族译丛》1988年第6期。

是一个象征系统。格尔茨的文化系统包括常识、宗教、观念、艺术等，他在《文化的解释》中指出，象征“用来指传达观念的对象、行动、事件、性质或关系——观念便是象征的‘意义’。”这里的“意义”包括知觉、观念、情绪、理解和判断等的总括性概念。文化是对意义的理解，进而对理解进行评价，在比较好的理解中找出解释性的结论。格尔茨认为：“文化指一个历史上传递下来的具体表现于象征的意义模式，而象征是一个继承下来的人们用以交往、延续和发展有关人生知识和对人生的态度的概念系统。”①

辽代金银器的纹样由动物、植物、人物故事等组成的图案，其表现的文化象征符号是以一种非语言的信息传递方式，通过象征意义反映人们的祈福观念和心理愿望，传递着人们祈福求祥的信息，构成了辽代金银器造型艺术的象征符号系统。巴尔特（R. Barthes）在《符号学原理》中指出：“符号学的研究目的，是根据构筑观察对象的塑像这一结构主义全部活动的企图本身，重构语言以外的符号作用体系的功能。”②辽代金银器的纹样就是观察的对象，是非语言的物化符号，通过符号而传递所表达的信息，寓意人们对美好生活具有象征意义观念的追求。列维·斯特劳斯在《野性的思维》中说：“利用这些单元来拟制出一个系统，这个系统扮演着观念与事实之间的综合者的角色，从而把事实变成记号。”③ 辽代金银器纹样的象征系统，就扮演着人们的祈福观念和实现事实的综合体，一旦观念变成事实，这个事实也就成为永久的记号。根据文化人类学中的象征符号之理论，对辽代金银器中的纹

---

① C. Ceertz, The Interpretation of Cultures. New York: Basic Books, Inc. p. 5、91、89, 1973.

② 转引自绫部恒雄著，周星等译：《文化人类学的十五种理论》，贵阳，贵州人民出版社，1988年，第204页。

③ ［法］列维·斯特劳斯著，李幼蒸译：《野性的思维》，北京，商务印书馆，1987年，第149页。

样类型所寓意的文化意义举例说明。

龙是中国古代神话传说中的万能神物，会腾云驾雾，能翻江倒海，变化莫测，幻人耳目。古人把龙分为四类：天龙代表天的更新力量，神龙能兴云布雨，地龙掌管地上的水源和泉水，护藏龙看守着天下的宝物。提起龙无人不知，可龙的真实模样却无法说清。关于龙的形状，古代有“三停九似”之说。南宋罗愿的《尔雅翼》卷二八引汉王符语云：“世俗常画马首蛇身以为龙，实则为三停九似说。谓自首至膊，膊至腰，腰至尾，皆相停也。九似者，角似鹿，头似驼，眼似鬼（疑为兔），项似蛇，腹似蜃，鳞似鱼，爪似鹰，掌似虎，耳似牛。”在学术界，考证龙的原形说法很多，有主张虚幻想象之说，有认为多种动物组合体之说，有龙蛇说，有胎胞说等等。

龙的崇拜在中国有着悠久的历史，新石器时代有些氏族就把龙作为图腾崇拜，使龙成为氏族或部落的族徽。传说中的黄帝称为轩辕，被视为“黄龙体”，祝融八姓中有豢龙的董氏，炎帝被描绘成“龙首，颜似龙也”，尧时“龙负图而至”，舜的面目是“龙颜大口”，夏后启“乘两龙”。可见，在中华民族孕育之时，神州大地“群龙并立”，使龙图腾逐渐成为中华民族的象征。在中国历史上，龙作为神灵崇拜曾扮演过重要的角色，是“四灵”之一。《大戴礼记·礼运》说：“麟凤龟龙，谓之四灵。故龙以为畜，故鱼不淰，凤以为畜，故鸟不獝，麟以为畜，故兽不狘，龟以为畜，故人情不失。”四灵是中国人对动物的最古老的分类，以此为兽、鸟、鱼、虫之长。商代时期，人们把天上二十八星宿划分为四大块，每一块用一种动物图案来表示，称为东方青龙，西方白虎，南方朱雀，北方玄武，是为“四象”，又称为“四神”，这种图象在汉代的画像砖、瓦当、壁画中常见。

龙是最大的灵物，它威力无比、神通广大，必然成为封建时代神学政治的重要工具。从先秦到西汉，“河图洛书”之说盛行。“河图”又称为“龙图”，以龙马负图自黄河而出，作为黄帝轩辕出世的瑞兆。《宋书·符瑞志》云：“亦龙、河图者，地之符也。王者德至渊泉，则河出龙图。”《尚书·君奭》孔颖达疏谓：“凤见龙至，为成功之验。”后世的封建最高统治者被称为“真龙天子”，所谓“飞龙在天，犹圣人之在位。”龙被垄断为帝王专用的象征。而在民间，龙被普通百姓视为神物、灵物、吉祥之物，以龙命名，称子孙为“龙子龙孙”，祈盼子女“望子成龙”，把女婿称为“乘龙快婿”，就连属相中的蛇也婉称“小龙”，舞龙灯、赛龙舟的活动在民间蔚然成风。龙作为中国的象征，不仅为中华各族人民所认同，也被世界首肯。“龙的传人”已成为中华民族的象征符号，龙的吉祥图案一直被人们所喜爱。“苍龙教子”表达望子成材的意愿；“九龙生子”比喻子孙后代颖悟聪慧，为栋梁之材；“云龙风虎”寓意杰出人物顺应时代潮流涌现；“龙飞凤舞”寓意天下太平，百业兴盛；“二龙戏珠”象征高洁名贵，吉祥如意；“九龙献寿”借喻富贵如意，多福多寿；“团龙戏水”象征风调雨顺，五谷丰登。“龙凤呈祥”寓意婚姻美满，家庭幸福。辽代金银器的图案有双龙戏珠、团龙、行龙、龙凤等。

凤凰是神话传说中的一种瑞鸟，是“四灵”之一，百禽之王。《大戴·易本命》曰：“有羽之虫三百六十而凤凰为之长。”在古老的甲骨文中就已经有“凤”字，先秦古籍中又作“凤鸟”，《山海经·大荒西经》曰：“有五采鸟三名：一曰皇鸟，一曰鸾鸟，一曰凤鸟。”《山海经·南次三经》记载：“丹穴之山……有鸟焉。其状如鸡，五采而文，名曰凤皇，首文曰德，翼文曰义，背文曰礼，膺文曰仁，腹文曰信。是鸟也，饮食自然，自歌自舞，见则天下安宁。”《书·益稷》云：“箫韶九成，凤皇来仪。”孔颖达《传》曰：“雄曰凤，雌曰皇。”这里所说的凤皇就是凤凰，因出自丹穴，故俗称“丹凤”。

凤是一种想象出来的仁禽瑞鸟，其形象被描绘成多种祥瑞动物的组合体。《春秋演孔图》云："凤，火精。"《春秋元命苞》曰："火离为凤。"就是说凤凰是五行中的离火臻化为精而生成的，象征南方，属火。古人把凤凰的形状描绘成类似孔雀，又杂糅其他动物的特点。《太平御览》卷九一五记载："凤凰头像天，目像日，背像月，翼像风，足像地，尾像纬，但所言抽象难明。"《宋书·符瑞志》说："蛇头燕颔；龟背鳖腹，鹤顶鸡喙，鸿前鱼尾，青首骈翼，鹭立而鸳鸯思。"《韩诗外传》云："凤象鸿前而麟后，蛇颈而龟尾，龙文而龟身，燕颔而鸡喙。"图案中的凤，呈飞翔状，头戴羽冠，尖喙，利爪，体羽彩色，尾曳长翎。

凤凰作为百鸟之长，自然与神学政治有关。它是王道仁政的象征，是乱世兴衰的晴雨表。古代以凤凰的五种行止标志政治等级的清明程度，《韩诗外传》说："得凤之象，一则过之，二则翔之，三则集之，四则春秋下就之，五则没身居之。"《礼斗威仪》说："君乘土而王，其政太平，则凤集于林苑。"《春秋感精符》云："王者上感皇天则凤凰至。"因此，只有君道清明、天下太平时，才能感动皇天，凤凰才会在天下出现。凤与龙一样，都为古代皇家贵族的象征，并逐渐成为女性的代表。

凤凰是中国传统文化的吉祥物，在图案中常以"百鸟朝凤"、"凤凰来仪"、"龙凤呈祥"、"吹箫引凤"、"双凤戏珠"、"丹凤朝阳"、"凤戏牡丹"等，象征婚姻美满、吉祥如意。辽代金银器的图案有双凤戏珠、飞凤、立凤、龙凤等。

狮在中国的古代也被称为百兽之王，其凶猛的程度远胜于虎豹。《尔雅》曰："狻麑……食虎豹。"注解："即狮子也，出西域。"把狮子称为狻猊，这种说法值得商榷。狻猊是传说中的一种猛兽，在古代北方民族的青铜器装饰中有这种动物造型，而狮子是自然界生存的实体动物，不能把二者合为一体。《宋书》曰："外国有狮子，威服百兽。"狮子的造型和装饰，最早见于西方，约在公元三至四世纪传入中国，以象征人世的权势和富贵，并被民间视为吉祥动物。

狮子在佛教文化中有神圣、吉祥的意义，佛经喻佛为狮。《大智度论》曰："佛为人中狮子"。《释氏要览》引《治禅经后序》云："天竺大乘沙门佛陀斯那天才特技，诸国独步，内外综博，无籍不练，世人咸曰人中狮子。"在佛教造像中，文殊菩萨以狮为坐骑，佛塔的浮雕上有胡人牵狮的图案。宋朝时，僧人在重阳节举行的法会称"狮子会"。狮子在佛教中为智慧的象征。

在古代，帝王宫殿和官署衙门的大门两侧多塑有蹲踞式的铜狮、石狮，起初作为镇宅驱邪之物，后来成为权势的象征。在民间图案中，有"太师少师"的纹样，为一大一小的两只狮子，寓意仕途升迁。古官制设太师、少师，太师为三公之一，居三公之首；少师为三孤之一，居三孤之首。二者都是指导、辅弼皇帝为政的高官，职位显赫，人们以此祝愿官运亨通、飞黄腾达。"狮子滚绣球"的纹样，表示吉庆、平安。相传雌雄二狮相戏时，它们的毛缠在一起，滚而成球，小狮子就从中产生。这种狮子滚绣球的图案被民间发展成狮子舞，是节日、庆典活动中的主要内容之一。"狮头瑞符"纹样，象征吉祥如意、家庭幸福。辽代金银器的图案有狮子衔绶、奔狮等。

鹿的种类很多，所有的鹿科动物都统称为鹿，包括梅花鹿、马鹿、水鹿、麋鹿、驯鹿、驼鹿、麝、獐、狍等。在原始社会时期，鹿是人们狩猎的主要对象。在历代的各种器物上都有鹿的装饰纹样，或以鹿为造型。古代专为帝王游猎而养鹿的园林称为"鹿苑"，并为帝王所独有，因而鹿被喻为帝位的象征。春秋战国时期，诸侯称霸，争夺帝位，遂产生"逐鹿中原"的成语。《晋书·石勒载记》记载："勒笑曰：'朕若逢高皇，当北面而事之，与韩彭竞鞭而争先耳。脱遇光武，当并驱于中原，未知鹿死谁手。'”把日常的畋猎比喻为政治上的角逐。

在中国传统文化中，鹿作为吉祥物由来已久。《诗·序》云：“《鹿鸣》，燕群臣嘉宾也。”诗中曰：“呦呦鹿鸣，食野之苹。我有嘉宾，鼓瑟吹笙。”后世以隆重款待宾客的宴会称为“鹿鸣宴”。在封建神学政治中，白鹿是伴随明君、圣人出现的兆应。《太平御览》引孙柔之《瑞应图》说：“黄帝时西王母使乘白鹿，献白环之休符，以有金方也。”《瑞应图》曰：“天鹿者，能寿之兽。五色光辉，王者孝道则至。”“王者承先圣法度，无所遗失，则白鹿来。”《礼斗威仪》说：“君乘水而王，其政和平，北海输白鹿。”《宋书·符瑞志》中曰：“白鹿，王者明惠及下则至。”白鹿又称天鹿，是象征吉祥的瑞兽。

道教把鹿看作仙兽，推崇白鹿为“寿千岁”的神仙伙伴，以符合道家的长生不老观念。《抱朴子·玉策篇》说：“鹿寿千岁，满五百岁色白。”《太平御览》引南朝梁任昉的《述异志》曰：“鹿一千年为苍鹿。又百年化为白鹿。又五百年化为玄鹿。汉成帝时，由中人得玄鹿烹而视其骨，皆黑色。仙者说玄鹿为脯，食之寿二千岁。”这种神鹿只有在仙界存在，寓意长寿。鹿在佛教中也是一种备受尊崇的吉祥动物，有鹿菩萨神话、“鹿女”传说故事、《九色鹿经》等，充满着吉祥如意之光。

在中国传统的图案中，“鹤鹿同春”以鹤与鹿的组合寓意长寿；“瑞鹿牡丹”中的鹿是长寿的象征，牡丹则是富贵的表现，合起来就是富贵长寿之意。鹿与“禄”字相合，以鹿的谐音表示“禄”。吉祥图案中的百头鹿纹称为“百禄”，鹿与蝠的组合纹样为“福禄长久”、“福禄双全”之意，鹿与“福”、“寿”的搭配称“福禄寿”。另外，鹿与“路”同音，两只鹿的图案可寓意“路路顺利”。辽代金银器的图案有瑞鹿，一般头顶肉芝，分卧鹿和立鹿。

鸳鸯是一种象征夫妻之间恩爱无比、和谐美好的鸟类动物。关于它的特性，在古籍中多有记载。《诗经·小雅·鸳鸯》曰：“鸳鸯于飞，毕之罗之。”《传》曰：“鸳鸯，匹鸟。”崔豹的《古今注》云：“鸳鸯，水鸟，凫类。雌雄未曾相离，雄左雌右，飞则同振翅，游则同戏水，栖则连翼交颈而眠。如若丧偶，后者终身不匹。”故以鸳鸯比喻忠贞的爱情和美满的婚姻。

关于鸳鸯的来历，有一段可歌可泣的民间故事。据传，在二千多年前，晋国大夫洪辅告老还乡，大兴土木而开辟林苑，从外地请来年轻的花匠怨哥种植花草。次年清明节，怨哥正为罗汉松培土，忽听莲池中有人惊呼“救命”，便不顾一切跳入莲池，救起了洪府千金映妹。洪辅见此情景，诬陷怨哥调戏女儿，遂将怨哥痛打并投入监牢。入夜，映妹来探视怨哥，将五彩宝衣给他穿上。洪辅得知此事，恼羞成怒，把怨哥身上的彩衣剥下，并缚石把怨哥沉入莲池。映妹知道情况后，痛不欲生，也跃身入池。第三天早晨，人们在莲池中看到两只奇异的鸟，雄的五彩缤纷，雌的毛色苍褐，双飞双宿，恩爱无比，知道是怨哥与映妹的精灵化身。从此，便有了鸳鸯的说法。

鸳鸯作为吉祥物，被广泛应用于结婚用品上，图案有“鸳鸯贵子”、“鸳鸯长安”、“鸳鸯长乐”、“鸳鸯戏莲”、“鸳鸯喜荷”等纹样，鸳鸯在莲池中顾盼戏游，彼此呼应。辽代金银器的图案有鸳鸯戏水、鸳鸯衔绶等。

莲花属于睡莲科水生宿根植物，又名荷花、水芙蓉、芙蓉、菡萏、藕花、水花、水旦、水芸、水芝丹等。莲花的每个部分都有自己的名称，《花镜》云：“其蕊曰菡萏，结实曰莲房，子曰莲子，叶曰葭，其根曰藕……莲子曰菂，菂中曰薏。”莲花在我国有着悠久的栽培历史，《诗经》中就有记载。莲花的实用价值很高，藕、莲子除食用外，还可作药用。藕能补中益气，莲子有清心、降血压的功能，莲花捣敷去毒，莲叶可解热、消毒、强壮、止血及治疗神经衰弱。李时珍在《本草纲目》中对莲花给予总结：“医家取为服食，百病可却。”

莲花在中国传统文化中具有很高的地位，分圣、俗两个方面。佛教中的莲花与俗界不同，据说佛教创始人释迦牟尼在家乡盛植莲花，有多种类型，他与弟子以莲花为喻，用来解释佛教。所谓“佛陀之净土，以莲花为所居”指称佛国，并喻之为“莲花藏界”，赋予莲花以神圣的意义。佛经称“莲经”，佛座称“莲台”、“莲座”，佛寺称“莲宇”，袈裟称“莲花衣”，莲花形的佛龛称“莲龛”。佛教中所谓的“莲花三喻”者，以“为莲故华”、“华开现莲”、“华落莲成”比喻佛教的发展与兴衰。因此，莲花成为佛教的一种标志，凡是佛教的建筑、造像、壁画、器物上，都有莲花的形象。

在世俗人间，莲花成为人们欣赏、采摘的对象，并被赋予文化的象征意义。《本草纲目》称莲花为“花中君子”。《群芳谱》曰：“凡物先华而后实，独此华实齐生。百节疏通，万窍玲珑，亭亭物华，出于淤泥而不染，花中君子也。”周敦颐的《爱莲说》概括了莲花的姿容和品德。因而把莲花作为一种吉祥物，在中国传统的图案中被广泛应用。

在莲花纹样中，“一路连科”以莲花和鹭鸶象征仕途高升；“一品清廉”以莲之高洁比喻为官清廉；“蟾蜍吐莲”寓意财富有余；“连年如意”以莲花和如意草表示平安吉祥；“连生贵子”以莲花和童子象征早生贵子、多子多福；“花蝶戏荷”、“鸳鸯戏莲”、“鹅鸭戏莲”、“双鸭戏莲”、“双鱼戏莲”、“蜻蜓荷花”、“因荷得偶”等，以莲花与各种动物或自身产物喻示爱情幸福、婚姻美满。在传统的吉祥图案中，还有“五子夺莲”、“童子戏莲”、“孩儿站莲”、“并蒂同心”、“连年有余”、“太平世界”等，寓意多子多福、男女好合、财富有余、平安富贵。辽代金银器的图案有仰莲、俯莲、莲瓣、复瓣、荷叶等。

牡丹属于毛茛科灌木，被称为“花中之王”，又有“鹿韭”、“鼠姑”、“百两金”、“富贵花”之称。牡丹在我国栽培的历史悠久，种类繁多，在《亳州牡丹表》中列出二百六十九种，分神品、名品、灵品、逸品、能品、具品六类，极尽牡丹的品类。古人认为牡丹品位最高的是黄紫两色，有“姚黄魏紫，牡丹颜色得人怜”为证。

《神农本草》中就已记载了牡丹的栽培，唐宋时期的朝野士庶栽培、观赏牡丹之风兴盛。《群芳谱》曰：“唐开元中，天下太平，牡丹始盛于长安。”唐玄宗在内殿观赏牡丹，大臣陈修已以李正封之诗上奏，即“国色朝酣酒，天香夜染衣。”牡丹由此而得“国色天香”的美名。唐代皮日休赋诗赞牡丹，为“落尽残红始时芳，佳名唤作百花王。”李时珍的《本草纲目》说：“群花品中，以牡丹第一，芍药第二，故世谓牡丹为花王。”宋代时，洛阳牡丹被推为天下之冠，赏赞、歌咏牡丹之风极盛。邵伯温的《闻见前录》云：“于花盛处作环囿，四方使艺举集。都人士女载酒争出，择园亭胜地上下池台间，引满歌呼，不复问其主人。抵暮游花市，以筠笼卖花，虽贫者亦载花饮酒相乐。”欧阳修的《洛阳牡丹记》曰：“洛阳之俗大抵好花，春时城中无贵贱皆插花，虽负担者亦然。花开时，士庶竞为遨游，往往于古寺废宅有池台处，为市井张幄帘，笙歌之声相闻。”周敦颐的《爱莲说》曰：“牡丹，花之富贵者也。”以牡丹比喻富贵大概从此时开始。

牡丹以其独特的品行逐渐渗透到人们的观念之中，成为一种常见的吉祥物。在中国传统的图案中，牡丹多以大富贵的象征出现，单独或与动物、植物、文字、几何形组合表意。

"富贵绵绵"、"大富贵"、"和气富贵"、"平安富贵"、"富贵吉祥"等纹样，以牡丹和牡丹与佛手、花瓶、几案、几何形的组合，象征吉祥富贵、平安如意。"富贵长寿"、"耄耋富贵"等纹样，以牡丹与寿桃、猫、蝴蝶组合，寓意长寿、富贵。"白头富贵"、"凤戏牡丹"、"花蝶牡丹"等纹样，象征婚姻美满、夫妻恩爱、白头偕老。"富贵花开"、"富贵姻缘"、"富贵万年"、"满堂富贵"、"富贵长春"、"长命富贵"等，象征爱情、婚姻、平安、财富、长寿等文化含义。辽代金银器的图案有缠枝牡丹、盛开的牡丹、花叶并茂的牡丹等。

另外，在辽代金银器中，动植物纹还有猴、鹤、鹦鹉、鸿雁、鸭、鱼、蝴蝶、菊花、石榴等，这些吉祥图案象征了辽代皇家贵族祈盼富贵荣华、辈辈封侯、长寿平安、婚姻美满、安居乐业、多子多福、喜庆快乐的心理愿望。人物故事中的高士图、孝子图、对弈图、仙人嘉鹤图等，又是他们追求文人雅士、忠君爱老、国泰民安、飞黄腾达的思想和意境。佛像、菩萨像、弟子、力士、飞天、伽陵频迦、摩羯、元始天尊像等，为辽代上层社会对佛教、道教信仰的观念意识和社会风尚。

辽代金银器纹样中的文化象征符号，是其整个象征系统的表层结构和深层意义的统一体，通过表层的物化符号反映深层的文化内涵，体现了宫廷匠人在构图构思中的率直自然，也影射了民间人们的纯朴观念和实现事实的心理愿望。如"双龙戏珠"、"双凤戏珠"、"龙凤纹"、"摩羯戏水"、"鸳鸯戏水"、"莲花纹"、"牡丹纹"等，将图案的场面和内容刻画得微妙细腻、淋漓尽致，来寓意对幸福生活的憧憬与向往。辽代金银器的纹样内容，大多为中华民族传统的吉祥物，即某一民族经过长期历史形成的、约定俗成的祈福求吉物。那么，金银器纹样的吉祥符号，虽然是古代上层社会的祈福象征，但其构成方式具有明显的中国民间文化特色，取意延长事物的自然属性和特点，表达了吉祥物深层的文化内涵。费迪南德·莱森（Ferdinand Lessing）曾说："中国人的象征语言，以一种语言的第二种形式，贯穿于中国人的信息交流之中；由于它是第二层的交流，所以它比一般语言有更深入的效果，表达意义的细微差别以及隐含的东西更加丰富。"① 辽代金银器纹样是北方游牧民族吉祥图案的典型代表，其本身就是语言的第二种形式，是中华民族传统文化中的一个主要内容，是象征文化的集中体现，可以反映比语言表达更加深层的文化内涵。

纵观辽代金银器，从器形、纹饰，到制作工艺，均有许多酷似唐代金银器的艺术特征，在唐代同类器物中可以找到直接的范本。契丹建辽之时，正是唐末年间，积淀深厚的唐文化余韵以强大的穿透力传入北方草原地区，被契丹族吸收、创新和发展。有辽一代，汉族文化几乎渗透到契丹民族的政治、经济、军事、科技文化各个领域。金银器中所表现出来的浓厚的唐代作风，正是这一历史事实的必然反映。辽承唐制，辽代金银器第一、二期对唐朝的效仿，不仅沿着晚唐作风继续发展，而且挖掘和继承了唐代前期的模式，并不自觉地简化、涣散，在一定程度上形成自己的特色。

辽代金银器的器物造型、纹饰布局、制作工艺，其外来文化因素除了影响巨大的唐文化、宋文化因素以外，还直接、间接地受到印度、中亚及本地先民文化因素的影响，但它们在辽文化中占次要地位。契丹崛起后，向西北边境扩张，保证了通往西域的交通畅通无阻，高昌、于阗等国成为辽与中亚波斯、大食等国联系的桥梁，客观上促进了西方文化的传入。辽代金银器中的多曲形器的原形渊源于粟特地区银器，它直接地或通过唐代金银器作为媒介间接地影响了辽代金银器。辽代金银器中大量出现的摩羯纹等图形，则是通过唐朝

---

① ［美］爱伯哈德著，陈建宪译：《中国文化象征词典》（序言），长沙，湖南文艺出版社，1990 年，第 1 页。

间接吸收印度佛教艺术的因素。契丹男子装饰的金属鞢躞带是来自于唐代崇尚的胡俗，溯其渊源则是活动于北方草原地区的游牧民族突厥的传统束腰。《新唐书》卷二四《车服志》记载："武官五品以上佩鞢躞七事：佩刀、刀子、砺石、契必真、噦厥、针筒、火石是也。"与辽代鞢躞带如出一辙。

总之，辽代金银器的空前繁荣和发展，可以说是融合了多种文化因素，尤其是唐文化因素的结果。而追寻唐代金银器的发展去向之一，便是辽代早、中期的金银器。唐代金银器是我国中原地区金银器发展的鼎盛时期，以类别繁多、装饰规整而著称，与宋代金银器的风格差异很大，而五代时期的金银器发现的数量有限，不能与唐代金银器作一个完整的对比。经过对辽代金银器的研究，我们发现了唐代金银器的遗风，特别是在辽代金银器的第一、第二期（即辽代早、中期）中更为明显。因此，可以断定发达多变的唐代金银器，在辽代实行文化开放的政策之下，其文化内涵、造型艺术被全面地吸收，特别是辽代早、中期的金银器。

六、辽代金银器
所反映的社会生活与风俗习惯

辽代金银器的器形、纹饰和制作工艺，均有许多与唐代金银器极为近似的艺术特征，在唐代同类器形中可以找到直接的范本。契丹建立辽之时，正是唐代末年，积淀深厚的唐文化几乎渗透到契丹民族的政治、经济、军事、科技、文化等各个领域。辽代金银器中所表现出来的浓厚的唐代作风正反映出这一历史事实。辽承唐制，辽代金银器第一、二期对唐的效仿是全方位的，不仅沿袭晚唐作风继续发展，而且挖掘和继承了唐前期的模式，并不自觉地简化、涣散，在一定程度上形成了自己的特色。同时，通过草原丝绸之路将西方国家和地区的金银器与制作工艺也传播到中国北方草原地区，或直接输入，或在器形、纹饰、工艺等方面效仿，推动了辽代金银器的发展。第三期对宋代金银器的效仿或直接输入同样如此，以精巧雅致、小巧玲珑见长。由此看来，辽代金银器不仅具有精致的造型艺术，还包括了诸多的文化内涵，并在社会生活与风俗习惯中体现出来。

（一）金银器所反映的人际交往

辽代金银器涉及的用途比较广泛，从文献记载和出土实

物看，金银器在君臣之间的赏赐、邻邦之间馈赠和举行重大典礼时之用，重大典礼诸如祭祀、婚仪、葬礼等。

辽代在君臣之间的赏赐中，往往对有战功的大臣或者随从皇帝的近臣赏赐给金银器。如辽代早期的重臣海思，因机警善辩，深得辽太宗的赏识，“帝知其贫，以金器赐之，海思即散于亲友。”[①] 会同元年（公元 938 年）九月“壬子，（太宗）诏群臣及高年，凡授大臣爵秩，皆赐锦袍、金带、白马、金饰鞍勒，著于令。”[②] 应历十四年（公元 964 年）“十月丙午，近侍乌古者进石错，赐白金二百五十两。丙辰，以掌鹿矧思代斡里为闸撒狘，赐金带、金盏，银二百两。”应历十六年（公元 966 年）十二月，穆宗“宴饮连日，赐金盂、细锦及孕马百匹，左右授官者甚众。”[③] 耶律休哥因作战勇猛，“帝（景宗）悦，赐御马、金盂……。”[④] 统和二年（公元 984 年）四月，“……征女直捷，授普宁兼政事令，勤德神武卫大将军，各赐金器诸物。”[⑤] 统和四年（公元 986 年）五月，判官蒲姑率辽军攻下蔚州及灵丘、飞狐，“赐蒲姑酒及银器。”七月，辽军得朔州，擒宋将杨继业，“赐涅里底等酒及银器。”十一月，双骨里遇宋先锋于望都，得胜，“赐酒及银器”。[⑥] 统和十二年（公元 994 年），“霸州民李在宥年百三十有三，赐

---

① ［元］脱脱等撰：《辽史》卷一一三《海思传》，北京，中华书局点校本，1974 年。

② ［元］脱脱等撰：《辽史》卷四《太宗纪》下，北京，中华书局点校本，1974 年。

③ ［元］脱脱等撰：《辽史》卷七《穆宗纪》下，北京，中华书局点校本，1974 年。

④ ［元］脱脱等撰：《辽史》卷八三《耶律休哥传》，北京，中华书局点校本，1974 年。

⑤ ［元］脱脱等撰：《辽史》卷一〇《圣宗纪》一，北京，中华书局点校本，1974 年。

⑥ ［元］脱脱等撰：《辽史》卷一一《圣宗纪》二，北京，中华书局点校本，1974 年。

束帛、锦袍、银带，月给羊酒。”[①] 陈昭衮与圣宗秋猎，只身杀虎救了圣驾，圣宗“即日设燕，悉以席上金银器赐之。”[②] 圣宗“又喜吟诗，出题诏宰相已下赋诗，诗成进御，一一读之，优者赐金带。”[③] 重熙“二十一年（公元1052年）秋，祭仁德皇后，（兴宗）诏儒臣赋诗，（杜）防为冠，赐金带。”[④]

在辽代的宴会上，也常常用金银器作为饮食器。北宋使臣路振的《乘轺录》记述了在辽朝的亲眼所见，“虏主座前，先置银盘，有三足，如几状，中有金罍。”[⑤] 《全辽诗语》引《宋史》曰：“辽宴宋使，劝酒器不一。其间最大者，剖大瓠之半，范以金，受三升。前后使者无能饮者，惟方偕一举而尽，辽主大喜，遂目其器为方家瓠，每宴宋使即出之。”[⑥] 这种大瓠为经加工过的瓢形葫芦器，在外部包金或鎏金，成为宴请宋使的必备酒器。

在辽朝与宋朝、西夏、西域诸国、波斯、粟特等国家和地区的交往过程中，金银器是主要的贡赐物，包括了金银器皿、鞍马具、带饰等。这种民族与民族、国与国之间的互赠活动，在北方游牧民族中是一种普遍的现象，以象征双方的友好关系，也是政治上需求的手段。英国人类学家威廉·雷蒙德·弗思（William Raymond Firth）认为，互惠赠与行为的

① ［元］脱脱等撰：《辽史》卷一三《圣宗纪》四，北京，中华书局点校本，1974年。

② ［元］脱脱等撰：《辽史》卷八一《陈昭衮传》，北京，中华书局点校本，1974年。

③ ［宋］叶隆礼撰：《契丹国志》卷七《圣宗天辅皇帝》，上海，上海古籍出版社，1985年。

④ ［元］脱脱等撰：《辽史》卷八六《杜防传》，北京，中华书局点校本，1974年。

⑤ ［宋］路振《乘轺录》，《宋朝事实类苑》卷七七，上海，上海古籍出版社，1981年。

⑥ 转引蒋祖怡、张涤云的《全辽诗语》，引《宋史》，长沙，岳麓书社，1992年。

“互相性”并不一定是“等价性”，交换的物品往往只具有象征性的价值。① 辽朝与其他国家和地区之间用金银器等物品作为贡赐物，其本身就具有不等价的性质，但更多的是体现了互赠和贡赐在政治交往上的象征性。

（二）金银器在经济生活中的体现

契丹民族长期以游牧为生，畜牧业是其社会经济的主要类型。《北史》卷九四《契丹传》记载：“逐寒暑，随水草畜牧。”公元553年，北齐文宣帝率兵讨伐契丹，掳掠杂畜数十万头。“契丹旧俗，其富为马，其强以兵，纵马千野，驰兵于民。……马逐水草，人仰湩酪。”② 说的就是契丹主要依靠马、牛、羊等牲畜而富国强兵。辽太祖之妻述律皇后曾说：“吾有西楼羊马之畜，其乐不可胜穷。”③ 耶律阿保机在征伐河东地区及女真族时，曾夺取驼马牛羊十余万、马二十余万，分散牧于水草丰盛之地，在漠南、漠北、西路、浑河都有牧地。辽太宗即位后，“阅群牧与近郊”。使辽代“自太祖及兴宗垂二百年，群牧之盛如一日。”④ 天祚帝时，“马犹有数万群，每群不下千匹。”⑤ 到天祚帝末年，“累与金战，番汉战马损十六七，虽增价数倍，竟无所买，乃冒法买官马从军。诸群牧私

---

① 夏建中：《文化人类学理论学派》，北京，中国人民大学出版社，1997年，第151页。

② ［元］脱脱等撰：；《辽史》卷五九《食货志》上，北京，中华书局点校本，1974年。

③ ［宋］司马光撰：《资治通鉴》卷二七一，后梁龙德元年冬十一月条，北京，中华书局点校本，1956年。

④ ［元］脱脱等撰：《辽史》卷六〇《食货志》下，北京，中华书局点校本，1974年。

⑤ 同注①。

卖日多，畋猎不足用，遂为金所败。”① 说明契丹以牧业为生，一旦失去赖以生存的牲畜，会亡国灭朝。顺应这种游牧式的生产、生活方式而产生了相关的日常生活用具。其中，仿皮囊式的鸡冠壶便是最典型的器物之一。内蒙古赤峰市城子乡洞山村窖藏②出土的鎏金卧鹿纹银鸡冠壶，在器腹四边及底边作仿皮囊的缝合装饰，腹部宽扁，单孔鋬耳，具有辽代早期鸡冠壶的特征，也是反映了契丹民族的游牧生活（图 91）。在

图 91 鎏金卧鹿纹银鸡冠壶
辽
内蒙古赤峰市城子乡洞山村窖藏出土
（谢天 绘）

① ［元］脱脱等撰：《辽史》卷六〇《食货志》下，北京，中华书局点校本，1974 年。

② 项春松：《赤峰发现的契丹鎏金银器》，《文物》1985 年第 2 期，第 94 ~ 96 页。

内蒙古的个人收藏中，也发现一件立鹿纹金鸡冠壶，其造型与此相近，只是为双錾耳，耳上各堆塑一只顽皮可爱的爬猴，纹样的装饰风格也有区别，但整体造型反映了契丹民族的游牧生活。陕西省西安市何家村唐代窖藏①出土一件鎏金舞马衔杯纹银皮囊式壶，小圆口，带盖，扁圆腹，环形提梁，与辽代早期耶律羽之墓出土的白釉提梁鸡冠壶和褐釉提梁鸡冠壶的形制相近（图92）。但此壶的年代为公元八世纪中叶，据目前资料显示，只有辽代见有这种器形，当为受契丹民族文化

图92　鎏金舞马衔杯纹银皮囊式壶
唐
陕西省西安市何家村窖藏出土
（谢天　绘）

① 陕西省博物馆等：《西安南郊何家村发现唐代窖藏文物》，《文物》1972年第1期。

影响所致。在辽代契丹人的器物中，最典型的是仿皮囊式制作的鸡冠壶，用以盛酒或装水，质地有陶、瓷、木、银等，根据器形变化可以分为三期。辽代早期的鸡冠壶分两类，一类见于契丹立国之初，环状提梁，直流，口部有仿皮钉装饰，扁圆腹，腹上有凸棱似如皮囊缝合，平底；另一类为直流，单孔鋬耳，似鸡冠状，腹扁圆，器身矮，平底或内凹，个别的带矮圈足。辽代中期的鸡冠壶，直口，单孔或双孔耳，耳呈长方形或鸡冠状，有的在耳上堆塑猴、蜥蜴等动物，器身扁且增高，平底或圈足，也有仿皮囊缝合装饰。辽代晚期的鸡冠壶，直流，高提梁，瘦长腹，有的也有仿皮囊缝合，圈足，原来的鸡冠耳已变为扭索式或环形提梁，器体变高。这种鸡冠壶的原型是皮囊壶，为契丹人传统的饮用器，便于马上使用来适宜游牧生活（图93）。

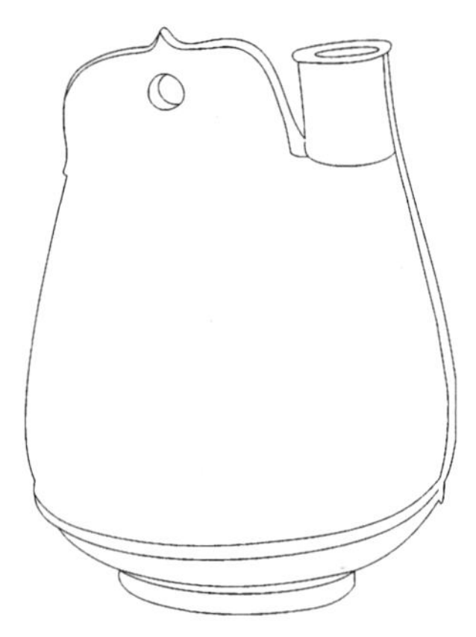

图93－1 白瓷鸡冠壶
辽早期
内蒙古赤峰市大营子辽驸马墓出土
（刘洪帅 绘）

辽代皇帝的渔猎活动，形成了四时捺钵（捺钵，系契丹语的汉语译写，汉语译为“行营”、“营盘”。《辽史》卷三〇《营卫志》上载：“有辽始大，设制九密，居有宫卫，谓之斡鲁朵；出有行营，谓之捺钵。”）的定制，即春捺钵捕鹅、钓

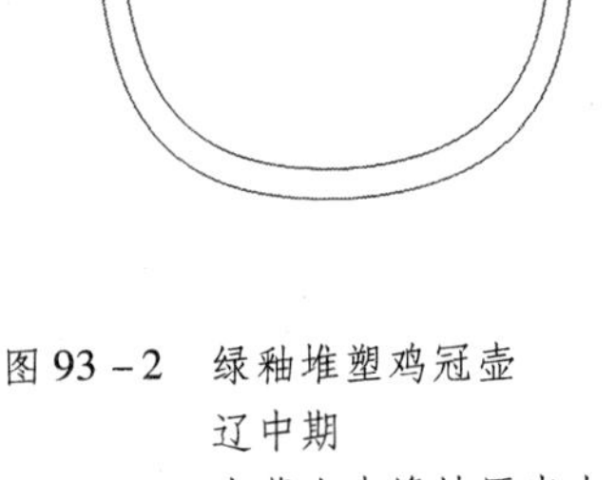

图 93－2　绿釉堆塑鸡冠壶
辽中期
内蒙古赤峰地区出土
（刘洪帅　绘）

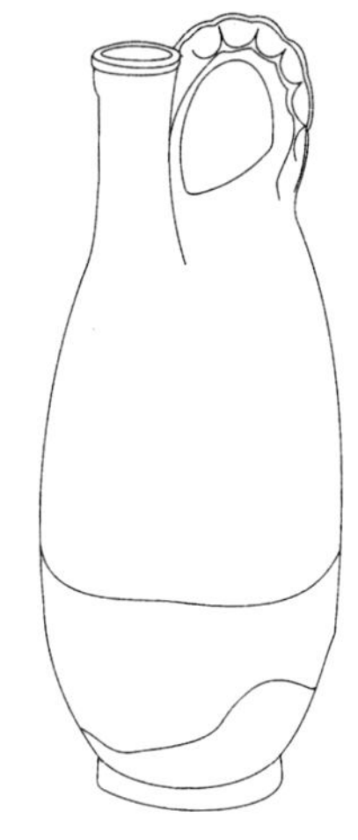

图 93－3　黄釉鸡冠壶
辽晚期
内蒙古赤峰地区出土
（刘洪帅　绘）

鱼，夏捺钵避暑障鹰，秋捺钵射虎、鹿，冬捺钵避寒出猎。四时捺钵，不仅是辽代皇帝的活动，也反映了契丹平民的经济活动。春捺钵的内容之一就是捕鹅，内蒙古奈曼旗辽陈国公主墓①出土的玉柄银锥，经考证为捕鹅的工具刺鹅锥（图94）。《辽史》卷三一《营卫志》中记载："春捺钵：曰鸭子河泺，……冰泮，乃纵鹰鹘捕鹅雁。晨出暮归，从事打猎。……皇帝每至，侍御皆服墨绿色衣，各备连锤一柄，鹰食一器，刺鹅锥一枚，于泺周围相去各五七步排立。"《辽史》卷四十《地理志》记载皇帝在延芳淀春捺钵的情景，"改为县，

① 内蒙古自治区文物考古研究所等：《辽陈国公主墓》，北京，文物出版社，1993 年，第 25～113 页。

在京（南京）东南九十里。延芳淀方数百里，春时鹅鹜所聚，夏秋多菱芡。国主春猎，卫士皆衣墨绿，各持连槌、鹰食、

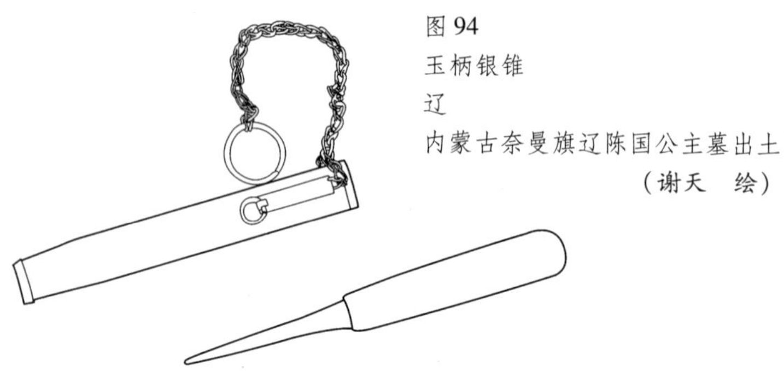

图 94
玉柄银锥
辽
内蒙古奈曼旗辽陈国公主墓出土
（谢天　绘）

刺鹅锥，列水次，相去五七步。上风击鼓，惊鹅稍离水面。国主亲放海东青鹘擒之。鹅坠，恐鹘力不胜，在列者以佩锥刺鹅，急取其脑饲鹘。得头鹅者，例赏银绢。”北宋使臣晁迥在辽圣宗开泰二年（公元 1013 年），观辽圣宗在长春泊捕鹅鸭的情景：“……辽人皆佩金玉锥，号杀鹅杀鸭锥。每次获，即拔毛插之，以鼓为坐，遂纵饮。最以此为乐。”① 在陈国公主墓中还出土有木弓、木弓囊、银刀、铁刀、玉臂鞲等畋猎工具和用物，其中的玉臂鞲上系有金链，这些工具与玉柄银刺鹅锥一起印证了辽代统治者春捺钵捕鹅的狩猎活动的史实。辽宁省彰武县朝阳沟二号辽墓②出土的鎏金双鹿纹银饰件（图 95）、双鹿纹包金银箭囊饰片（图 96），又反映了辽代秋捺钵的情景。秋捺钵也称“秋山”，意为秋猎于山，其中猎虎、射

---

① ［宋］李焘撰：《续资治通鉴长编》卷八一，北京，中华书局点校本，1979 年。

② 李宇峰：《辽宁彰武朝阳沟辽墓发掘概况》，《阜新辽金史研究》第五辑，中国社会科学出版社，2002 年，第 87～88 页。

图 95 鎏金双鹿纹银饰件
辽
辽宁省彰武县朝阳沟二号辽墓出土
（谢天 绘）

图 96 双鹿纹包金银箭囊饰片
辽
辽宁省彰武县朝阳沟二号辽墓出土
（谢天 绘）

鹿为重要的狩猎活动。每年七月皇帝的车驾到达秋捺钵，皇族与高官分布于山中泺水之侧，待夜将半，鹿饮盐水，令猎人吹角模仿鹿鸣，鹿乃纷纷奔跑而至，于是开始射鹿，俗称“舐硷鹿”或“呼鹿”。《辽史》卷一一六《国语解》“舐硷鹿”条注称：“鹿性嗜硷，洒硷于地以诱鹿，射之。”清代诗人查慎行《人海记》一书卷下“哨鹿”条有云：“哨鹿之说，《辽史》已有之，但未详其法，今特志之。每岁于白露后三日，猎者衣鹿衣，戴鹿头，天未明潜伏草中，吹木筒作声。牡鹿闻之，以为求其偶也，遂踊跃而至。至则利镞加焉，无得脱者。”内蒙古喀喇沁旗上烧锅辽墓①出土有银号角，这大

① 项春松：《上烧锅辽墓》，《内蒙古文物考古》第 2 期，1982 年，第 56 ~ 68 页。

概就是契丹人为了吸引鹿而猎获之制作的特用工具。

鞍马饰具是辽代金银器的重要组合，以做工精致、纹饰华丽而著称。自汉唐以来，金银马具一直都在使用，成为人们生活和征战的必备品。唐代诗人杜甫的《骢马行》曰："银鞍却覆香罗帕"；白居易的诗曰："翩翩白马称金羁，领缀银花尾曳丝"①。都提到了金银马具，但真正遗留下来的实物却比较零散。辽代契丹人特别珍爱金银马具，并且在一些遗迹中出土了完整的实物。内蒙古赤峰市大营子辽驸马墓②出土的马饰具，包括络饰、鞍饰等；奈曼旗辽陈国公主墓出土的马饰具，有络饰、鞍饰、银鞯、后鞦饰等；辽宁省建平县张家营子辽墓③出土鎏金飞凤纹马鞍饰、鎏金马具、鎏金银当卢；内蒙古科尔沁右翼中旗代钦塔拉辽墓④出土鎏金牡丹纹银马鞍饰；内蒙古巴林右旗巴彦尔灯苏木和布特哈达辽墓出土鎏金凤纹银马鞍饰⑤；赤峰市大营子辽驸马墓出土的鎏金双龙戏珠纹银马鞍饰、鎏金双凤纹银马鞍饰、素面银马鞍饰。内蒙古阿鲁科尔沁旗宝山辽墓⑥壁画中的"契丹人引马图"，在马的各个部位都有描金的饰具，包括缨罩、络头饰、鞍饰、鞦饰等，表示当时皇家贵族的马具用金制作或者采用鎏金工艺。这些银马鞍饰具，无一不制作精致，錾纹细微，充分体现了"辽代鞍马甲天下"的誉称。

---

① ［唐］白居易《白香山诗集·后集》卷一五。

② 前热河省博物馆筹备组：《赤峰县大营子辽墓发掘报告》，《考古学报》1956 年第 3 期，第 1 ~ 36 页。

③ 冯永谦：《辽宁省建平、新民的三座辽墓》，《考古》1960 年第 2 期，第 15 ~ 24 页。

④ 兴安盟文物工作站：《科右中旗代钦塔拉辽墓清理简报》，《内蒙古文物考古文集》第二辑，中国大百科全书出版社，1997 年，第 651 ~ 667 页。

⑤ 朱天舒：《辽代金银器上的凤纹》，《内蒙古文物考古》1997 年第 1 期，第 33 ~ 36 页。

⑥ 内蒙古自治区文物考古研究所等：《内蒙古赤峰宝山辽壁画墓发掘简报》，《文物》1998 年第 1 期。

在发现的契丹人的马具中，保存最完整的遗迹早期为赤峰市大营子辽驸马墓、中期为奈曼旗辽陈国公主墓。在赤峰市大营子辽驸马墓中，共发现八组马具，质地有银、铜、铁，鎏金或错金，其中金银制作的马具有鎏金鹿衔草纹银络头饰、鎏金卷草纹银络头饰、鎏金龙纹银络头饰（图97）、鎏金鹿纹银缨罩、鎏金飞凤纹银缨罩、鎏金契丹人形银缨罩、鎏金飞

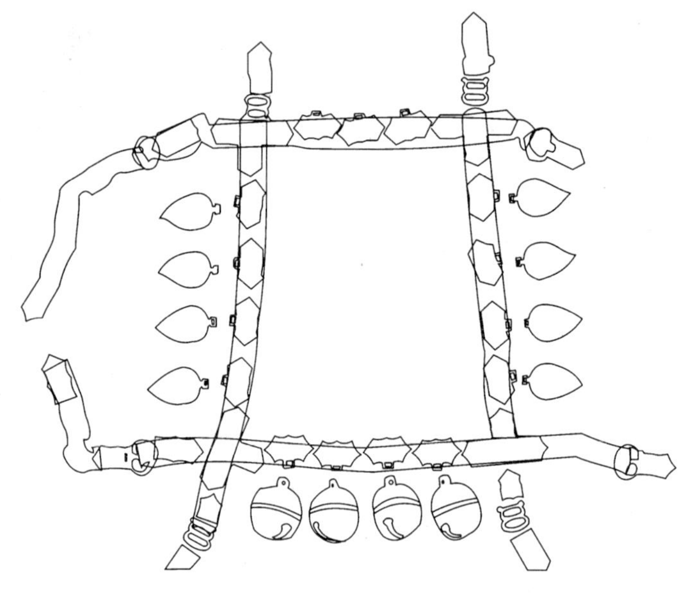

图97 鎏金龙纹银络头饰
辽
内蒙古赤峰市大营子辽驸马墓出土
（刘洪帅 绘）

凤戏珠纹银马鞍饰、鎏金双龙戏珠纹银马鞍饰（图98）、银马鞍饰等。奈曼旗辽陈国公主墓出土两组马具，镫、马衔为铁制，辔饰、缰、鞦饰、攀胸、络头、鞍饰、鞍韂等都为银制，有的鎏金，并镶嵌白玉圆雕马形和兽形的饰件（图99）。契丹

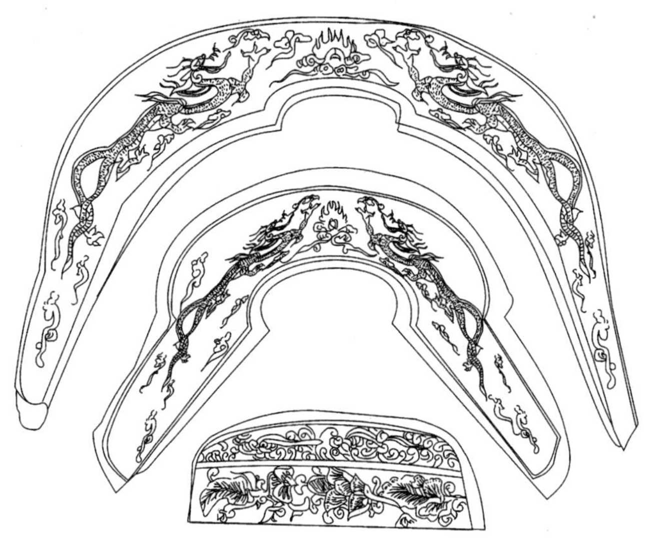

图 98　鎏金双龙戏珠纹银马鞍饰
辽
内蒙古赤峰市大营子辽驸马墓出土
（刘洪帅　绘）

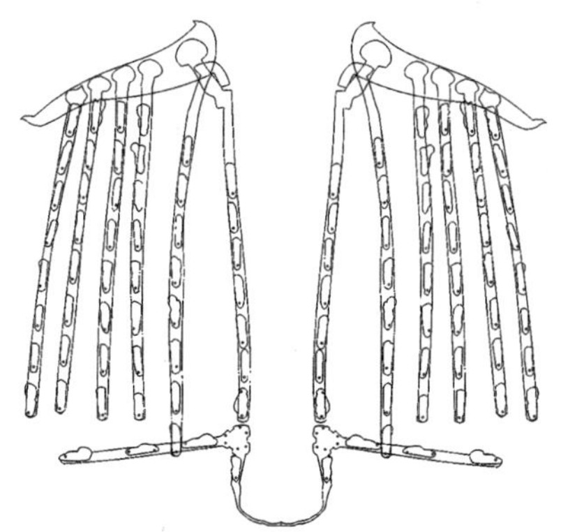

图 99　嵌白玉银马具
辽
内蒙古奈曼旗辽陈国公主墓出土
（刘洪帅　绘）

有杀马殉葬的现象，为了保护畜牧业的发展，辽政府曾下令禁止杀马以殉，便改为以马具代替杀马来随葬，虽然仍有杀马殉葬的现象，但以马具作为契丹人随葬品的习俗却一直保留下来，另一方面也反映了契丹牧业经济发展的状况。

契丹族的早期社会以游牧经济为主，马为主要的交通及征战工具，鞍马饰具离不开日常生活。辽圣宗以后，契丹社会虽然基本完成封建化进程的转变，逐渐汉化，结束了“转徙随时，车马为家”的游猎生活，转入定居生活，但仍保留着本民族传统的游猎生活习俗，不废鞍马骑射，保持尚武之风，对马具特别重视，而且非常讲究。诸遗迹出土的马饰具证实了这一历史事实。根据宋太平老人撰《袖中锦》记载，契丹鞍与端砚、蜀锦、定瓷被并列为“天下第一”，“他处虽效之，终不及。”可见，契丹人对马和马具的青睐程度。

（三）金银器在丧葬礼俗和宗教礼仪中的作用

在奈曼旗辽陈国公主墓的尸床和供台周围，散落有鎏金银流苏、银构件，表明尸床上有帷幔结构，以流苏为饰。在尸床设置幔帐，只有契丹皇帝和大贵族、高级官吏的陵墓才有，如内蒙古巴林右旗辽庆陵①和辽宁省法库县叶茂台辽墓②内有木结构的棺床小帐，上悬垂帷幔；赤峰市大营子辽驸马墓尸床上悬挂紫地绣金花帷幔。这种葬俗并非契丹本民族的习俗，而是受汉族封建统治者丧葬制度的影响。《礼记·丧服大记》曰：“饰棺，君龙帷，三池，振容，黼荒。火三列，黼三列，素锦褚。加伪荒。”郑注：“荒，蒙也。在旁曰帷，在上曰荒。”孔

① ［日］田村实造、小林行雄：《庆陵》，京都大学文学部，1952 年。

② 辽宁省博物馆等：《法库叶茂台辽墓纪略》，《文物》1975 年第 12 期，第 26 ~ 36 页。

疏："素锦，白锦也。褚，屋也。于荒下又用白锦以为屋也。"《宋史》卷一二一《凶礼志》一记载：宣祖"进玄宫有铁帐覆梓宫。""铁帐"，就是一种特制的帷幔。可见，设置帷幔在汉唐以来一直被上层贵族所执行的一套殡葬仪式。契丹大贵族沿袭汉制，在丧葬中使用帷幔，并用银装饰。

在奈曼旗辽陈国公主墓中，发现成套的殡葬器，计有鎏金银冠、金面具、银丝网络、鎏金錾花银枕、鎏金錾花银靴等。这些器物并非为死者所制，而是公主和驸马举行婚礼时的由朝廷给予的预赐之物。网络与面具是辽代葬俗中的一种特殊形式。从目前的考古学资料表明，早在商朝时期就出现了金面具，如四川省广汉县三星堆祭祀坑①出土的金面具，是覆在青铜人像的面部，由眼、鼻、耳、嘴等分件组成，不是一个整体（图100）。在内蒙古敖汉旗周家地墓葬②中，有在尸骨头顶和西侧钉缀铜泡和绿松石的麻布覆面，其上盖一只蚌壳，还有面部直接覆盖蚌壳的现象。在西汉时期，中原地

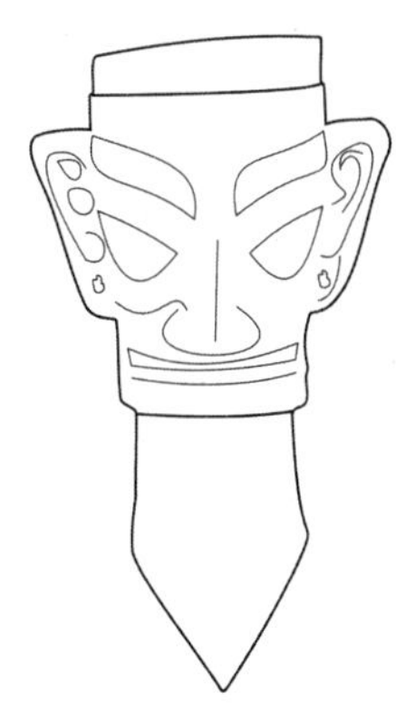

图100 金面具
商周
四川省广汉县三星堆祭祀坑出土
（孙晓毅 绘）

① 四川省文物管理委员会等：《广汉三星堆遗址一号祭祀坑发掘简报》，《文物》1987年第10期，第2～11页。

② 中国社会科学院考古研究所内蒙队：《内蒙古敖汉旗周家地墓地发掘简报》，《考古》1984年第5期，第2～页。

区的诸侯王有用玉片以金、银缀连起来的金缕玉衣和银缕玉衣，将死者的全身都包裹起来，如河北省满城县中山靖王刘胜墓①。在新疆昭苏县②发现的突厥人金面具，用一张金箔锤锞而成，并在眼部镶嵌红宝石，面部为一个整体。在古希腊、罗马、埃及、暹罗、柬埔寨、墨西哥等地，都发现了陶、铜、金、银制作的面具。有的作为随葬品，表示死者生前的形象；有的作为原始宗教的做法仪式使用；有的作为驱邪物出现，不仅用来保护死者的脸面，还可能借此使死者神圣化；有的作为在举行死者葬礼时，由亲属戴上送葬或跳假面舞③。可见其流行的地域很广，用途多样。在辽代遗迹中，发现的金属面具的数量比较多，质地有金、银、铜，有的银、铜面具鎏金，都是根据死者生前的面容制作。内蒙古奈曼旗辽陈国公主墓出土的金面具，眼、耳、口、鼻都不开缝不穿孔，公主的面具与双耳是一次制成的，连成一体（图 101）；驸马的面

图 101
金面具
辽
内蒙古奈曼旗辽陈国公主墓出土
（谢天　绘）

① 中国社会科学院考古研究所等：《满城汉墓发掘报告》，北京，文物出版社，1980 年。

② 安新英：《新疆伊犁昭苏县古墓葬出土金银器等珍贵文物》，《文物》1999 年第 9 期，第 4～15 页。

③ ［日］岛田贞彦：《古银铜面具考》，内蒙古自治区文物工作队编印《文物考古参考资料》第 5 期，1983 年，第 52～58 页。

具，双耳用铆钉接在两侧。从辽代面具的特征看，男性面部上宽下窄，颧骨微突，下颌尖削，脸型清瘦；女性面庞丰圆，上额舒展，脸型丰满。反映了契丹人的生理特征和人种类型。

关于随葬面具和网络的葬俗，学术界有受萨满教、佛教影响的说法，但是北方民族基本上都信仰萨满教，在山戎、突厥、契丹以外的民族中却没有看到有面具和网络葬俗的事例，而早于北方草原地区流传佛教的中原地区也没有发现金属制作的面具和网络，以上两种说法值得推敲和商榷。契丹的金属面具和网络，最早发现的实物在辽代中期的前段，并非在辽代早期。萨满教在契丹人很早的时候就已经流行，从通古斯族系的民族看，在萨满做法的时候有戴面具的习俗。在古代民族中，萨满往往是上层社会的成员之一，在政治、经济等方面享有特权。发现金属面具和网络的墓葬都为辽代贵族的遗迹，似乎有条件成为萨满。陈国公主身为皇室成员，墓葬中却无丝毫的萨满痕迹，也许是受到一点启示来增加神秘感。佛教说主要来源于在契丹族崇佛观念的支配下，将其祖先的“金容”、“金作像”、“银铸像”与佛像联系起来，从而断定辽代墓葬中的金属面具是受佛教的影响而产生。辽代虽然盛行佛教，戴面具之葬俗继承了东胡之风，应该与东胡系民族丧葬文化的承继有关，与佛教联系在一起似有牵强之感。既然不完全来自于萨满教或佛教，又是怎样的一种葬俗，这在文献中能找到一些线索。清代厉鹗《辽史拾遗》引宋人刘跂《暇日记》记载：“元祐七年（公元1092年），贺正虏使耶律迪卒于滑州，虏人倒悬其尸，出滓秽口鼻中，又以笔管刺皮出水；以白矾涂尸令瘦，但令支骨以归。”《辽史拾遗》引文惟简《虏廷事实》曰：“契丹富贵之家，人有亡者，以刀破腹，取其肠胃涤之，实以香药盐矾，五彩缝之；又以尖笔筒刺皮肤，沥其膏血且尽，用金银为面具，锦采络其手足。耶律德光之死，盖用此法。”耶律德光死后，并无金属制作的面具和网络。《契丹国志》卷三《太宗嗣圣皇帝》下记载："国人剖其腹，实以盐数斗，载之北去，晋人谓之'帝羓'。"以宋人叶隆礼的记载，耶律德光的葬俗并没有以面具和网络随葬。所以，辽代早期不存在这种葬俗。从以上的记载看，面具和网络应该是保护死者身体的道具，有掩盖死者面容不使其露出难看或腐坏的惨状，以及聚拢尸体不使其腐坏后散架的作用。

在一些辽代的墓葬中，都发现了保护尸体的痕迹。内蒙古察哈尔右翼前旗豪欠营子辽墓①、科尔沁左翼后旗吐尔基山辽墓②、辽宁省建平县硃碌科辽墓③的尸骨都发现了水银的含量，这是辽代契丹贵族死后用以防止尸体腐败的一种有效的方法，而金属面具和网络却是保护死者身体不受腐坏的用具。察右前旗豪欠营子辽墓出土的契丹女尸保存完好，皮肤具有弹性，在身体上还罩有铜丝网络，这是网络作为保护身体之用的最好例证。在《辽史》中的婚仪、丧礼和祭祀中，多次提到了皇帝的御容殿，即供奉辽代皇室先祖塑像或画像的地方。辽代的皇家贵族却没有御容殿的待遇，只好在墓葬中随葬死者生前容貌的金属面具，有祖先崇拜之意。因此，辽代流行的金银殡葬用具继承了东胡覆面习俗和东北亚游牧民族裹尸殓葬习俗，并吸收佛教、道教和原始萨满教、巫术的艺术成份，在祖先崇拜观念的支配下，发展为独具特色的金属面具、网络殡葬礼俗，从中期到晚期都有发现。

---

① 内蒙古自治区乌兰察布盟文物工作站：《察右前旗豪欠营六号墓清理简报》，《文物》1983 年第 9 期，第 11～20 页。

② 内蒙古自治区文物考古研究所：《内蒙古通辽市吐尔基山辽代墓葬》，《考古》2004 年第 7 期，第 50～53 页。

③ 冯永谦：《辽宁省建平、新民的三座辽墓》，《考古》1960 年第 2 期，第 15～24 页。

在内蒙古喀喇沁旗上烧锅辽墓①、宁城县小刘仗子辽墓②、阿鲁科尔沁旗柴达木辽墓③、翁牛特旗解放营子辽墓④等墓葬中，都出土了银、铜制作的靴底形器，有的与面具、网络一同出土，有的与面具一起出土，而不见网络，这是辽代葬服的一个组成部分，同时可以看出契丹族鞠靴的形制。契丹民族传统的鞠靴，将靴底直接缝在丝织的靴面和靴鞠上，葬服中有金属制作的靴底。奈曼旗辽陈国公主墓出土的鎏金凤纹银靴，是目前辽代遗迹中出土最完整的带鞠靴，属于短鞠靴，为室内燕居之服。短鞠靴在后唐马缟《中华古今注》"靴笏"中有记载："靴者，盖古西胡服也。昔赵武灵王好胡服常服之。其制短鞠黄皮，闲居之服。"又说："贞观三年（公元629年），安西国进绯短鞠靴诏内侍省分给诸司。"可以证明短鞠靴是北方民族传统的衣着习惯，后来成为中原王朝士大夫阶层喜好的华贵舒适之物，如唐朝的统治者及贵族士女普遍穿着。陈国公主的银靴，传承了北方民族短鞠靴的古制之风。与此相对应，长鞠靴则为北方民族乘马狩猎、出行征战等野外活动之用，唐朝中书令马周将短鞠靴改进为长鞠靴后，被文武百官所穿着。

契丹立国后的丧葬仪式，在《辽史》卷五〇《礼志》二中有详细的记载，主要是辽代皇帝圣宗、兴宗、道宗的丧葬仪礼。"圣宗崩，兴宗哭临于菆涂殿。大行之夕四鼓终，皇帝率群臣入，柩前三致奠。奉柩出殿之西北门，就辒辌车，藉

---

① 项春松：《上烧锅辽墓群》，《内蒙古文物考古》第2期，1982年，第56～68页。

② 内蒙古文物工作队：《昭乌达盟宁城县小刘仗子辽墓发掘简报》，《文物》1961年第9期，第44～49页。

③ 齐晓光：《阿鲁科尔沁旗柴达木辽墓》，《内蒙古文物考古》第4期，1986年，第77～79页。

④ 内蒙古自治区翁牛特旗文化馆等：《内蒙古解放营子辽墓发掘简报》，《考古》1979年第4期，第330～334页。

以素衵。巫者祓除之。诘旦，发引，至祭所，凡五致奠。太巫祁禳。皇族、外戚、大臣、诸京官以次致奠。乃以衣、弓矢、鞍勒、图画、马驼、仪卫等物皆燔之。至山陵，葬毕，上哀册。皇帝御幄，命改火，面火致奠，三拜。又东向，再拜天地讫，乘马，率送葬者过神门之木乃下，东向又再拜。翼日诘旦，率群臣、命妇诣山陵，行初奠之礼。升御容殿，受遗赐。又翼日，再奠如初。兴宗崩，菆涂于遊仙殿，有司奉丧服。天祚皇帝问礼于总知翰林院事耶律固，始服斩衰；皇族、外戚、使相、矮墩官及郎君服如之；余官及承应人皆白枲衣巾以入，哭临。惕隐、三父房、南府宰相、遥辇常衮、九奚首郎君、夷离毕、国舅祥稳、十闸撒郎君、南院大王、郎君，各以次荐奠，进鞍马、衣袭、犀玉带等物，表列其数。读讫，焚表。诸国所赙器服，亲王、诸京留守奠祭、进赙物亦如之。先帝小敛前一日，皇帝丧服上香，奠酒，哭临。其夜，北院枢密使、契丹行宫都部署入，小敛。翼日，遣北院枢密副使、林牙，以所赗器服，置之幽宫。灵柩升车，亲王推之，至食羖之次。盖辽国旧俗，于此刑羖羊以祭。皇族、外戚、诸京州官以次致祭。至葬所，灵柩降车，就輂，皇帝免丧服，步引至长福冈。是夕，皇帝入陵寝，授遗物于皇族、外戚及诸大臣，乃出。命以先帝寝幄，过于陵前神门之木。帝不亲往，遣近侍冠服赴之。初奠，皇帝、皇后率皇族、外戚、使相、节度使、夫人以上命妇皆拜祭，循陵三匝而降。再奠，如初。辞陵而还。”辽代皇帝的葬礼中，大臣进献的鞍勒诸物和“诸国所赙器服”中，包括了金银器。皇帝葬礼从菆涂殿至陵所，中间要设固定的祭祀场所，在这里举行隆重的祭祀仪式，其中包括焚烧死者生前所用的衣物、弓矢、鞍勒、图画、坐骑、仪卫等物，并上香敬酒祭奠。发丧期间的祭祀，还包括食公羊仪，即在灵车所过的路途预设食公羊之所，等灵车到时，杀黑色之羊以祭。此外，在“上谥册仪”、“忌辰仪”、“宋使祭奠吊慰仪"、"宋使告哀仪"、"宋使进遗留礼物仪"、"高丽、夏国告终仪"等仪式中，有用酒食祭奠的习俗。由于金银器皿不能烧掉，便埋葬在墓中以显示死者生前身份的高贵和奢侈的生活，就是死后也要遵循生前的富贵。辽代的皇室贵族死后，也能得到朝廷的"赙赠"，如赤峰市大营子辽驸马赠卫国王墓志曰"衣服廿七封，银器十一事，鞍一十三面，……"。说明赙赠之器中有金银制品。

从出土辽代金银器的种类和数量看，第一期远远超过第二、三期，这与辽代早期社会政治和风俗直接相关。辽早期对金银器皿入殓随葬的控制不似中、晚期那么严格，偶尔在中小型墓葬中也可见到金银明器和小件装饰品；在大贵族阶层中，则盛行厚葬之风，阿鲁科尔沁旗辽耶律羽之墓、奈曼旗辽陈国公主墓往往一墓就随葬数十件乃至上百件金银器，极尽奢侈、豪华。辽代中后期，统治者对金银器的入殓随葬加强了控制，朝廷曾屡下禁令，辽圣宗统和十年（公元992年）春正月"丁卯酉，禁丧葬礼杀马，及藏甲胄、金银器玩。"① 兴宗重熙十一年（公元1041年）十二月丁卯诏令重申"禁丧葬杀牛马及藏珍宝。"② 这在一定程度上限制了厚葬之风，故这一时期出土金银器的数量大减，与文献记载相吻合。史籍中还可反映出这一禁令在贵族阶层引起了强烈的不满，迫使统治者不得不在政策上有所让步。兴宗重熙十二年（公元1042年）"二月丙午，诏世选宰相、节度使族属及身为节度使之家，许葬用银器，仍禁杀牲以殉。"③ 对照考古发现来看，辽中期以后（即金银器第三期），出土银器大量增加，而

---

① ［元］脱脱等撰：《辽史》卷一三《圣宗纪》四，北京，中华书局点校本，1974年。

② ［元］脱脱等撰：《辽史》卷一九《兴宗纪》二，北京。中华书局点校本，1974年。

③ 同注②。

少见金器，正是这一史实的具体反映。

契丹族信仰原始萨满教，祭祀的对象有天地、日月、星辰、风雨、雷电、山川、祖先等，在祭祀仪式上皇室贵族穿金戴银，以示对祭祀对象的庄重。如辽代最为隆重的祭山仪，在仪式中“皇帝服金文金冠，白绫袍，绛带，悬鱼，三山绛垂，饰犀玉刀错，络缝乌靴。皇后御绛帓，络缝红袍，悬玉佩，双结帕，绛缝乌靴。”[①] 科尔沁左翼后旗吐尔基山辽墓出土的圆形三足金乌纹金饰牌、圆形月桂纹银饰牌，位于墓葬主人尸骨头部的左右，分别代表了对太阳和月亮的崇拜。在辽代金银器中，还有一些器物作为祭器出现。在流传到国外文物市场上的辽代太平年间的一批金银器[②]上，大部分都錾刻铭文，为辽代文忠王府（韩德让即耶律隆运）和承天皇太后（景宗皇后萧燕燕，景宗崩，统领国事，称为萧太后）殿的供养器。如龙纹盝顶金方盒的盒内錾文为“太平五年臣张俭命工造成，又供养文忠王府皇太后殿前”；双凤纹金方盒的盒内錾文为“崇仁广孝功成治定文忠王府殿前祭器，太平六年造成又贡，臣张俭等合拜揖”（图102）；伎乐飞天纹盝顶金函的函内錾文为“太平丙寅进奉文忠王府供养祭品，臣张俭等命吉匠造成，又合拜揖”；双鸳朵带纹金碗的碗外錾文为“太平丙寅又进文忠王府大殿供奉祈百福皿九拾柒”；兔纹金碗的碗底錾文为“太平戊辰进奉文忠王府大殿祭器，臣萧术哲等合供进又合拜揖” （图103）；双凤纹金高足杯的圈足錾文为“太平丁卯至匠造，奉文忠王府大殿供养祭器龙涎香皿一桌，臣萧术哲等合供进”；龙纹葵口金杯的龙纹身下方框内錾文为

① ［元］脱脱等撰：《辽史》卷四九《礼志》一，北京，中华书局点校本，1974年。

② 韩伟：《辽代太平年间金银器錾文考释》，《故宫博物院院刊》（台湾）第11卷第9期，第4～22页；《欧洲流传与收藏的辽代金银器》，《远望集——陕西省考古研究所华诞四十周年纪念文集》，陕西人民美术出版社，1998年，第749～758页。

图 102　双凤纹金方盒
辽
流失到国外文物市场
（刘洪帅　绘）

图 103 兔纹金碗
辽
流失到国外文物市场
（刘洪帅 绘）

“文忠王府大殿祭器，希廿又七字号，臣萧术哲等供进”；双狮纹金佩带的背面錾文为“太平五年武定军节度使兼管诸军检事臣张俭等合贡金吉匠造成，又合拜揖，进文忠王府，行宫都部署司点讫”；鎏金四鹿团花纹盝顶银盒的盒内錾文为“太平四年文忠王府大殿祈福用皿，宣徽南院、本部提辖署诸臣合贡吉金做进”（图 104）；鎏金伎乐飞天纹盝顶银方盒的盒内錾文为“睿德神略应运启化承天皇太后殿供养，太平六年三月廿又九日造成”；鎏金双凤纹盝顶银方盒的盒内錾文为

图 104　鎏金四鹿团花纹盝顶银盒
辽
流失到国外文物市场
（刘洪帅　绘）

“太平丙寅武定军节度使臣张俭命工造成又贡”；鎏金迦陵频迦伎乐飞天纹盝顶银函的函内錾文为“文忠王府大殿祈福祈祷用皿，宣徽南院、行宫都部署诸臣合贡吉金造成，太平四年三月廿又九日进”；鎏金仙人骑鹤纹盝顶银函的函内錾文为“太平五年吉日造，奉文忠王府殿前供养”；鎏金兔纹盝顶银函的函内錾文为“睿文英武尊道至德文忠王府祭器，太平六年吉日造成又贡”；鎏金奔龙纹银碗的外腹錾文为“太平五年进奉文忠王府大殿祈百福用皿，宣徽南院、本部提辖署各臣合拜”；鎏金双鸳朵带纹银碗的外腹錾文为“太平丙寅又进文忠王府，宣徽南院诸臣合金银百两造成贡进”；鎏金坐佛纹银碗的外腹錾文为“太平丁卯武定军节度使，宣徽南院、行宫都部署、侍中臣张俭供进文忠王府大殿供养”。从铭文看，大多数是宣徽南院、行宫都部署、本部提辖署的大臣进奉给文忠王府和承天皇太后大殿的供器，来祭祀已故的文忠王耶律隆运和萧太后。从祭器的种类看，有碗、盘、盒、函、带饰等，皆为日常生活用具，完全没有古制中规定的簠、豆等礼器，说明了游牧民族虽然接受汉制，但并非全部仿效，有自己传统的祭祀礼仪、祭祀方式和祭祀用具。

佛教在契丹建国前后传入，在辽代统治范围内建有许多寺院，有众多的僧尼，形成一个特殊的群体。《辽史》卷一《太祖纪》上记载：公元 912 年，“以所获僧崇文五十人归西楼，建天雄寺以居之，以示天助雄武。”神册三年（公元 918 年）五月，“诏建孔子庙、佛寺、道观于皇都。”此后，辽朝信佛之风日盛。《契丹国志》卷二七《岁时杂记》记载契丹人有佛诞日，“四月八日，京府及诸州，各用木雕悉达太子一尊，城上舁行，放僧尼、道士、庶民行城一日为乐。”辽代统治者大力推崇佛教，用金银造佛像，并供给寺院许多的金银供器。如辽兴宗重熙二十三年（公元 1054 年）十月，“以开泰寺铸银佛像，曲赦在京囚。”[①] 从考古资料看，出土佛教方面的金银器主要集中在辽圣宗和兴宗年间。如内蒙古巴林右旗庆州白塔天宫地宫[②]出土的金板金法舍利、银板金法舍利、鎏金凤衔珠银舍利塔、长颈舍利银瓶、“千年万载”银匙（图105）、花瓣口银碟、银碗。辽宁省朝阳市北塔天宫地宫[③]出土

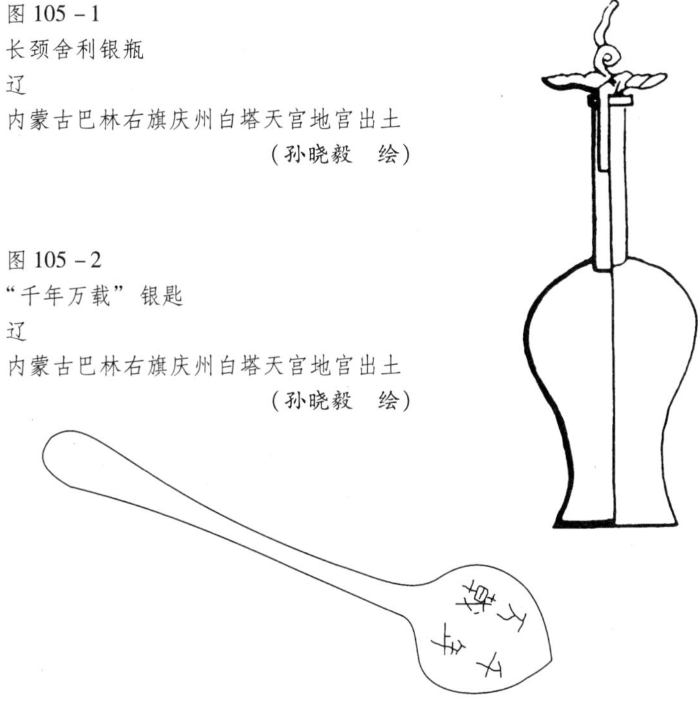

图 105－1
长颈舍利银瓶
辽
内蒙古巴林右旗庆州白塔天宫地宫出土
（孙晓毅　绘）

图 105－2
“千年万载”银匙
辽
内蒙古巴林右旗庆州白塔天宫地宫出土
（孙晓毅　绘）

---

① ［元］脱脱等撰：《辽史》卷二〇《兴宗纪》三，北京，中华书局点校本，1974 年。

② 德新等：《内蒙古巴林右旗庆州白塔发现辽代佛教文物》，《文物》1994 年第 12 期，第 4～31 页。

③ 朝阳北塔考古勘察队：《辽宁朝阳北塔天宫地宫清理简报》，《文物》1992 年第 7 期，第 1～33 页。

的金舍利塔、金盖玛瑙舍利罐、金法轮、鎏金银塔、金银经塔（图106）、木胎银棺、银宝盖、银菩提树、灯笼形银饰件、龙纹花式口银碟、银罐、戏童纹银囊盒（图107）、筒形银瓶。

图106　金银经塔
辽
辽宁省朝阳市北塔天宫地宫出土
（刘洪帅　绘）

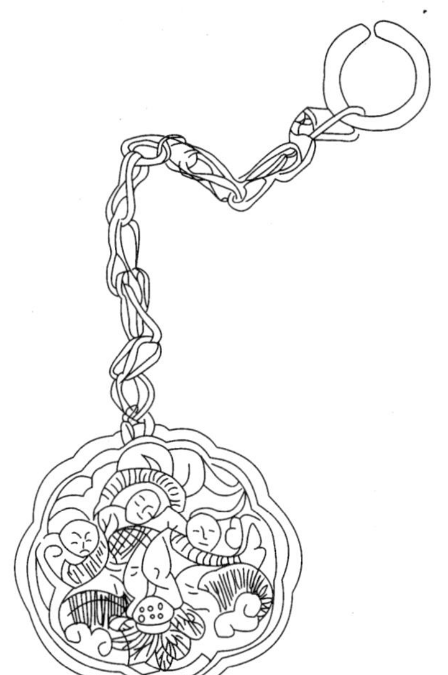

图107　戏童纹银囊盒
辽
辽宁省朝阳市北塔天宫地宫出土
（刘洪帅　绘）

北京市房山县北郑村辽塔①出土的银碗、银碟、银佛幡（图108）、银宝花、银幡架、银棍。河北省易县净觉寺辽舍利塔地宫②出土的带盖金瓶、银器盖、银塔、银盒、银钵、银盏托、银灯、银匕、银箸、银器座。北京市顺义县辽净光舍利塔塔基③出土的银座水晶佛塔、银盒、银饰。吉林省农安县万金塔塔基④出土的舍利银函。辽宁省阜新市新营子辽塔塔基⑤出土的金塔、银塔、刻经银片。在以上的辽塔遗址出土的供

① 齐心、刘精义：《北京市房山县北郑村辽塔清理记》，《考古》1980年第2期，第147～158页。

② 河北省文物管理处：《河北易县净觉寺舍利塔地宫清理记》，《文物》1986年第9期，第76～80页。

③ 北京市文物工作队：《顺义县辽净光舍利塔基清理简报》，《文物》1964年第8期，第49～54页。

④ 刘振华：《农安万金塔基出土文物》，《文物》1973年第8期，第48～54页。

⑤ 资料未发表，现藏于辽宁省博物馆。

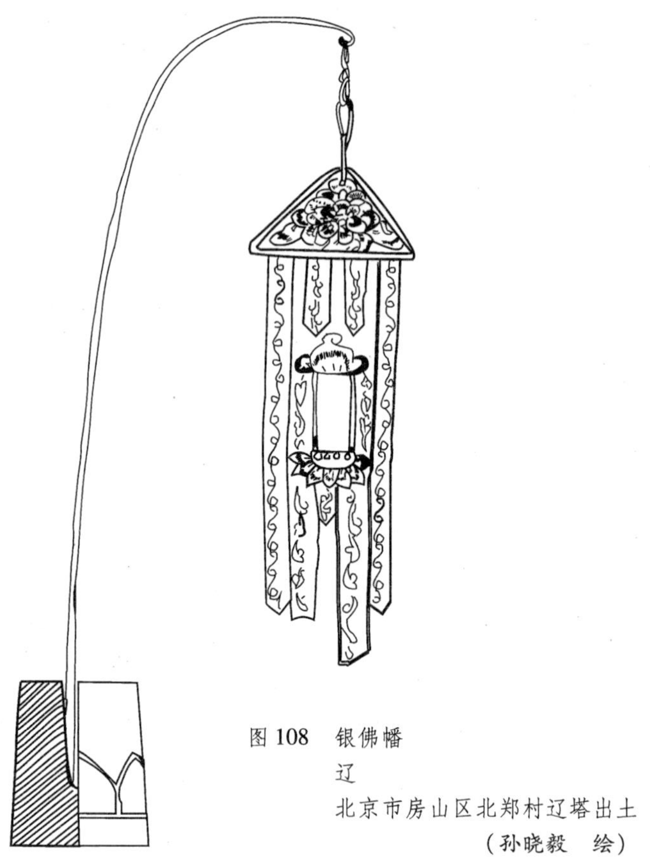

图 108 银佛幡
辽
北京市房山区北郑村辽塔出土
（孙晓毅 绘）

器中，有一些本为饮食器具，在此变为用以盛食的供器。同时，反映了辽代中期佛教兴盛的状况。

辽代除信仰原始宗教、佛教之外还信仰道教。如契丹齐国王耶律隆裕自小就信奉道教，做官以后，修建道观，用素食献给道院。《契丹国志》卷一四《齐国王隆裕》载："齐国王隆裕，……自少时慕道，见道士则喜。后为东京留守，崇建宫观，备极辉丽，东西两廊，中建正殿，接连数百间。又别置道院，延接道流，诵经宣醮，用素馔荐献，中京往往化之。”在奈曼旗辽陈国公主墓出土的鎏金双高翅银冠顶上缀有元始天尊造像，分为造像、背光、底座三个部分；造像为长髯，高髻，头顶花冠，身着宽袖长袍，双手捧物拱于胸前，盘膝而坐；背光边缘錾刻九朵灵芝；底座为双重镂空六叶形。鎏金银冠的前面錾刻一个道教人物，为真武形象，长髯，头戴莲花冠，身着交襟宽袖长袍，左手拄杖，右手横于胸前，面向左，侧立；人物周围錾刻乌龟、仙鹤、祥云。元始天尊是道教最高神灵“三清”尊神之一，道教开天辟地之神，为太古盘古氏尊谓，称玉清元始天尊，也称原始天王。元始天尊生于混沌之前，太无之先，元气之始，故名“元始”。《初学记》卷二三引《太玄真一本际经》解释说：“无宗无上，而独能为万物之始，故名元始。运道一切为极尊，而常处二清，出诸天上，故称天尊。”真武俗称“真武大帝”，道教所奉的神。宋赵彦卫《云麓漫钞》卷九曰：“朱雀、玄武、青龙、白虎，为四方之神。祥符间（公元 1008 ~ 1016 年）避圣祖讳，始改玄武……后兴醴泉观，得龟蛇。道士以为真武观，绘其像为北方之神。被发、黑衣、仗剑，蹈龟蛇，从者执黑旗。自号奉祀益严，加号镇天祐圣。”辽代陈国公主与驸马的冠上分别有这两位人物的造像和纹饰，说明了对道教的信奉在上层社会中也很流行。

（四）金银器所表现的服饰文化

辽代的金银器可以反映契丹的服饰文化。在辽代社会中，冠带代表着契丹各阶层的地位、身份的高低和贵贱，墓葬中出土的许多实物，从质地上分金、银、铜、玉、丝织等，其中，有的为死者生前戴佩，有的作为殡葬服饰随葬。通过辽代的金银等贵重金属制作的冠带，能清晰地了解其礼仪制度、服饰形制和文化现象，也能反映辽代各阶层的生活情景。

《辽史》卷五六《仪卫志》二记载："太祖帝北方，太宗制中国，紫银之鼠，罗绮之篚，麇载而至。织丽覂，被土绸木。于是定衣冠之制，北班国制，南班汉制，各从其便焉。"可以看出，辽代的各级官吏因民族的不同，所戴的冠帽有很大的差异。根据契丹人和汉人的身份和地位，冠帽的质地各不相同，在各种场合所戴的冠帽类型也不相同。

金冠和鎏金银冠，为契丹皇家和上层贵族所戴。《辽史》卷五六《仪卫志》二记载："大祀，皇帝服金文金冠，白绫袍，红带，悬鱼，三山红垂。"契丹的大祀指类似祭祀木叶山等大型活动，其隆重程度相当于中原王朝的帝王进行的郊天大礼，其他场合由皇帝主持的祭祀活动称为小祀。"金文金冠"是在金冠上饰金饰或金色纹样，为辽代皇帝参加重大祭祀活动礼仪时所戴，如在祭山仪上，皇帝就是戴着这种金冠。皇帝在小祀中戴硬帽，是一种相对于毡纱类软帽的冠帽，可能为另一种款式的诸如金、银等制作的金属类冠帽。《辽史》卷五三《礼志》六记载："贺生皇子仪……北南臣僚金冠盛服，合班入。"这种金冠为鎏金银冠或鎏金铜冠，为上层贵族所戴。在考古发掘资料中，发现数量较多的鎏金冠。1957 年，辽宁省建平县张家营子辽墓①出土一件鎏金双龙戏珠纹银冠，上端呈外向连弧状，正面锤錾浮雕式的双龙戏珠纹，龙昂首翘尾，腾空飞跃，空隙錾蕃草纹，冠箍上錾羽状纹（图 109）。类似的冠还有河北省平泉县小吉沟辽墓②出土的鎏金龙凤纹银冠、辽宁省朝阳市前窗户村辽墓③出土的鎏金双凤戏珠纹银

---

① 冯永谦：《辽宁建平、新民的三座辽墓》，《考古》1960 年第 2 期，第 72 ~76 页。

② 张秀夫、田淑华：《河北平泉县小吉沟辽墓》，《文物》1982 年第 7 期，第 50 ~53 页。

③ 靳枫毅：《辽宁朝阳前窗户村辽墓》，《文物》1980 年第 12 期，第 17 ~29 页。

图 109　鎏金双龙戏珠纹银冠
辽
辽宁省建平县张家营子辽墓出土
（刘洪帅　绘）

冠、锦西县西孤山辽萧孝忠墓①出土的鎏金银冠。这种冠俗称菩萨冠，作圈筒式，前檐顶尖呈“山”字形，与佛教的传入有关。内蒙古阿鲁科尔沁旗扎斯台辽墓②出土二件金质人形饰，头戴三叉式高冠，冠口有檐，冠上三叉呈圭形，向上直立，与唐辽之际菩萨花冠的花瓣十分相似，为另一类型的菩萨冠。

鎏金银冠还有两种形式，都为奈曼旗辽陈国公主墓出土。驸马的鎏金银冠，正中为二片云朵形银片，两侧由上而下叠压十二片云朵形银片，背面上下叠压二片云朵形和莲瓣形银片；冠箍口用薄银片顺长对折成双层，卷曲成圆环形；正面饰对凤，用银丝钉缀，周围缀十二件鎏金银圆片，上錾刻凤、鸟、鹦鹉、鸿雁、火焰、花卉等图案，箍外侧周边錾刻缠枝卷叶纹（图110）。这种冠与辽代使臣所戴的冠形制接近。宋人孟元老《东京梦华录》卷六《元旦朝会》记载：“正旦大朝会，……诸国使人，大辽大使顶金冠，后檐尖长，如大莲叶，服紫窄袍，金蹀躞带，副使展裹金带，如汉服。”“大莲叶”指宽大的圆形荷叶，与驸马银冠的后檐相符。类同的冠在内蒙古阿鲁科尔沁旗温多尔敖瑞山辽墓③也有出土，为男式的鎏金铜冠，正面錾刻龙纹。公主的鎏金高翅银冠，为高筒式，圆顶，两侧有对称的立翅高于冠顶；正面镂空并錾刻花纹，中间刻火焰宝珠，左右两面錾刻飞凤，凤昂首，长尾上翘，展翅作飞翔状，凤周围錾变形云纹；高翅、外侧正面中心各錾刻一只展翅欲飞的凤鸟，长尾下垂，周围饰以变形云纹；冠顶后部錾刻变形云纹，冠顶上缀元始天尊像，有底座和背

---

① 雁羽：《锦西西孤山辽萧孝忠墓清理简报》，《考古》1960年第2期，第77～78页。

② 资料未发表，现藏于内蒙古自治区阿鲁科尔沁旗博物馆。

③ 赤峰市博物馆考古队等：《赤峰市阿鲁科尔沁旗温多尔敖瑞山辽墓清理简报》，《文物》1993年第3期，第57～67页。

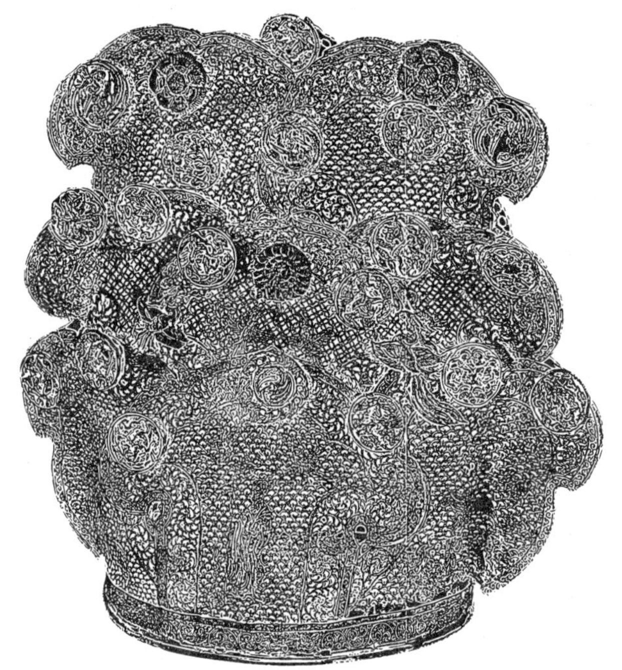

图 110　鎏金银冠
辽
内蒙古奈曼旗辽陈国公主墓出土
（刘洪帅　绘）

光，长髯，高髻，头顶花冠，身着宽袖长袍，双手捧物于胸前，盘膝而坐，背光边缘錾刻九朵灵芝（图 111）。这种高翅冠，在阿鲁科尔沁旗温多尔敖瑞山辽墓和辽宁省法库县叶茂台辽墓①中均有发现，分别为鎏金高翅铜冠和丝质高翅冠，在顶饰和纹饰上略有区别。

① 辽宁省博物馆等：《法库叶茂台辽墓纪略》，《文物》1975 年第 12 期，第 26～36 页。

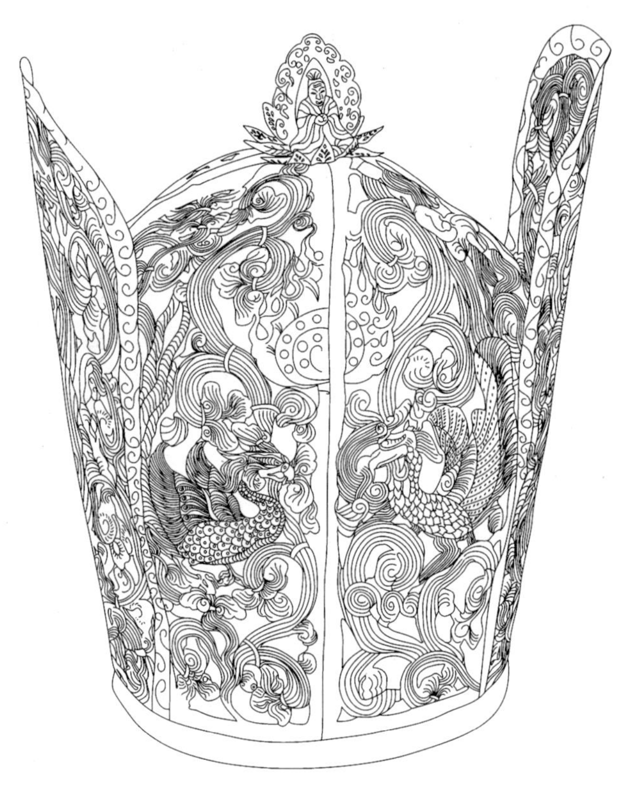

图 111　鎏金高翅银冠
辽
内蒙古奈曼旗辽陈国公主墓出土
（刘洪帅　绘）

奈曼旗辽陈国公主墓出土的鎏金银冠，与随葬的金面具、银丝网络、鎏金錾花银靴、金银带饰，组成两套较为完整的殡葬服饰，这些器物并非为死者专门制作，而是公主下嫁时由朝廷所赐。《辽史》卷五二《礼志》五记载：“公主下嫁仪：选公主诸父一人为婚主，凡当奥者媒者至词之仪，自纳币至礼成，大略如纳后仪。择吉日，诘旦，媒者趣尚主之家诣宫。

竢皇帝、皇后御便殿，率其族入见。进酒讫，命皇族与尚主之族相偶饮。翼日，尚主之家以公主及婿率其族入见，致宴于皇帝、皇后。献赆送者礼物讫，朝辞。赐公主青幰车二，螭头、盖部皆饰以银，驾驼；送终车一，车楼纯锦，银螭，悬铎，后垂大毡，驾牛，载羊一，谓之祭羊，拟送终之具，至覆尸仪物咸在，赐其婿朝服、四时袭衣、鞍马，凡所须无不备。”鎏金银冠，是公主和驸马举行婚礼时的朝廷预赐之物。

鎏金铜冠是辽代臣僚所戴的一种冠帽，其身份低于戴银冠者。内蒙古库伦旗五号辽墓[①]出土的鎏金铜冠，冠口以铜片圈成，上有等距离的四条立带，把冠分成四体，每部分的图案相同，中间饰长尾腾飞的凤鸟，四周饰牡丹花纹，冠顶附一朵盛开的莲花。这种以金花为饰的冠，是继东汉以来慕容鲜卑的步摇冠之传统作法。《契丹国志》卷二三《衣服制度》记载：“番官戴毡冠，上以金华为饰，或以珠玉翠毛，盖汉、魏时辽人步摇冠之遗象也。”步摇冠源于中亚一带，东汉时期传入我国的中原地区，为皇后谒庙时所戴。《后汉书》卷一二《舆服志》记载：“皇后谒庙服，绀上皁下，蚕，青上缥下，皆深衣制，隐领袖缘以绦。假结。步摇，簪珥。步摇以黄金为山题，贯白珠为桂枝相缪，一爵九华，熊、虎、赤罴、天鹿、辟邪、南山丰大特六兽，《诗》所谓‘副笄六珈”者。诸爵兽皆以翡翠为毛羽。金题，白珠珰绕，以翡翠为华云’。”从辽宁省朝阳市田草沟晋墓[②]、王子坟山墓[③]和内蒙古达尔罕

① 哲里木盟博物馆等：《库伦旗五、六号辽墓》，《内蒙古文物考古》第2期，1982年，第35~46页。

② 辽宁省朝阳市博物馆等：《辽宁朝阳田草沟晋墓》，《文物》1997年第11期，第33~41页。

③ 辽宁省文物考古研究所等：《朝阳王子坟山墓群1987、1990年度考古发掘的主要收获》，《文物》1997年第11期，第4~18页。

茂明安联合旗西河子北魏窖藏①出土的金步摇冠饰看，一般都有金质骨架，附山形的题，冠顶树立的“相缪”枝上挂步摇金叶片。契丹人为鲜卑的后裔，行戴步摇冠具有传统的习俗。科尔沁左翼后旗吐尔基山辽墓出土的金箍丝冠，以金片圈成冠箍，四条立带把冠分成四个部分，两侧有金带至下颌，起固定作用，外罩丝布；冠两侧饰长方形金牌饰，牌饰下缀五个轮饰，轮缀小金铃；金箍錾刻凤纹和牡丹纹，金牌上饰镂空的牡丹花。其造型与史书中记载的步摇冠非常相似，应为目前发现的最典型的辽代步摇冠。内蒙古博物馆在赤峰市征集一件鎏金铜冠，冠口为铜片圈成，正面与后面各缀三层莲瓣形铜片，镂空，前矮后高，每片饰展翅飞翔的对凤，两侧突出云朵形冠耳，冠顶附展翅振尾的凤鸟，其造型有别于其他冠类。辽宁省建平县二十家镇子辽墓②出土的鎏金双凤纹铜冠饰，呈如意云头形，两端及莲花底部两端有小系孔，背面残存丝织品附属物，或许为步摇冠上的一个饰片。

辽代的冠帽除金属制作外，还有毡冠、皮冠、纱冠等。毡冠多以金饰装饰，是契丹臣僚的朝服冠戴。《辽史》卷五六《仪卫志》二记载：“臣僚戴毡冠，金花为饰，或加珠玉翠毛，额后垂金花，织成夹带，中贮发一总。”辽宁省康平县后刘东屯二号辽墓③出土的鎏金铜凤冠，两侧为展翅卷尾凤，凤爪下各连一鹿，两凤间为两只羊以角顶托一颗火珠，带状额箍上錾刻卷叶纹和圆圈纹。此冠仅为一件冠的额饰，冠体应系毡革覆裹，与文献记载相符，也是步摇冠的一种类型。《册府元龟》卷九七二记载：“后梁开平二年（公元908年），阿保机

① 陆思贤、陈棠栋：《达茂旗出土的古代北方民族金饰件》，《文物》1984年第1期，第81～83页。

② 辽宁省文物考古研究所：《辽宁建平县两处辽墓清理简报》，《北方文物》1991年第3期。

③ 辽宁省文物考古研究所：《辽宁康平县后刘东屯二号辽墓》，《考古》1988年第9期，第912～918页。

妻进金花头饰”，指的就是这种金花毡冠。

皮冠是契丹人为适应北方草原冬季寒冷的气候环境而制作，在辽墓壁画中可以看到卷檐帽和长耳帽。内蒙古敖汉旗北三家辽墓[①]壁画的人物，头戴皮帽，呈穹窿顶，向上卷毛檐。内蒙古克什克腾旗二八地一号辽墓[②]石棺画中的契丹牧人像，手执牧鞭，皂靴短衣，头戴长耳皮帽，上插山鸡尾为饰。这种长耳皮帽，应为古代的一种搭耳帽的演变。

纱冠也是契丹臣僚的冠戴。《辽史》卷五六《仪卫志》二记载：“或纱冠，制如乌纱帽，无檐，不擫双耳。额前金花，上结紫带，末缀珠。”内蒙古敖汉旗康家营子辽墓壁画[③]中的人物，头戴纱冠，与唐宋之际的展脚幞头相似。法库县叶茂台辽墓出土的丝织高翅冠，考古发掘简报说：“形如一个山字，中为圆式帽顶，旁有两个高大的立翅，圆帽顶为纱地绵胎，棕色，帽面锁绣，两立翅为刻丝包边，翅心向外的一面平绣双麒麟及缠枝花纹。”[④] 这种冠是契丹女性贵族服戴的礼冠，也可作为纱冠的一类。

另外，辽代的冠帽还有貂蝉冠、巾帻、毡笠、瓜皮帽、草笠等。其中，《辽史》卷五六《仪卫志》二记载的皇帝戴的通天冠就是貂蝉冠，“冠加金博山，附蝉十二，首施珠翠。”这些冠帽是辽代皇家贵族和各级臣僚在礼仪、上朝及日常生活中所戴。

辽代的带饰分鞢躞带和非鞢躞带两大类，前者为北方游牧民族的传统带饰，大约在南北朝时期兴起，唐代已趋于成

---

① 内蒙古自治区敖汉旗博物馆：《内蒙古昭乌达盟敖汉旗北三家辽墓》，《考古》1984 年第 11 期，第 1156～1162 页。

② 项春松：《克什克腾旗二八地一、二号辽墓》，《内蒙古文物考古》第 3 期，1984 年，第 80～90 页。

③ 项春松：《辽代壁画选》，上海，上海人民美术出版社，1984 年。

④ 辽宁省博物馆等：《法库叶茂台辽墓纪略》，《文物》1975 年第 12 期，第 26～36 页。

熟，辽代时又有演进；后者为汉式腰带。《辽史》卷五五《仪卫志》一记载："辽国自太宗入晋后，皇帝与南班汉官用汉服。"从目前已知的实物资料看，质地分金、银、铜、玉、水晶、木等。

契丹式的鞢躞带分为三种类型：Ⅰ型为单带扣单铊尾式，方銙上穿"古眼"，佩系物品。带銙数目有五、七、十一、十二不等，带具有金、银、铜、玉等数种。如赤峰市大营子辽驸马墓出土的透雕缠枝花草纹金蹀躞带、通辽市奈林稿辽墓①出土缠枝牡丹纹金鞢躞带等。Ⅱ型为单带扣单铊尾，带銙多数没有"古眼"。Ⅲ型为丝织类的大带，无带扣和铊尾，直接束系，也能佩刀子及饰物。如察哈尔右翼前旗豪欠营六号辽墓出土的丝带、奈曼旗辽陈国公主墓出土的金銙丝带等。汉式的大带（非鞢躞带）也可分三型：Ⅰ型为双带扣双铊尾，如辽宁省凌源市下八里铺村喇嘛沟辽墓②出土的异兽纹银带具。Ⅱ型为双带扣单铊尾，如辽宁省朝阳市姑营子辽耿新墓③出土的玉带，配有银带扣。Ⅲ型为单带扣单铊尾，如内蒙古赤峰市松山区文管所收藏的胡人牵马纹铜带饰。

鞢躞带是北方游牧民族根据生活习俗和游牧生活方式，在腰带上佩挂弓、箭、刀等狩猎用具和日常生活中随时备用的刀子、解锥、针筒、磨石等生活用具，由一条主带形成腰饰，下垂长短不一的小带。《辽史》卷五六《仪卫志》二记载："五品以上，幞头，亦曰折上巾，紫袍，牙笏、金玉带。文官佩手巾、算袋、刀子、砺石、金鱼袋；武官　鞢七事：佩刀、刀子、磨石、契苾真、哕厥、针筒、火石袋，乌皮六合

① 内蒙古文物工作队：《内蒙古哲里木盟奈林稿辽代壁画墓》，《考古学集刊》第1期，北京中国社会科学出版社，1981年，第231～245页。

② 资料未发表。现藏于辽宁省凌源市博物馆。

③ 辽宁省朝阳地区博物馆：《辽宁朝阳姑营子辽耿氏墓发掘报告》，《考古学集刊》第4期，1983年。

靴。六品以下，幞头，绯衣，木笏，银带，银鱼袋佩，靴同。”又载：“皇帝服实里薛衮冠，络缝红袍，垂饰犀玉带错，络缝靴，谓之国服衮冕。太宗更以锦袍、金带。”宋人沉括的《梦溪笔谈》说：契丹人“衣带所垂蹀躞，盖欲佩弓剑、紛帨、算囊、刀砺之类。”在考古发掘资料中发现的鞢躞带比较多，赤峰市大营子辽驸马墓出土的透雕缠枝花草纹金鞢躞带，内蒙古陈巴尔虎旗巴彦库仁镇东山辽墓①出土的龙纹金鞢躞带，奈曼旗青龙山镇辽陈国公主墓出土的金铐银鞓鞢躞带、玉铐丝鞓鞢躞带、银铜铐银鞓鞢躞带、银鞢躞带，库伦旗奈林稿辽墓出土的缠枝牡丹纹金鞢躞带，阿鲁科尔沁旗温多尔敖瑞山辽墓出土的牡丹纹鎏金铜鞢躞带，翁牛特旗解放营子辽墓出土的玉铐鞢躞带，内蒙古博物馆在赤峰市征集的辽代牡丹纹鎏金铜鞢躞带等。鞢躞带由带扣、铊尾、带铐、带箍、带饰、古眼、囊组成，出土的实物绝大部分已不完整，只有奈曼旗辽陈国公主墓和内蒙古博物馆征集的鞢躞带保存较为完整。在带的各个部件上，錾刻或锤出不同的纹饰，有的鞢躞带上悬佩刀、锥，与文献记载的情况相符。

奈曼旗辽陈国公主墓出土的金铐银鞓鞢躞带，为驸马所系，带鞓和系垂的小带用薄银片制作；带鞓前端有金带扣，套金带箍，中部钉十一件方形兽面纹金带铐，后部饰五件桃形金古眼，末端钉一件圭形金铊尾；方形带铐上均有长穿，垂系小带，每条小带上钉金带饰，并套有小金带箍，有二条小带上各系一件錾花银囊，内侧相邻的二条小带下各垂挂倒置葫芦形兽面纹金带饰（图 112）。通辽市奈林稿辽墓出土的金鞢躞带，带鞓、囊为皮质，因腐朽残失，带铐、带饰上錾刻缠枝牡丹纹。内蒙古博物馆征集的鎏金铜鞢躞带，以皮为带鞓，下垂小带，形状同于上述两套带饰；在带铐、铊尾、

---

① 王成、陈凤山：《陈巴尔虎旗巴彦库仁镇辽代墓群调查清理简报》，《呼伦贝尔文物》1997 年总第 4 期，第 50～59 页。

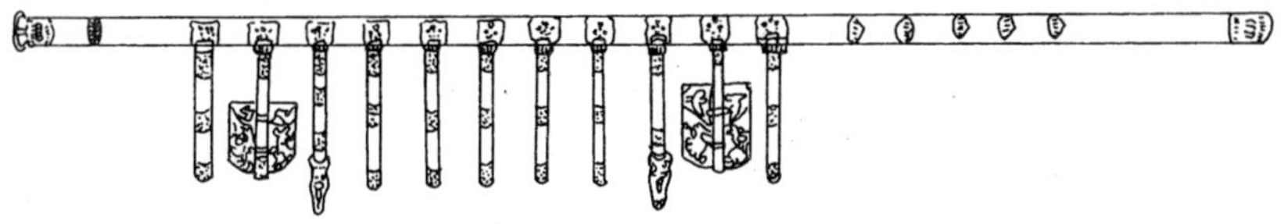

图 112 金铸银鞓鞢躞带
辽
内蒙古奈曼旗辽陈国公主墓出土
（刘洪帅 绘）

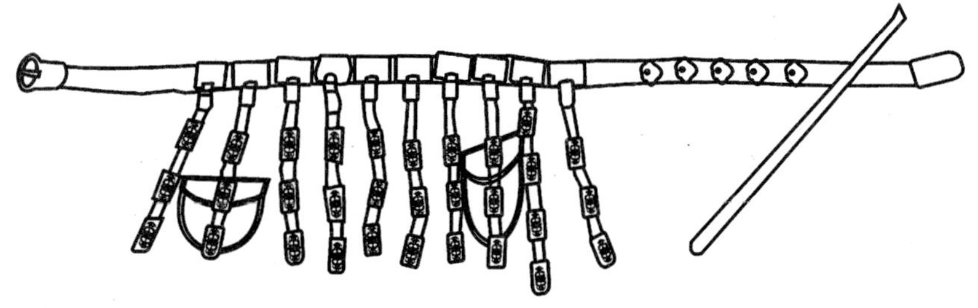

图 113 鎏金铜鞢躞带
辽
内蒙古赤峰地区出土
（刘洪帅 绘）

带饰上铸浮雕式的牡丹纹，并悬佩皮囊和银刀（图 113）。这四套鞢躞带，前者为驸马的殡葬服饰，后两条为实用带，根据文献记载，佩带主人的官职在五品以上，鎏金铜鞢躞带也为史书中的“金带”之一。

非鞢躞带为汉式风格，在唐宋时期常见。辽太宗时期，辽军攻占后晋以后，任用的汉官仍沿用汉式带，契丹官吏也仿效穿汉服。考古发掘资料表明，非鞢躞带有陈巴尔虎旗巴彦库仁镇东山辽墓出土的银带，奈曼旗辽陈国公主墓出土的玉銙银带、金銙丝带，喀喇沁旗出土的辽代荔枝纹鎏金铜带①，赤峰市松山区出土的辽代胡人牵马纹铜带②（图 114），辽宁省朝阳市前窗户村辽墓③出土的鎏金戏童纹银带等。其中，陈国公主佩带的玉銙银带，由银鞓、金带扣、方形玉銙、桃形玉銙和圭形玉铊尾组成。金銙丝带，丝鞓腐朽，仅存八件金带銙，呈圭形，正面饰浮雕式的升龙和降龙纹，衬以海水江崖和云纹。前窗户村辽墓出土的鎏金戏童纹银带，由带扣、带銙、铊尾组成，带銙、铊尾上饰童子嬉戏图案，或吹箫，或击板，或槌鼓，或打球，或斗鸡，形象极为生动。根据史书记载，佩银带者，官职在六品以下。

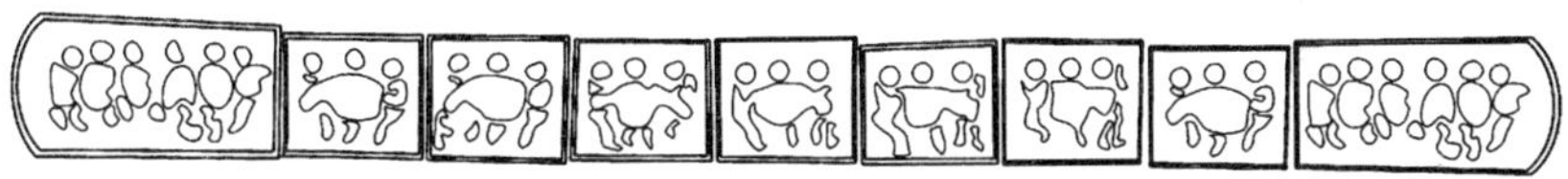

图 114　胡人牵马纹铜带
辽
内蒙古赤峰市松山区出土
（刘洪帅　绘）

辽代还有一种腰饰是围在后腰部的捍腰，两端有扣用于系丝带。《辽史》卷五六《仪卫志》二记载：“田猎服，皇帝幅巾，擐甲戎装，以貂鼠或鹅项、鹅头为扞腰。”《辽史》卷一一六《国语解》记载：“扞腰，即拄腰，以鹅项、鸭头为之。”这种旨在御寒和保护腰部的戎装，唐宋都有，称为“抱肚”，常用丝织、革、裘等制作。法库县叶茂台辽墓出土的鎏金嵌琥珀宝塔龙凤纹银捍腰，面部锤錾五个塔式建筑，刹如

---

① 现藏于内蒙古自治区喀喇沁旗文物管理所。
② 现藏于内蒙古自治区赤峰市松山区文物管理所。
③ 靳枫毅：《辽宁朝阳前窗户村辽墓》，《文物》1980 年第 12 期，第 17 ~29 页。

伞顶，檐有流苏，底为莲座，塔身镶嵌琥珀，地錾鸾凤纹，两端有扣，围于腰后，连在棉袍长带上。内蒙古博物馆在赤峰市征集的辽代缠枝牡丹纹包金银捍腰（图115）和鎏金双凤戏珠纹铜捍腰，两件形制相同，上端呈外向连弧状，下端齐平；前者面錾浮雕式的缠枝牡丹纹，两端有铜扣，背面包银；后者面锤錾浮雕式的双凤戏珠纹，两端的铜扣残失。这种捍腰本为田猎服饰，在春捺钵时，捕鹅、鸭、貂、鼠，并以此制作，后来改为金、银制作，应变成一种殡葬服饰而随葬，由此反映了契丹皇家贵族春捺钵的狩猎生活。《辽史》卷四〇《地理志》四记载皇帝在延芳淀春捺钵的情景，“改为县，在京（南京）东南九十里。延芳淀方数百里，春时鹅鹜所聚，夏秋多菱芡。国主春猎，卫士皆衣墨绿，各持连槌、鹰食、刺鹅锥，列水次，相去五七步。上风击鼓，惊鹅稍离水面。国主亲放海东青鹘擒之。鹅坠，恐鹘力不胜，在列者以佩锥刺鹅，急取其脑饲鹘。得头鹅者，例赏银绢。”辽代皇室贵族每年春天都要到外面狩猎，以捕猎野鹅、野鸭为主要内容，然后利用鹅颈、鸭头、鹅鸭毛等制作成捍腰，在此时北方天气还较寒冷的情况下来保护腰部和御寒，故为田猎服。

图115　缠枝牡丹纹包金银捍腰
辽
内蒙古赤峰地区出土
（刘洪帅　绘）

在辽代社会中，汉式的帛带也较为流行。《旧五代史》卷一三七《契丹传》记述了后唐使臣姚坤出使契丹，曾目睹辽太祖“披锦袍，大带垂后。”辽代墓葬壁画，可经常见到契丹士庶男女腰束帛带的画面。法库县叶茂台、察右前旗豪欠营子等辽墓，发现了帛带的实物，以此来证实辽代帛带存在的历史事实。

隋唐时期，官员法服，盛行佩鱼。辽承唐制，契丹的皇家贵族腰部悬佩鱼符。《辽史》卷五六《仪卫志》二记载，皇帝在重大祭祀活动中，腰“悬鱼”。五品以上的官吏有“金鱼袋佩”，六品以下的官吏有“银鱼袋佩”。赤峰市大营子辽驸马墓出土四鱼形银璧，奈曼旗辽陈国公主墓出土玉鱼佩（图116）、琥珀鱼佩，喀喇沁旗上烧锅辽墓出土鎏金双鱼形铜佩，都是契丹贵族所佩的腰饰。这种鱼佩饰的质地，可以代表辽代贵族的身份和等级，佩带金鱼佩、鎏金鱼佩、玉鱼佩者的级别较高。

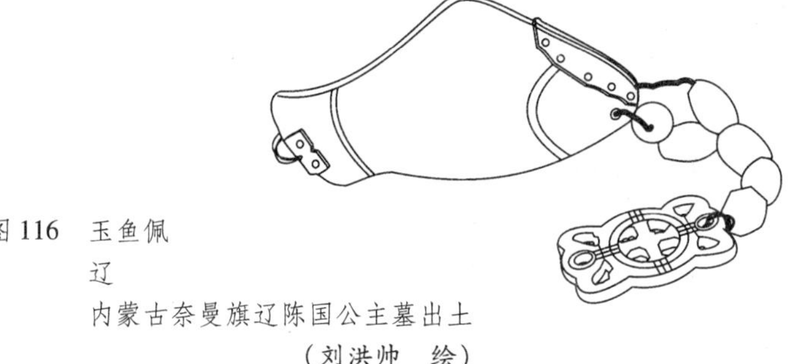

图116 玉鱼佩
辽
内蒙古奈曼旗辽陈国公主墓出土
（刘洪帅 绘）

辽代冠带经历代北方游牧民族的发展，达到了完善的地步。游牧民族处于最初的原始制时期，由于独特的生活方式，可能没有冠帽与带饰，如匈奴人披发，鲜卑人结辫，契丹人髡发。随着与中原地区的经济、文化交往，北方游牧民族开始使用金属用具，并有了自己的金属制造业，丝织类的产品也逐渐传入，冠帽与带饰才为各民族所喜好，并有一个发展的过程。金属类的冠，就出土的实物来看，最早为西周晚期至春秋中期属于山戎的青铜盔，这是战争中所戴，归为军事武备类，不是服饰的类型。服饰类型的冠，最早的实物为战国晚期匈奴的鹰顶金冠饰。东汉时期，鲜卑人戴凤鸟形金步摇冠；两晋十六国时期，慕容鲜卑的步摇冠演变为花树状；北朝时又变为牛首和马首金步摇冠。隋唐时期，金冠由多种形状的饰片组成，有大小不等的外向弧形饰片、长条形饰片、弯月形鳄鱼纹饰片等，应为一种菩萨冠。辽代时，出现了形制各异的金属冠，并日趋完善。

金属带饰的实物，最早为商代的联珠式青铜带饰，西周晚期至春秋中期的山戎继承了这种带饰，并出现了以动物为装饰的腰饰牌。战国时期，匈奴遗物中常见成对的带扣，以窄带系结腰部。汉代时，匈奴和鲜卑的带饰，以成对的带扣系结，在带上有饰牌和垂钉带銙。南北朝以后，带制发生了重大变化，装活动扣舌的小带扣在腰带上广泛使用，腰带前后等宽成一整条，并迅速向鞢躞带过渡。唐代时，鞢躞带已趋于成熟，如内蒙古苏尼特右旗布图木吉[①]出土的狩猎纹金鞢躞带，锤鍱而成，由带扣、带銙、铊尾、五瓣花饰、带箍、花瓣形古眼、刀及鞘组成；带扣有大小之分，大带扣呈椭圆形，有长条形活动扣针，扣把呈圭形，中部贯轴连接，以鱼子纹为地，上饰卷草纹；小带扣形状近似大带扣，素面，背面有铆钉，为小革带上的饰件；铊尾有大小之分，大铊尾与大带扣相套，呈圭形，正面以鱼子纹为地，饰卷草纹、狩猎纹和动物纹，狩猎纹为骑马者弯腰欲射，马嘴微张，两耳竖立，尾上翘，作奔跑状，猎人骑在马背上，低头侧后视，弯腰，左手执弓，右手拉弦，动物纹为两头雄雌狮，雄狮鬃毛后披，前肢架在雌狮身上，后肢站立在地上，尾上翘，雌狮头部偎

---

① 丁学芸：《布图木吉金带饰及其研究》，《内蒙古文物考古文集》第二辑，北京，中国大百科全书出版社，1997 年，第 463 ~ 473 页。

依在雄狮腹下站立，作亲昵状，铊尾背面有铆钉；小铊尾呈圭形或半圆形，正面以鱼子纹为地，周边饰卷草纹，中部饰走兽或立兽，背面有铆钉；五瓣花饰，以鱼子纹为地，饰蹲兽和立鸟；花瓣形古眼，为对称的花瓣状，上饰卷草纹，背面有铆钉；带箍，呈方形环状；刀鞘有大小之分，大刀鞘呈扁柱状，中部有一道凸棱，底部饰卷草纹；小刀鞘以鱼子纹为地，饰卷草纹。鞘口镶嵌宝石，已失落。由此看出，鞢躞带在唐代已经成为北方游牧民族的主要带饰。辽代时，鞢躞带的形制和作用达到了淋漓尽致的地步，成为区分契丹和汉族官吏的主要标志。

契丹建立辽国之前，过着游牧生活，还没有形成冠带之制。契丹人在阻午可汗时期（公元 734 ~ 741 年），就开始发展纺织业。到耶律阿保机父亲撒剌时，建立了纺织手工业部门。《辽史》卷五九《食货志》上记载：“仲父述澜为于越，饬国人树桑麻，习组织。”说明当时的契丹已能织布，可能存在有布类的帽。为了便于游牧生活，用麻绳、皮条之类系腰，这大概就是早期契丹的简单帽带。从考古发掘资料看，没有发现早期契丹的帽与带，但女性契丹人随葬有骨簪①，可看出用骨簪盘发髻，无帽饰。

《辽史》卷五五《仪卫志》一记载：“辽国自太宗入晋之后，皇帝与南班汉官用汉服，太后与北班契丹臣僚用国服，其汉服即五代晋之遗制也。”《辽史》卷五六《仪卫志》二说：“厥后唐以冕冠、青衣为祭服，通天、绛袍为朝服，平巾帻、袍襕为常服。大同元年（公元 947 年）正月朔，太宗皇帝入晋，备法驾，受文武百官贺于汴京崇元殿，自是日以为常。是年北归，唐、晋文物，辽则用之。”就是说，契丹在建立辽国之后，才开始设置冠带制度，而且比较严格，直到辽代中

① 齐晓光：《巴林右旗塔布敖包石砌墓及相关问题》，《内蒙古文物考古文集》第一辑，北京，中国大百科全书出版社，1994 年，第 454 ~ 461 页。

期有所改制。《辽史》卷五六《仪卫志》二记载："会同中（公元938～947年），太后、北面臣僚国服；皇帝、南面臣僚汉服。乾亨以后，大礼虽北面三品以上亦用汉服；重熙后，大礼并汉服矣。"关于这一点，在考古资料中可以证实。奈曼旗陈国公主与驸马合葬墓属于辽代中期的遗迹，出土的带饰，既有本民族特色的鞢躞带，又有汉式的大带，与史书记载相吻合。那么，在辽代服饰制度中，皇帝为何穿汉服？这与当时的政治背景有关。辽太宗率军攻占后晋以后，开始任用汉族官吏辅政，采用"以国制治契丹，以汉制待汉人"的政治措施，为了满足统治中原地区的政治野心，统服汉族臣僚，皇帝首穿汉服，来平息汉族臣僚内心中的反叛理念。其实，辽代皇帝并不都穿汉服，在祭山仪等重大祭祀活动中，仍穿契丹服，以示对祖先的尊敬。朝服中也佩鞢躞带。

前文所述的菩萨冠，在辽代社会中流行，与佛教的广泛传播和观音菩萨在契丹佛教体系中的特殊地位有很大的关系。《契丹国志》卷二《太宗嗣圣皇帝》上引《纪异录》记载："契丹主德光尝昼寝，梦一神人，花冠，美姿容，辎軿甚盛，忽自天而下，衣白衣，佩金带，执骨朵，有异兽十二随其后，内一黑色兔入德光怀而失之。神人语德光曰：'石郎使人唤汝，汝须去。'觉，告其母，忽之不以为异。后复梦，即前神人也，衣冠仪貌，宛然如故。曰：'石郎已使人来唤汝。'既觉而惊，复以告母。母曰：'可命筮之。'乃召胡巫筮，言：'太祖从西楼来，言中国将立天王，要你为助，你须去。'未浃旬，唐石敬瑭反于河东，为后唐张敬达所败，亟遣赵莹持表重赂，许割燕、云，求兵为援。契丹帝曰：'我非为石郎兴师，乃奉天帝敕使也。'……后至幽州城中，见大悲菩萨佛相，惊告其母曰：'此即向来梦中神人。冠冕如故，但服色不同耳。'因立祠木叶山，名菩萨堂。"《辽史》卷三七《地理志》一记载："兴王寺，有白衣观音像。太宗援石晋主中国，自潞川回，入幽州，幸大悲阁，指此像曰：‘我梦神人令送石郎为中国帝，即此也。’因移木叶山，建庙，春秋告祭，尊为家神。”“应天皇后梦神人，金冠素服，执兵杖，貌甚丰美，异兽十二随之。”

从以上这几段记载看，辽太宗假借神人托梦，与萨满串通，来排除其母述律皇太后反对他南侵中原的异议，从而助后晋灭后唐，从中取得燕云十六州。当太宗看到幽州佛教寺庙的观音像时，认定就是梦中戴花冠的神人，回到辽国后，在木叶山建寺庙，立观音像作为家神崇拜，以便对皇太后有一个合理的说法。佛教从此以后，在辽国盛行，到中期之时，特别盛行，史书中记载了不少的佛教寺院，巴林右旗庆州白塔、朝阳市北塔等遗迹也出土了很多的佛教遗物，足以证实辽代佛教的兴盛状况。观音像的花冠，便成为辽代贵族所流行的菩萨冠，这种冠在现存的辽代菩萨造像中仍能见到。

在契丹社会中，服饰分本民族和汉式两种，冠带作为服饰的重要组成部分，同样分为两类，而且在不同的场合佩戴不同的冠带。就本民族的冠带而言，从用途上分属祭服、朝服、公服、常服、田猎服。在举行祭山仪等重大祭祀活动时，皇帝“服金文金冠，白绫袍，绛带，悬鱼，三山绛垂，饰犀玉刀错，络缝乌靴。皇后……悬玉佩，双结帕，络缝乌靴。”① 举行小的祭祀活动时，“皇帝硬帽，红克丝龟纹袍。皇后戴红帕，服络缝红袍，悬玉佩，双同心帕，络缝乌靴。”② 这里的硬帽应该指与毡类等软帽相对应的冠，可能是一种金属冠，大祀中皇帝佩红色的鞢𩍐带。

---

① ［元］脱脱等撰：《辽史》卷四九《礼志》一，北京，中华书局点校本，1974年。

② ［元］脱脱等撰：《辽史》卷五六《仪卫志》二，北京，中华书局点校本，1974年。

根据《辽史》卷五六《仪卫志》二的记载，契丹皇室贵族的朝服，“皇帝服实里薛衮冠，络缝红袍，垂饰犀玉带错。”大臣戴装饰金花、珠玉、翠毛的毡冠，或戴额前缀金花的纱冠，佩黄红色以丝革为鞓的鞢韄带，用金玉、水晶、靛石装饰。“实里薛衮”应为契丹语，其意不祥，应属于规格比较高的一类冠，或许为金冠。以金花为饰的冠，在上述的冠制类型中已涉触。契丹臣僚在一些仪式上戴金冠，如耶律辖底自立为军事统帅夷离堇时，举行柴册礼，“遂取红袍、貂蝉冠。”①《汉宫仪》记述了战国时期赵武灵王始行胡服时，其形制以黄金为冠盔，上插两条貂尾，垂于胸前。契丹的貂蝉冠应与这类冠大体相似。契丹的“贺生皇子仪：其日，……北南臣僚金冠盛服，合班入。”“贺祥瑞仪：声警，北南臣僚金冠盛服，合班立。”② 因此，契丹祭服、朝服中的冠，多为金冠，包括金冠、鎏金银冠、鎏金铜冠。契丹贵族的冠帽中有一种幅巾，戴起来比较轻便，作为公服类。《辽史》卷五六《仪卫志》二记载：“皇帝紫皂幅巾，紫窄袍，玉束带，或衣红袄；臣僚亦幅巾，紫衣。”辽代中晚期，幅巾为贵族所专有，“诏非勋戚之后及夷离堇副使并承应有职事人，不带巾。”

《辽史》卷五六《仪卫志》二记载，辽代汉式的冠带也分属祭服、朝服、公服、常服。在祭祀宗庙、派遣大将出征、饮至、践阼、加元服、纳后若元日等情况下，皇帝戴衮冕，“金饰，垂白珠十二旒，以组为缨，色如其绶，纩充耳，玉簪导。”佩大带。在朝服中，皇帝戴通天冠，用于祭祀返还、冬至、朔日受朝、林轩拜王公、元会、冬会等。“冠加

---

① ［元］脱脱等撰：《辽史》卷一一二《耶律辖底传》，北京，中华书局点校本，1974年。

② ［元］脱脱等撰：《辽史》卷五三《礼志》六，北京，中华书局点校本，1974年。

金博山，附蝉十二，首施珠翠。黑介帻，发缨翠緌，玉若犀簪导。”这种通天冠应为貂蝉冠的一种类型，本为契丹的冠帽，史书中把它列入汉服，可能是当时的一种定制，因为辽代中期以后的服饰制度已不那么严格。皇太子的远游冠为“三梁冠，加金附蝉九，首施珠翠。黑介帻，发缨翠緌，犀簪导。”亲王的远游冠，“冠三梁，加金附蝉。黑介帻，青緌导。”诸王的远游冠，“三梁，黑介帻，青緌。”可见，辽代王一级的官员以冠的附蝉多少来区分地位的高低。三品以上官吏的进贤冠，“三梁，宝饰。”五品以上官吏的进贤冠，“二梁，金饰。”九品以上官吏的进贤冠，“一梁，无饰。”朝服中冠的规制比较严格，包括冠的梁数和有无装饰以及装饰物的质地来区分各级官吏的级别。

在辽代的汉式公服中，皇帝戴翼善冠，佩九环带。皇太子戴远游冠，“革带金钩鞢”。一品以下、五品以上的官吏戴帻缨，“带钩鞢”。六品以下的官吏戴帻缨。汉式常服中，皇帝戴折上头巾，佩九环带。皇太子戴进德冠，附金饰。五品以上的官吏戴幞头（折上巾的一种），佩金玉带，这里的金玉带为鞢躞带，文武官员带上所佩的用具不同。六品以下的官吏戴幞头，佩银带。八品、九品的官吏戴幞头，佩鍮石带。在常服中，皇帝和臣僚所戴的折上巾，也称为幞头，为汉式的头戴。但五品以上的官吏所佩的鞢躞带，却是契丹本民族的装饰。因此说，辽代的冠带制度虽有契丹式和汉式的区别，但随着与中原地区经济和文化交流的进一步发展，在服饰上的定制也有所改变。

辽朝与外国进行贡使往来时，或者赐予官僚大臣时，常以金银冠带为物品。在宋朝贺契丹生辰礼物中，有“金玉带二条”①。宋朝赐给辽朝大使、副使、随从的物品中，有“金

---

① ［宋］叶隆礼撰：《契丹国志》卷二一《南北朝馈献礼物》，上海，上海古籍出版社点校本，1985 年。

塗银冠”、“金鞢躞带”、“金带”、“金塗银带”、“金束带”[①]。契丹贺宋朝生日礼物中，有“金龙水晶带”[②]。新罗国进贡辽朝的物品中，有“金抱肚一条五十两”[③]。契丹回赐新罗国使者的礼物，有“金塗银带二条”[④]。契丹回敬西夏礼物和赏赐西夏使者的礼物，“余并与新罗国同，惟玉带改为金带，劳赐人使亦同”。[⑤] 在契丹皇帝赏赐大臣和年长者的礼品中，常以带饰作为赐品。会同元年（公元938年）九月“壬子，（太宗）诏群臣及高年，凡授大臣爵秩，皆赐锦袍、金带、白马、金饰鞍勒，著于令。”[⑥] 应历十四年（公元964年）冬十月，穆宗“以掌鹿矧思代斡里为闸撒狘，赐金带、金盏，银二百两。”[⑦] 统和十二年（公元994年），“霸州民李在宥年百三十有三，赐束帛、锦袍、银带，月给羊酒。”[⑧] 圣宗“又喜吟诗，出题诏宰相已下赋诗，诗成进御，一一读之，优者赐金带。”[⑨] 重熙“二十一年（公元1052年）秋，祭仁德皇后，（兴宗）诏儒臣赋诗，（杜）防为冠，赐金带。”[⑩] 在这些带饰中，既有鞢躞带，又有汉式大带，质地有金带、鎏金银带、银带。契

---

① ［宋］叶隆礼撰：《契丹国志》卷二一《南北朝馈献礼物》，上海，上海古籍出版社点校本，1985年。

② 同注①。

③ 同注①。

④ 同注①。

⑤ 同注①。

⑥ ［元］脱脱等撰：《辽史》卷四《太宗纪》下，北京，中华书局点校本，1974年。

⑦ ［元］脱脱等撰：《辽史》卷七《穆宗纪》下，北京，中华书局点校本，1974年。

⑧ 同注⑥。

⑨ ［宋］叶隆礼撰：《契丹国志》卷七《圣宗天辅皇帝》，上海，上海古籍出版社点校本，1985年。

⑩ ［元］脱脱等撰：《辽史》卷八六《杜防传》，北京，中华书局点校本，1974年。

丹与宋朝、新罗、西夏等国的来往中，金银带是主要的贡赐品，而受赐人根据其级别和身份分别赐予不同质地的金银带。同时，年龄上百岁的长寿者也能得到皇帝赏赐的银带，反映了契丹族的敬老风俗。《辽史》卷一七《圣宗纪》八记载："（太平五年，即公元1025年）是岁，燕民以年谷丰熟，车驾临幸，争以土物来献。上礼高年，惠鳏寡，赐酺饮。至夕，六街灯火如昼，士庶嬉游，上亦微行观之。"辽代霸州平民李在宥高寿一百三十三岁，得到辽圣宗赏赐的束帛、锦袍、银带、羊酒等物，就是契丹敬老的一个事例。

辽代契丹族的金属冠带，是契丹服饰文化的重要组成部分，也是契丹舆服制度的集中表现。溯其渊源，在契丹建国前没有严格的冠带制度，契丹人留髡发，在辽墓壁画中经常能见到髡发契丹人的形象，很少有头戴金属冠的画像，或者戴契丹式皮冠和汉式幞头纱冠、巾帻等，这反映了契丹人不戴冠帽的传统习俗。但是，从考古学资料表明，北方游牧民族都有戴金属冠、佩金属带的习惯，在某种程度上是受中原地区和西方国家文化的影响。游牧民族按照其生活方式来讲，厚重的金属冠带不便于游牧和征战，只能是仿效他国在举行重大仪式活动中使用。契丹也是如此，其冠带制度是在建国以后受到中原王朝礼仪的影响而形成的，并且最初是有严格的制度，针对契丹人和汉人的不同采取了分治的政治制度，反映在服饰上也是有区别的，即契丹人穿本民族的服饰，汉人穿汉式服饰。到辽代中期以后，这种服饰上的差别有很大改变，契丹人可以穿汉服，汉人也可以穿契丹服。而契丹皇帝和大臣在不同的场合，有不同的冠带类型。同时，冠带在辽朝与其他国家的往来中，在皇帝与大臣的人际交往中，在敬老风俗中，都起到了很重要的作用，这是金银冠带特殊的社会功能。

(五) 金银器在政治等级中的象征意义

辽代金银器从发现的遗迹看，为皇家贵族、臣僚官吏、上层僧侣所拥有，代表了他们在政治上的特权和等级的尊贵。级别越高的贵族，随葬的金银器数量和种类越多，尤其在早中期的遗迹中这种现象特别明显，在某种程度上是政治地位的象征。如阿鲁科尔沁旗辽耶律羽之墓出土金银器达三十余件，赤峰市大营子辽驸马墓出土金银器三百六十五件，奈曼旗辽陈国公主墓出土金银器达二百余件，而辽宁省建平县硃碌科辽墓①出土金银器七件，法库县叶茂台辽墓出土金银器五件。可见随葬金银器数量的差别。在上述辽代服饰中，戴金银制作的冠和所佩带的带饰者，其地位和级别较高，反映了辽代贵族在政治上享有很大的权力。

在辽代的金银器中，有一些诸如金券、银符、银币等器，从分类上属于杂器类。金券迄今还没有发现实物，但《辽史》中有多处记载。兴宗重熙十七年（公元1048年）十一月，“赐皇太弟重元金券。”② 道宗清宁四年（公元1058年）“闰月己巳，赐皇太叔重元金券。”③ 天祚帝天庆五年（公元1115年），耶律淳被“进封秦晋国王，拜都元帅，赐金券，免汉拜礼，不名。”④ 金券应该是皇帝赐给皇室近臣的重器，象征着

---

① 冯永谦：《辽宁省建平、新民的三座辽墓》，《考古》1960年第2期，第15～24页。

② ［元］脱脱等撰：《辽史》卷二〇《兴宗纪》三，北京，中华书局点校本，1974年。

③ ［元］脱脱等撰：《辽史》卷二一《道宗纪》一，北京，中华书局点校本，1974年。

④ ［元］脱脱等撰：《辽史》卷三《天祚皇帝》四，北京，中华书局点校本，1974年。

权力和荣誉。银符牌在《契丹国志》卷二五《银牌》中有记载，即“形如方响，刻蕃书‘宜速’二字，使者执牌驰马，日行数百里，牌所至，如国主亲到，需索更易，无敢违者。”这种银符牌是代表国君传达信息物件，也是一种权力的象征。《辽史》卷一〇《圣宗纪》一记载，统和元年（公元983年）冬十月“丙午，命宣徽使兼侍中蒲领、林牙肯德等将兵东讨，赐旗鼓及银符。”在内蒙古巴林左旗辽上京博物馆收藏有辽代的铜符牌，形状呈长方形，顶部有钮，底部有长条穿，中间铸有契丹文、汉文或图案。证实了辽代符牌制度的存在之事实。银币中有些不是流通用的，而是作为压胜钱出现。如内蒙古巴林左旗辽上京博物馆收藏的一枚契丹大字银币，上面的文字译为“天朝万岁”或“天朝万顺”吉祥语，佩带身上以避邪（图117）。那么，这些金银制作的券、符牌、钱币，在一定程度上代表了拥有者的身份与地位的高低。

图117　契丹大字银币
辽
内蒙古巴林左旗出土
（刘洪帅　绘）

辽代金银器是中国北方草原地区金银器发展的鼎盛时期，在接受唐文化、宋文化、西方文化等多种文化因素的影响下，在继承匈奴文化、鲜卑文化、突厥文化的基础上，形成了富有特色的契丹民族文化。金银器是其文化的精髓之一，从用途上分为七大类，涉及了日常生活、政治制度、军事武备、宗教信仰、风俗习惯等方面。辽代金银器的考古发现和造型艺术，是北方游牧民族所发现的金银器数量最多、种类最为齐全的一个朝代，不仅反映了契丹民族的游牧式生产和生活方式，而且有许多的社会功能。通过金银器可以说明契丹民族严格的政治制度、神秘的埋葬习俗、独特的祭祀形式和奢侈的宴饮生活，将人们引入一个精制典雅、豪华气派的金银器文化氛围中。

七、西夏与金代金银器的发展状况

在论述辽代金银器以及相关问题时，加入西夏与金代金银器发展状况，就是由于西夏与辽朝共处北方草原地区长达八十多年，与金朝共处十年，有一个交叉鼎立的局面，他们共同为草原文化的繁盛做出了很大的贡献。西夏和金代的金银器，从风格上讲，也处于北方草原金银器发展的鼎盛时期，在唐文化的余韵、宋文化的直接影响下，以及西方文化因素的渗透，形成了自己特色的金银器文化。因此，另辟一章介绍一下西夏和金代的金银器。党项族，是居于中国北方草原地区西部的一个少数民族，与中原王朝的关系密切。唐朝时，其势力进入内蒙古的西部。五代时期，势力不断强盛，进入内蒙古的中南部。北宋时期，与宋经常发生战争，在经济、文化方面来往频繁。公元 1038 年，党项族拓拔氏首领元昊仿汉制，建大夏政权，因在宋以西，史称“西夏”。女真族，主要居住在北方草原地区的东部，在五代以后开始出现，初统一于辽，分“熟女真”和“生女真”。公元十世纪前后，还处于穴居野处的状态，过着游牧的原始生活，在抗辽的奴役和压迫斗争中，继续得到发展。公元十一世纪中期，完颜部逐渐强大，并开始对辽宋用兵。公元 1115 年，完颜阿骨打建立金政权，社会组织由原始部落制转化为奴隶制。后来在政治、经济等方面实行一系列的改革，又完成了封建化进程。

（一）金银器的考古发现

西夏和金代金银器，主要发现于宁夏、内蒙古、黑龙江、北京等地区，从总体上看，数量较少，但做工精巧。现列举如下。

1. 1972年，宁夏西夏陵区八号墓①出土金银器十件。金器有葡萄纹金带饰、花瓣形镂孔金饰、金扣边、金鞍饰，银器有鎏金嵌绿松石银饰、银饰片、圆形银饰片、鎏金兽面形银饰。为西夏遗物。

2. 1976年，宁夏灵武县石坝窖藏②出土银器十九余件，有西夏文银碗、素面银碗、银盒、银发饰。为西夏遗物。

3. 1954年和1966年，内蒙古巴彦淖尔市临河区高油房窖藏③出土金器二十余件，有金佛像、莲花形金盏托、凤纹金碗、花瓣形金碗、嵌宝石桃形金冠饰、弧形金冠饰片、镂空伎乐人物纹金耳坠、金指剔、金环。为西夏遗物。

4. 1973年，黑龙江省绥滨县中兴古城墓葬④出土金银器近百件。金器有金列鞢、金花饰、花蕾形金耳坠、圆形金耳坠，银器有银簪、银钗、银钏、银腰佩、银碗、鎏金银鞍饰。为金代遗物。

---

① 宁夏回族自治区博物馆：《西夏八号陵发掘简报》，《文物》1978年第12期，第60~69页。

② 董居安：《宁夏石坝发现墨书西夏文银器》，《文物》1978年第12期，第84~86页。

③ 陆思贤、郑隆：《内蒙古临河县高油房出土西夏金银器》，《文物》1987年第11期，第65~68页。

④ 黑龙江省文物考古工作队：《黑龙江畔绥滨中兴古城和金代墓葬》，《文物》1977年第4期，第40~49页。

5. 1974年，黑龙江省绥滨县奥里米古城墓葬[①]出土金器二十余件，有金花饰、忍冬纹金饰片、橡子形金耳坠、花卉形金耳坠。为金代遗物。

6. 1975年，北京市通县金代墓葬[②]出土金银器近十件。金器有圆形回纹金饰片、镶宝石金坠饰、金箔饰片，银器有银簪，为金代遗物。

7. 20世纪80年代，内蒙古卓资山县忽洞坝出土银器二件，有双鱼纹银盏托、龙首柄银勺[③]。为金代遗物。

8. 1978年，黑龙江省金上京故城窖藏[④]出土银器十二件，有六曲葵瓣形银碗、六曲葵瓣形银杯、银酒盏、如意纹银盘、八曲葵瓣形龙纹银器盖、扁圆形银盘、龙首衔环银香炉、银铤。为金代遗物。

9. 1988年，黑龙江阿城市巨源金代齐国王墓[⑤]出土金银器二十件（套）。金器有金丝玛瑙管项饰。为金代遗物。

10. 1975年，内蒙古四子王旗红格尔墓葬[⑥]出土银器十三件，有葫芦形银耳坠、兽头形银耳坠、银钗、银簪、银剪、银饰片。为金代遗物。

11. 1983、1984年，黑龙江哈尔滨市新香坊墓地[⑦]出土金

---

① 黑龙江省文物考古工作队：《松花江下游奥里米古城及其周围的金代墓群》，《文物》1977年第4期，第56～62页。

② 北京市文物管理处：《北京市通县金代墓葬发掘简报》，《文物》1977年第11期，第9～14页。

③ 资料未发表，现藏于内蒙古自治区乌兰察布博物馆。

④ 阎景全：《金上京故城内发现窖藏银器》，《黑龙江文物丛刊》创刊号，1981年，第57～60页。

⑤ 黑龙江省文物考古研究所：《黑龙江阿城巨源金代齐国王墓发掘简报》，《文物》1989年第10期，第1～10页。

⑥ 田广金：《四子王旗红格尔地区金代遗址和墓葬》，《内蒙古文物考古》创刊号，1981年，第102～114页。

⑦ 黑龙江省博物馆：《哈尔滨新香坊墓地出土的金代文物》，《北方文物》2007年第3期，第48～58页。

银器三十九件。金器有镶玉金耳饰、花冠状金耳钉饰、金耳饰、金圈饰、金帽顶饰、金指环、金佩铃，银器有鎏金银鞍饰、银边鎏金铜鞍饰、银镯、荷花口银盏、鎏金边荷花银盏、鋬耳银钵、银药壶、银簪、银骨朵。为金代遗物。

（二）金银器的分类

西夏的金银器从用途上看，分饮食器、妆洗器、装饰品、鞍马具、佛教造像、日杂器六大类，器种有碗、盏托、盒、冠饰、耳坠、指剔、带饰、饰片、鞍饰、佛像等。

1. 饮食器

银碗 宁夏灵武县石坝窖藏出土，锤鍱成型，分二式。Ⅰ式为敞口，浅曲腹，小平底。一件内壁底有墨书西夏文“𗏁𗐱𗒘”，汉译“三两半”。高3.6、口径10.5、底径5.3厘米。另一件素面，高3.6、口径10、底径5厘米。Ⅱ式共四件，器形相同，皆为敞口，唇部外张，唇沿微内卷敛，高领，浅曲腹，小平底。第一件内壁底有墨书西夏文“𗏁𗐱”，汉译“三两”。高7、口径10.7、底径4.6厘米。第二件内底为西夏文“𗏁𗐲𗐳”，汉译“二两八”。高5.5、口径11、底径4.5厘米。第三件为素面，高5.2、口径11.2、底径4.5厘米。第四件残半，内底线雕卧牛纹，牛昂首反颈，四肢内屈。

莲瓣状银碗壁残片 宁夏灵武县石坝窖藏出土，共三片，为锤鍱而成。第一片在碗底圈足内镌刻汉文，右起至左竖刻五行，为“□□御前梳重万字官”，从这几个字的位置看，为该器铭文的上部分。第二片在碗底圈足内残存汉文“号秤”二字。第三片为碗唇残片，外壁刻西夏文，与第二片可以对合。

莲花形金盏托 内蒙古巴彦淖尔市临河区高油房窖藏出土，锤鍱成型。呈莲瓣形，由托盏、托盘及圈足组成。圈足呈倒置的喇叭形，成十曲莲瓣状，边沿錾刻一周缠枝草叶纹；

盘体也呈十瓣，宽外沿刻缠枝草叶纹，盘中部用缠枝草叶纹刻出一片莲瓣，使托盘呈重瓣状；托盏成十瓣，口沿平齐，沿下外壁錾刻缠枝草叶纹一周。高5、最大直径12.8厘米。

凤纹金碗　内蒙古巴彦淖尔市临河区高油房窖藏出土，锤锞成型。敞口，浅弧腹，小圈足。内底心錾刻凤凰团喜纹，内腹壁刻芍药、牡丹和西番莲，沿下刻一周缠枝牡丹纹，足外沿刻一周忍冬纹。高3.5、口径10.7厘米（图118）。

图118　凤纹金碗
西夏
内蒙古巴彦淖尔市临河区高油坊窖藏出土
（孙晓毅　绘）

花瓣形金碗　内蒙古巴彦淖尔市临河区高油房窖藏出土，锤锞成型。呈十曲花瓣形，敞口，弧腹，圈足。内底心錾刻凤纹，内沿刻缠枝牡丹纹。高3.7、口径10.2厘米。

2. 妆洗器

银盒　宁夏灵武县石坝窖藏出土，共二件，形制相同，皆为小圆鼓形，两侧有轴环可开合。一件两面中心为素面，周围铸压同心圆凹凸弦纹，内盛珍珠、小石珠等。高1.8、直径4.4厘米。另一件两面中心阳铸梵文铭文，周围铸同心圆凹凸弦纹。高1.5、直径4.5厘米。

3. 装饰品

葡萄纹金带饰 宁夏西夏陵区八号墓出土，铸造而成。呈长方形，边沿向背面折平，正面饰浮雕式的葡萄纹。背面上、下两端各有一横穿。长5、宽2.1厘米。

鎏金嵌绿松石银饰 宁夏西夏陵区八号墓出土，呈菱形，莲花状，花蕊镶嵌绿松石，左角有一钉孔。边长2.6、宽3厘米。

花瓣形镂空金饰 宁夏西夏陵区八号墓出土，作花瓣形，中间镂空，周边有一道连弧纹，三角各有一钉孔，可能为鞍带饰。长2.8、宽2厘米。

鎏金兽面形银饰 宁夏西夏陵区八号墓出土，铸造而成。作兽面状，鼻两侧上端各有一镂孔，背面有一环纽。长1.9、宽1.5厘米。

银钗 宁夏灵武县石坝窖藏出土，共八件，分大、中、小三型。上部较细，下部逐渐变粗，尾部为双锥体垂球，双股叉。长14～18厘米。

金冠饰 内蒙古巴彦淖尔市临河区高油房窖藏出土，锤打、掐丝、焊接、模压成型。由桃形饰、长条状饰和弧形饰组成。桃形饰分大、中、小三种，饰莲花、花瓣、蜥蜴、联珠纹，并镶嵌宝石，多已脱落，大的花纹分多层分布。高2.5至7厘米。长条状饰，上下两端边缘镶嵌绿松石，并作花瓣。弧形饰，饰菱形纹、圆圈纹、草叶纹，并镶嵌宝石（图119）。

镂空伎乐人物纹金耳坠 内蒙古巴彦淖尔市临河区高油房窖藏出土，镂雕成型。上端为三朵盛开的花，作“品”字排列；下端为五朵盛开的花，花蕊原镶嵌宝石；中间为三个伎乐人物像，正中伎乐像，呈坐姿，拱手吹笙，左右各有一站立的伎乐像，各吹排箫；背面连弯钩。长4.2厘米（图120）。

图 119　嵌宝石桃形金冠饰
西夏
内蒙古巴彦淖尔市临河区高油坊窖藏出土
（孙晓毅　绘）

图 120　镂空伎乐人物纹金耳坠
西夏
内蒙古巴彦淖尔市临河区高油坊窖藏出土
（刘洪帅　绘）

金环　内蒙古巴彦淖尔市临河区高油房窖藏出土，呈圆圈形，下接卷绕的金丝。环径 1 厘米。

4. 鞍马具

金鞍饰　宁夏西夏陵区八号墓出土，锤揲成型。呈拱形，为鞍桥包边，内外缘有钉孔，素面。高 11.5、宽 16 厘米。

5. 佛教造像

金佛像　内蒙古巴彦淖尔市临河区高油房窖藏出土。铸造成型。失头，呈结跏趺式，身着袈裟，腰系带垂至膝下，右臂微曲，左手扶膝，外披双领大衣。衣褶錾刻精细。高 7.6 厘米。

6. 日杂器

金指剔　内蒙古巴彦淖尔市临河区高油房窖藏出土。铸造成型。柄部作双鱼形，对腹，连鳍，张口托仰荷、仰莲，间以联珠纹，柄端为三瓣花形，中穿孔，套圆环。鱼尾后雕出仰覆莲、仰荷、瓜棱，间以联珠纹。柄下接双面斜刃指剔。长 7.2 厘米（图 121）。

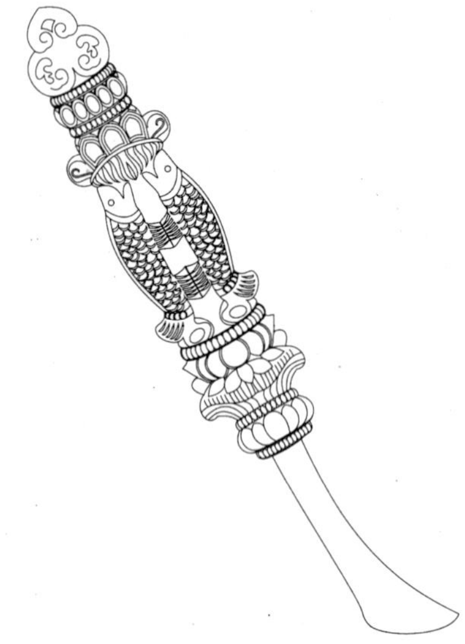

图 121　金指剔
西夏
内蒙古巴彦淖尔市临河区高油坊窖藏出土
（刘洪帅　绘）

金代金银器，从用途上分饮食器、装饰品、鞍马具、日常用具四大类，器种有碗、杯、盏、盘、器盖、钵、勺、帽饰、耳坠、指环、钏、镯、簪、列鞢、佩铃、圈饰等。

1. 饮食器

六曲葵瓣形银碗　黑龙江省金上京故城窖藏出土，锤鍱成型。通体呈六曲葵瓣形，敞口，弧腹，圈足。素面。高4.3、口径9.5厘米。

银碗　黑龙江省绥滨县中兴古城墓葬出土，锤鍱成型。已残破，圈足镂孔呈钱形纹，另一件为平底。

六曲葵瓣形银杯　黑龙江省金上京故城窖藏出土，锤鍱成型。通体呈六曲葵瓣形，敞口，弧腹，圈足。素面。高3、口径8.5厘米。

银酒盏　黑龙江省金上京故城窖藏出土，锤鍱成型。敛口，斜弧腹，圈足。素面。高3、口径7.5厘米。

双鱼纹银盏托　内蒙古卓资山县忽洞坝出土，锤鍱成型。由托盘、托盏组成，托盘下附圈足，托盏内錾刻双鱼纹。高5.8、直径13厘米。

荷花口银盏　黑龙江哈尔滨市新香坊墓地出土，五瓣荷花口，弧腹，圈足。一件高5.6、口径7.4、底径3.5厘米，另一件高7、口径7.7、底径3.7厘米。

鎏金边荷花银盏　黑龙江哈尔滨市新香坊墓地出土，用六个花瓣形的银片铆焊而成，每个花瓣重叠相压，镶饰的金边上有花草纹，盏心为六个花瓣形成的花心，整体造型好似一朵盛开的荷花。高4.4、口径9.9、底径3.6厘米（图122）。

如意纹银盘　黑龙江省金上京故城窖藏出土，锤鍱成型。敞口，斜腹，圈足。内沿錾刻夔纹，内底錾刻如意纹，沿底间墨书“一十九两五分”六字。高3.5、口径32.3厘米。

扁圆形银盘　黑龙江省金上京故城窖藏出土，锤鍱成型。敞口，斜腹，平底。素面。最大径31.6厘米。

图 122　鎏金边荷花银盏
金
黑龙江哈尔滨市新香坊墓地出土
（刘洪帅　绘）

錾耳银钵　黑龙江哈尔滨市新香坊墓地出土，侈口，深腹，平底。下腹部刻有“十”、“一”和女真文三个字符。一侧口沿附錾耳，下有指环。高 7、口径 19 厘米。

八曲葵瓣形龙纹银器盖　黑龙江省金上京故城窖藏出土，锤鍱成型。呈倒覆式碗状，顶面錾飞龙纹，下缘錾缠枝草叶纹。高 3. 2、口径 11. 8 厘米。

龙首柄银勺　内蒙古卓资山县忽洞坝出土，锤鍱成型。椭圆形勺头，后附弯曲的龙首形长柄。长 20. 8 厘米。

2. 装饰品

金帽顶饰　黑龙江哈尔滨市新香坊墓地出土，呈圆盖形，钮部为伸出的孔管，器身饰八个花瓣，每瓣上各有一朵小梅花。孔管壁上有呈云雾状刻线纹，器身均匀分布五对凿刻出的小孔，为镶嵌宝石之用。底径 6. 2 厘米。

花蕾形金耳坠　黑龙江省绥滨县中兴古城墓葬出土，用金丝编成，内镶有红玛瑙。

镶玉金耳饰　黑龙江哈尔滨市新香坊墓地出土，在金片上镶嵌鸟形玉片，下带含苞待放的玉花蕾坠，以金花叶托饰。玉鸟为飞翔状，阴刻线纹勾画尾部和翅膀上的羽毛，眼部呈三角形。鸟颈下穿孔通过腹部和尾部，金丝穿入孔中向下弯，鸟尾下部连接曲形金柄。鸟长4.3、宽1.4厘米。

金耳钉饰　黑龙江哈尔滨市新香坊墓地出土，呈葵花花冠状，作十二花瓣，花蕊为圆环状，环边饰斜螺旋纹，由一曲形金柄连接。葵花直径1.6厘米。

金耳饰　黑龙江哈尔滨市新香坊墓地出土，分二式。Ⅰ式呈椭圆形，花茎上有三个花蕾突起，下有一个垂直花叶。长4.1、宽2.3厘米。Ⅱ式花茎上的花蕾更为突出。长4.4、宽2.3厘米。

金指环　黑龙江哈尔滨市新香坊墓地出土，为金丝螺旋形环绕两圈而成。直径2.1厘米。

银钏　黑龙江省绥滨县中兴古城墓葬出土。一种由圆柱条弯成。另一种扁体，两端由两根弹簧形银线缀连。

银镯　黑龙江哈尔滨市新香坊墓地出土，分三式。Ⅰ式的横截面呈圆形，到断口处逐渐压扁。最大径7厘米。Ⅱ式由刻花银条卷成不规则的半圆形，表面饰忍冬花。展开通长16.3、宽1.4厘米。Ⅲ式用泥条状银条卷成不规则圆形，直径6.7厘米。

银簪　黑龙江哈尔滨市新香坊墓地出土，锻打而成，呈条形，截面为半圆形，一端有耳勺。长16厘米。

金列鞢　黑龙江省绥滨县中兴古城墓葬出土，由几部分组成，上部为一鎏金银盒，其两侧各有一串玛瑙珠，底有金叶托。银盒之下以黄色丝线缀一多面体水晶球，球两端有鎏金银花托，以下又有一个椭圆形玉石球，球下为两个长方形玉石条，两端各有一孔，玉石条下为一棱形玉石块，最下部为十五个红玛瑙珠。在银盒下面还缀有长方形金饰，两侧各有一缠枝花长方形图案，内镶有两块红玛瑙。全长37.7厘米。

金佩铃 黑龙江哈尔滨市新香坊墓地出土，用金片锻打而成，铃外壁刻划波浪纹，下部各有两个穿透的小孔，链以若干小金环。通长39.2、铃长2.5、径1.3厘米。

金圈饰 黑龙江哈尔滨市新香坊墓地出土，分二式。Ⅰ式为桃形，镂空透雕，将打好的缠枝叶纹饰镶嵌到桃形金片上，两边对称，桃尖部有一小孔。长6.2、宽5.8厘米。Ⅱ式为环形，在片状金环上铆饰叠压梅花纹饰，然后成环。直径4.7厘米。

3. 鞍马具

鎏金银鞍饰 黑龙江省绥滨县中兴古城墓葬出土。一种上部为月牙形图案，中间饰卷云纹，下部为长方形穿孔带扣。另一种为圆形，一面饰龙纹，一端连有长方形带扣。

鎏金银鞍饰 黑龙江哈尔滨市新香坊墓地出土，由前鞍桥、后鞍桥、半月形饰板组成。前鞍桥呈梯形，饰鱼鳞地双龙戏珠纹。一件两翼宽30、高18厘米；另一件两翼宽33、高25厘米。后鞍桥呈三角形，刻鱼鳞地云龙纹。长29、宽10厘米。半月形饰板刻卷草和流云纹。长12、宽3.8厘米。

银边鎏金铜鞍饰 黑龙江哈尔滨市新香坊墓地出土，形制与鎏金银鞍饰相同，尺寸有大小之别。

4. 日常用具

龙首衔环银香炉 黑龙江省金上京故城窖藏出土，顶端为一空心龙首，口衔银环，环下有三条长链，链下有炉。高57.5厘米。

银药壶 黑龙江哈尔滨市新香坊墓地出土。小口，带盖，底大而略圆。高8.5、口径2.5、底径6厘米。

银骨朵 黑龙江哈尔滨市新香坊墓地出土。外似杈杖，杖头为陀螺形，空心，以两个半圆形银片铆焊，接缝处有八个铆钉。杖柄以银片铆焊，有六十一个铆钉，底端的柲用铁皮包住，锥形，似铁矛的尖。长132厘米。

（三）金银器造型艺术的文化内涵及与中原地区的交流

西夏金银器的生活器皿，器口分花瓣口和圆口，用于盏托、碗、盒。多为弧腹，腹较浅。圈足发达。有的器物和纹饰浑然一体，如莲花形金盏托。整个造型显得小巧玲珑，具有宋代金银器的风格。装饰品有花瓣状、桃形和伎乐像，桃形冠饰分多层组成，采用了掐丝和镶嵌结合的工艺。

纹饰分植物纹、动物纹和人物图案，还有墨书。植物纹有葡萄、缠枝草叶、缠枝牡丹、牡丹、芍药、西番莲、忍冬、莲花、荷叶等，常见牡丹纹和缠枝草叶纹。动物纹有龙凤、鱼、兽、牛、蜥蜴等。在装饰中比植物纹要少。人物图案为伎乐造型。灵武县石坝窖藏出土的银碗，一件内底墨书西夏文“[illegible]”三字，意译是“三两半。”另一件碗内底刻卧牛纹，有墨书西夏文“[illegible]”二字，意译是“三两”。用墨书写西夏文，标明器皿的重量。银碗上的卧牛形象，与宁夏西夏王陵一〇八号陪葬墓[①]出土的鎏金铜卧牛相近（图123），后

图123
鎏金铜卧牛
西夏
宁夏西夏王陵一〇八号
陪葬墓出土
（孙晓毅　绘）

① 宁夏回族自治区博物馆：《西夏陵区108号墓发掘简报》，《文物》1978年第8期，第71～76页。

者的牛首前昂，没有反颈，二者略有差别。在个别器物上还装饰联珠纹，起间隔图案和点饰的作用。

从纹饰布局看，唐代金银器的遗风较浓，生活器皿采用单点装饰，不见满地装的手法。如凤纹金碗、花瓣形金碗（图124）、西夏文银碗，在器物内底分别錾刻凤凰团喜纹和卧牛纹。但在碗内沿、内腹及足沿上也装饰纹样，一般为缠枝牡丹纹和芍药、西番莲等。装饰品满饰纹样，通常饰几种不同的组合图案，如金指剔，用鱼、仰荷、仰莲、瓜棱、联珠等作装饰。

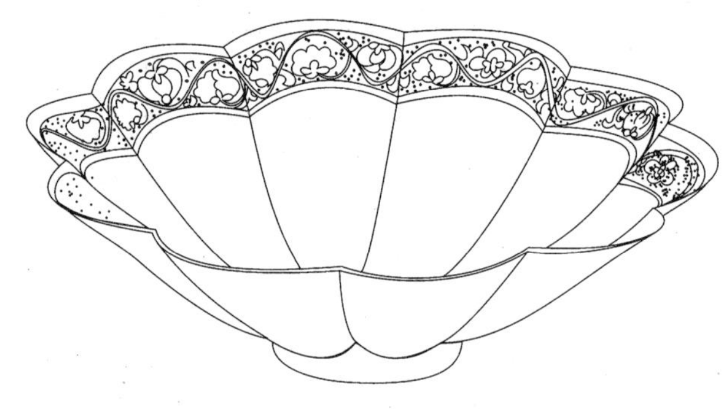

图124 花瓣形金碗
西夏
内蒙古巴彦淖尔市临河区高油坊窖藏出土
（孙晓毅 绘）

冶炼是金属制造的基础工序。西夏文字典《文海》中有关于种种矿藏的解释："铁者矿也，使石熔为铁也"；"金者金子也，黄金也，石中出，与铁同类"；"银者银也，矿物中出也"。《圣立义海》记载："西边宝山，淘水有金，熔石炼银、铜。"上述文献对各种金属的解释，说明西夏人民对金属冶炼已有初步的认识。《天盛改旧新定律令》中对冶炼和锻造金、银、铜、铁时的损耗情况有明确规定，这些规定一方面反映了西夏金属矿产的稀少，另一方面反映出西夏工匠已掌握了较高的金属冶炼铸造技术和工艺。铸造就是器物成型，包括多个工艺流程，有制模、浇铸、焊接、抛光、鎏金等。从出土的西夏金银器看，这些工艺与技术均已掌握。

西夏政府机构中设有“文思院”，其职能是“掌造金银犀玉，金彩绘素，以供舆辇册宝之用”。西夏金银器造型轻巧，外表光莹，厚薄均匀，做工精细。西夏金器的铸造有“生金熔铸”、“熟再熔”、“熟打为器”等多种工艺。《天盛改旧新定律令》载有“生金熔铸：生金末一两耗减一字。生金有碎石圆珠一两耗减二字”。“熟再熔一番为熟板金时：上等一两耗减二字。次等一两耗减三字”。熟打为器：百两中耗减二钱”等。西夏的黄金拉丝工艺水平很高。文献记载，西夏官吏戴金冠，更有甚者“人马皆衣金”。“衣金”就是衣“金锦”。“金锦”就是把黄金拉成丝，织到毛、丝、棉织物中去。金属拉丝是技术性极高的工艺，十分复杂，这充分显示出西夏金银铸造的技术和工艺。

西夏金属制品的精致，除了有高超的锻铸技术外，还与鼓风设备的先进分不开。西夏工匠在锻造中所用的鼓风设备已不是韦囊鼓风，开始使用风箱鼓风，这样可以保持炉膛内所需高温。榆林窟第三窟西夏壁画中有一幅《锻造图》，图中有三人，一人左手握火钳夹一金属置于砧上，右手举锤锻打，另一人双手抡大锤锻打金属，第三人坐于墩上，推拉着竖式的扇风箱，风箱可推拉互用，连续鼓风。风箱鼓风不仅提高了锻造速度，同时也可提高锻造质量。因此，西夏的金银器，在工艺上采用锤鍱、铸、錾刻、铆合、焊接、模压、掐丝、抛光等，锤鍱、铸、模压为主要工艺，往往同一件器物上用不同的多种工艺。如凤纹金碗，锤揲成型，纹饰使用錾刻，圈足为焊接，达三种工艺。金银器制作的各种技法应用十分熟练，使器物造型精致美观。

石坝窖藏出土的银器，在器物上有标明重量的西夏文，为研究西夏历史及当时的度量衡制度提供了实物资料。根据实测器物重量，西夏的两单位值约为38～39.1克强，宋朝的两单位值约为39～40克，由此可知西夏的权衡制度与宋朝相似。西夏的典章制度“悉仿中国”，“多与宋同”①。从银器的重量可证实权衡制度的相同性。

党项在很早时期就与中原王朝发生联系，入降归附，献物朝贡。《隋书》卷八三《党项传》记载，在西魏、北周之际（公元六世纪中叶），党项几次侵扰魏、周的边境，掠抢财物。“开皇四年（公元584年），有千余家归化。五年，拓拔宁丛等各率众诣旭州内附，授大将军，其部下各有差。”在开皇十六年（公元596年），党项又入侵会州（治所在今四川省茂汶羌族自治县境内），但被隋朝打败，又“相率请降，愿为臣妾，遣子弟入朝谢罪。……自是朝贡不绝。”根据《旧唐书》卷一九八《党项传》、《新唐书》卷二二一《党项传》等史书的记载，在唐贞观三年（公元629年），党项首领细封步赖率领部落归附唐朝，大受优待，唐朝在其居住地设立轨州，授步赖为刺史。其他各部闻风兴起，纷纷归附，唐朝又为此而设置崌、奉、严、远四州，供他们居住，授其首领为刺史。贞观五年（公元631年），唐政府下令派遣使者到河曲地设六十州，内附唐朝的党项人口有三十余万。贞观八年（公元634年），唐朝大将李靖率军攻打吐谷浑时，党项首领拓拔赤辞帮助吐谷浑抵抗唐军，兵败请降，唐政府在其原住地，分设懿、嵯、鳞、可等三十二个羁縻州，任命归附的党项部落首领为刺史，拓拔赤辞为西戎州都督，赐姓李，受松州都督府的节制。同时，散居在今甘肃南部和青海境内的许多党项部落，因受不了吐蕃的奴役，请求内徙，唐政府把原设在陇西地区

① ［清］吴广成：《西夏书事》卷一一。

的静边州都督府移置庆州（治所在今甘肃省庆阳县），辖下的二十五个党项州也一起迁徙。公元八世纪中叶，唐朝发生了“安史之乱”，散居在灵州（治所在今宁夏灵武县）、盐州（治所在今宁夏盐池县）、庆州一带的党项部落，经常与吐蕃联合扰边。唐政府为了隔离他们的关系，把党项部落迁到银州（治所在今陕西省米脂县）以北、夏州（治所在今陕西省靖边县）以东地区，静边州都督府也同时移置在银州境内。绥州（治所在今陕西省绥德县）、延州（治所在今陕西省延安市）也陆续迁来大批的党项人。还有部分党项人驱赶着牧群一度东进到石州（治所在今山西省山县），就地水草畜牧，后因不堪当地官吏的压迫而又逃回黄河西岸地区。

五代时期，党项人需要有固定的地方来扩大贸易，以换取更多的生活必需品。后唐明宗命令沿边设榷场，给党项民族提供贸易场所，更好地促进党项与中原地区的经济往来。北宋建立后，西夏通过朝贡获得北宋的丰厚赏赐，或设榷场进行经济贸易，或联姻扩大相互间的交往。根据《宋史》卷四八五、四八六《夏国传》记载，可知西夏与宋朝往来的情况，。宋建隆初（公元960年），党项首领李彝兴献马三百匹，宋太祖为此高兴，赐以玉带作为回赠。太平兴国七年（公元982年），党项首领继棒率族人入朝，“宋太宗甚嘉之，赐白金千两、帛千匹、钱百万。祖母独孤氏亦献玉盘一、金盘三，皆厚赉之。”端拱初（公元988年），宋太宗对继棒“授夏州刺史，充定难军节度使、夏银绥宥静等州观察处置押蕃落等使，赐金器千两、银器万两，并赐五州钱帛、刍粟、田园。保忠（赐继棒姓赵，改名保忠）辞日，宴于长春殿，赐袭衣、玉带、银鞍马、锦采三千匹、银器三千两，又赐锦袍、银带五百，副马百匹。”淳化五年（公元994年），继棒族弟继迁“乃献马以谢。又遣弟廷信献马、橐驼，太宗抚赉甚厚，遣内侍张崇贵诏谕，赐药茶、器币、衣物。”景德三年（公元1006

年)，宋朝厚赏德明（继迁子)，拜官夏州刺史，“赐衣、金带、银鞍勒马，银万两、绢万匹、钱三万贯、茶二万斤，给奉如内地。因责子弟入质，德明谓非先世故事，不遣。乃献御马二十五匹、散马七百匹、橐驼三百头谢恩。”“四年（公元1007年)，又献马五百匹、橐驼三百头，谢给奉廪，赐袭衣、金带、器币。及请使至京市所需物，从之。”公元1038年，党项首领元昊建立西夏政权，此后一边与宋战争，一边继续朝贡。庆历四年（公元1044年)，元昊给宋朝上表誓言，要求和好，宋政府“仍赐对衣、黄金带、银鞍勒马、银二万两、绢二万匹、茶三万斤。”嘉祐七年（公元1062年）谅祚（元昊长子）“遣人献方物”，并“进马五十匹，求《九经》、《唐史》、《册府元龟》及宋正至朝贺仪，诏赐《九经》，还所献马。”熙宁四年（公元1071年)，“夏遣使入贡，且以二砦易绥州，乞如旧约，诏不允。”这种朝贡关系一直延续到北宋灭亡。

宋朝在与党项的边境设置榷场，进行经济上的贸易。党项首领德明在公元1007年，请求在保安军（今陕西省志丹县）设置榷场，听许蕃汉贸易。大中祥符八年（公元1015年)，德明“筑堡于石州浊轮谷，将建榷场”，宋朝下令沿边安抚司制止。在榷场上，宋朝“以缯、帛、罗、绮，易驼、马、牛、羊、玉、毡毯、甘草；以香药、瓷、漆器、姜、桂等物，易蜜、蜡、麝脐、毛褐、羱羚角、硇砂、柴胡、苁蓉、红花、翎毛。非官市者，听与民交易；入贡至京者，纵其为市。”① 德明为了从贸易额的增加中多得利益，常在边境私设榷场，或派人在沿边一带贩卖禁物，进行走私活动。《续资治通鉴长编》卷七二记载：“大中祥符二年（公元1009年)，河东沿边安抚司奏：麟、府州人民多携带轻货，在夏境内擅立榷场贸易，请求禁断。”《宋会要辑稿·方域》载：“盖德明多遣人赍违禁

① ［元］脱脱等撰：《宋史》卷一八六《食货志》下，北京，中华书局点校本，1977年。

物，窃市于边，间道而至，俱长壕之阻也。朝廷方务招纳，故止其役。”由此而看，党项及其建立的西夏政权与北宋通过朝贡和设置榷场的形式，促进双方之间的经济贸易。西夏的统治者经常得到宋朝赏赐的金银器，加之双方之间的经济贸易，使其金银器带有宋朝的风格是一种正常的现象。

西夏金银器中出现了佛教造像，这与西夏境内普遍崇佛有关。在德明（公元11世纪初）时期佛教已传入，西夏立国后，其统治者鉴于党项族信仰的“天”、“鬼神”和巫术，已经不能适应新形势的需要。在充满着阶级对抗和民族矛盾经常成为主要矛盾的形势下，要想加强对老百姓的思想控制，使其统治长治久安，必须大力提倡佛教。在西夏最高统治者中，有的亲自信仰佛教。如开国之君元昊，不仅带头崇信佛教，而且还通晓浮图之学。为了发展佛教，元昊曾广搜舍利，妥为安置，规定每一季第一个月的朔日为“圣节”，让官民届时烧香礼佛，不惜用行政命令来强制官民崇信佛教。其他统治者如毅宗谅祚、惠宗秉常、崇宗乾顺、仁宗仁孝等，也都大力提倡佛教，带头信仰佛教。这对西夏佛教的发展兴盛，无疑起了加速的作用。西夏境内佛寺极为普遍，全国各地所建寺庙，几乎比比皆是。同时，输入佛典，延揽高僧，讲经说法。佛教文化艺术在这种大兴佛法的情况下得到空前发展，不仅在壁画的绘画艺术中得到表现，还在器物造型中得以体现。在金制品中出现与佛教相关的造像，也反映了西夏佛教传播的兴盛状况。

金代金银器中的饮食器，器口分花瓣口、圆口和曲角口，用于碗、杯、盘、盏托、盏。多为弧腹，个别浅盘的腹斜直，圈足较发达，有一定数量的平底。有的器物为龙首造型，如龙首衔环银香炉、龙首柄银勺。装饰品有花状，佩饰比较繁缛。

纹饰分动物纹、植物纹、符号、墨书。动物纹有龙、鱼，以龙纹最为常见。植物纹有缠枝花草、如意草。符号为数字和女真文，如新香坊墓地出土的錾耳银钵。墨书标明器物重量和工匠名，如金上京故城窖藏出土的撮形银器和如意纹银盘。

从纹饰布局看，仍继承了唐宋以来的风格，饮食器采用了环带夹单点式装饰和满地装的手法。如金上京故城窖藏出土的八曲葵瓣形龙纹银器盖，在盖顶面满饰飞龙纹，而下缘錾连续的缠枝草叶纹。如意纹银盘，在内底錾单一的如意纹，沿缘錾仿古的夔纹。有的器物造型与纹饰和谐统一，如龙首衔环银香炉、荷花口银盏、鎏金边荷花银盏、金花饰。在工艺上采用锤鍱、编丝、錾刻、焊接、抛光等，技术精湛而熟练。金朝中央政府设置都作院、尚方署、铸钱监、盐使司等机构，管理和监督金属器、食盐、陶瓷、钱币等行业的制作和开发。

在金代的金银器中，如同辽代一样也有金银制作的牌、券，作为赏赐有功大臣的标志物。《金史》卷五八《百官志》四记载："初，穆宗之前，诸部长各刻信牌，交互驰驿，讯事扰人。太祖献议，自非穆宗之命，擅制牌号者置重法。自是，号令始一。收国二年（公元 1116 年）九月，始制金牌，后又有银牌、木牌之制。盖金牌以授万户，银牌以授猛安，木牌则谋克、蒲辇所佩者也。故国初与空名宣头付军帅，以为功赏。递牌，即国初之信牌也。至皇统五年（公元 1145 年）三月，复更造金银牌，其制皆不传。"《金史》卷三《太宗纪》记载，天会二年（公元 1124 年）"八月乙巳朔，以孛堇乌爪乃等为贺宋生辰使。丁巳，撒离改部猛安雏思以赃罢，以奚金家奴代之。六部都统挞懒击走昭古牙，杀其队将曷鲁燥、白撒曷等。又破降骆驼山、金源、兴中诸军，诏增给银牌十。"《金史》卷四《熙宗纪》记载，皇统二年（公元 1142 年）"七月甲午，回鹘遣使来贡。北京、广宁府蝗。丁酉，赐宗弼金券。"《金史》卷七三《阿邻传》记载："及入见，上闻阿邻淮止战功，又以全军还，迁兵部尚书，监督经画征窝斡诸军粮饷，授以金牌一、银牌四。"《金史》卷七四《宗翰传》记载，天辅五年（公元 1121 年）"十一月，宗翰复请曰：‘诸军久驻，人思自奋，马亦壮健，宜乘此时进取中京。’群臣言时方寒，太祖不听，竟用宗翰策。于是，忽鲁勃极烈杲都统内外诸军，蒲家奴、宗翰、宗干、宗磐副之，宗峻领合紥猛安，皆受金牌，余睹为乡导，取中京实北京。”《金史》卷七四《宗望传》记载：“宗望请以为燕京留守。及董才降，益知宋之地里。宗望请任以军事。太宗俱赐姓完颜氏，皆给以金牌。”金代皇帝根据大臣的功劳和级别分别赐以金牌、银牌、金券等物，这也是金银器在政治等级中的象征意义与赏赐盛行的一种社会现象。

在金朝建立前后，女真的商业交换十分微弱，处于以物易物的阶段，“其市无钱，以物博易。”① 天会三年（公元1125年），宋使许亢宗到达金上京时，见到这样的情景，“无市井，买卖不用钱，惟以物相贸易。”② 其后，金与宋通过各种方式进行经济上的往来。金朝与宋朝除战争中发生的民间贸易外，主要通过榷场互市，加强各民族间的经济联系。金初在西北招讨司的燕子城、北羊城之间置榷场以易北方牧畜。

在北宋宣和中（公元1119～1125年），宋派遣赵良嗣入金，商议金、宋结盟夹攻辽国，即商妥“事定之后，当于榆关之东，置榷场。”③ 南宋也于绍兴五年（公元1135年），在濠州、泗州、楚州、庐州、寿春府等处设置榷场，便于南北通商，以解决金朝的缺货。“方商估未通也，甘草一两，为钱一贯二百，而市亦无卖，如生姜、陈皮之类，在北方亦皆缺乏。”④ 这些货物在南

---

① ［宋］宇文懋昭撰：《大金国志》卷三九《初兴风土》，北京，中华书局点校本，1986年。

② ［宋］徐梦莘撰：《三朝北盟会编》卷二〇《宣和乙巳奉使行程录》，上海，上海古籍出版社点校本，1987年。

③ ［宋］徐梦莘撰：《三朝北盟会编》宣政上帙四，引赵良嗣《燕云奉使录》，上海，上海古籍出版社点校本，1987年。

④ ［宋］徐梦莘撰：《三朝北盟会编》炎兴下帙四九，绍兴元年十二月，上海，上海古籍出版社点校本，1987年。

宋前因没有与金通商，无法进入金地。皇统二年（公元1142年）五月，金朝同意南宋的请求，双方各在沿边地区设置榷场。金朝置榷场于寿、蔡、泗、唐、邓、秦、巩、洮州、凤翔府，宋朝在光州、枣阳、安丰军、花靥镇、盱眙军置榷场。由于战争，双方也会停罢榷场，断绝贸易，影响了双方的商业经济。南宋向金输出的物品有茶、象牙、犀角、乳香、生姜、陈皮、丝织品、木棉、钱、牛、米等，金向南宋输入的物品有北珠、貂草、人参、松子、甘草、北绫、北绢、蕃罗、牲畜。

南宋的茶由官办，输入金朝的数量很大，说明金朝的饮茶之风盛行。《金史》卷四九《食货志》记载："（泰和五年，公元1205年）十一月，尚书省奏：茶，饮食之余，非必用此物。比岁上下竞啜，农民尤甚，市井茶肆相属，商旅多以丝绢易茶，岁费不下百万，是以有用之物而易无用之物也。若不禁，恐耗财弥甚。……宣宗元光二年（公元1223年）三月，省臣以国蹙财竭，奏曰：……今河南、陕西凡五十余郡，郡日食茶率二十袋，袋直银二两，是一岁之中妄费民银三十余万也。奈何以吾有用之货而资敌乎。"可见，金朝每年用茶量之大，仅河南、陕西五十郡年用茶达三十六万余袋，用去银七十二万两，仅茶一项就用去很多的银两，足见金朝耗银数量之大。

金朝的榷场之法大概仿宋制，"自南北通和，始置榷场。凡榷场之法，商人货百千以下者十人为保，留其货之半在场，以其半赴南边榷场博易，俟得南货回，复易其半以往，大商悉拘之，以俟南贾之米。"① 金政府对来北方交易的商人，征收税钱和入场税，并通过榷场交易，增加了政府的收入，活跃了双边人民的经济生活，丰富了二者的文化内涵。在金朝与宋朝的双边贸易中，宋代的金银器文化对金代有很大的冲击力，有的器物直接输入金朝境内。如金上京故城窖藏出土

① ［元］脱脱等撰：《金史》卷五〇《食货志》五，北京，中华书局点校本，1974年。

的多曲式银器和装饰仿古夔纹的做法，就是宋代金银器最明显的特征。龙首衔环银香炉，在造型和纹饰上取得和谐统一，也是宋代金银器的主要风格。

《金史》卷五〇《食货志》五记载："金银之税。世宗大定五年（公元1166年），听人射买宝山县银冶。九年（公元1170年），御史台奏河南府以和买金银，抑配百姓，且下其直。上曰：'初，朕欲泉货流通，故令行，岂可反害民乎？'遂罢之。十二年（公元1173年），诏金银坑冶，恣民采，毋收税。二十七年（公元1187年），尚书省奏：'听民于农隙采银，承纳官课。'明昌二年（公元1191年），天下见在金千二百余铤，银五十五万二千余铤。三年（公元1192年），以提刑司言，封诸处银冶，禁民采炼。五年（公元1194年），以御史台奏，请令民采炼随处金银铜冶，上命尚书省议之。宰臣议谓：'国家承平日久，户口增息，虽尝禁之，而贫人苟求生计，聚众私炼。上有禁之之名。而无杜绝之实，故官无利而民多犯法。如令民射买，则贫民壮者为夫匠，老稚供杂役，各得均齐，而射买之家亦有余利。如此，则可以久行。比之官役顾工，糜费百端者，有间矣。'遂定制，有冶之地，委谋克县令籍数，召募射买。禁权要、官吏、弓兵、里胥皆不得与。如旧场之例，令州府长官一员提控，提刑司访察而禁治之。上曰：'此终非长策。'参知政事胥持国曰：'今姑听如此，后有利然后设官可也。譬之酒酤，盖先为坊场，从后官榷也。'上亦以为然，遂从之。坟山、西银山之银窟凡百一十有三。"《金史》卷四九《食货志》四记载："大定三年（公元1164年），制金银坑冶许民开采，二十分取一为税。泰和四年（公元1204年），言事者以金银百分中取一，诸物取三，今物价视旧为高，除金银则额所不能尽该，自余金银可并添一分。诏从之。七年（公元1207年）三月，户部尚书高汝砺言：'旧制，小商贸易诸物收钱四分，而金银乃重细之物，多出富有之家，复止三分，是为不伦，亦乞一例收之。'

省臣议以为如此恐多匿隐。遂止从旧。”从这两段记载看，金朝对是否允许平民采冶金银矿有争议，但平民所采的金银都是为统治者服务，同时反映了金银贵重金属已在民间使用，不再为上层社会所垄断，为后来金银器发展的大众化奠定了基础。

在《金史》中有许多记载金朝皇帝赏赐大臣金银器或金银的场面。《金史》卷三《太宗纪》记载，天会二年（公元1124年）“八月乙巳朔，以孛堇乌爪乃等为贺宋生辰使。丁巳，撒离改部猛安雏思以赃罢，以奚金家奴代之。六部都统挞懒击走昭古牙，杀其队将曷鲁燥、白撒曷等。又破降骆驼山、金源、兴中诸军，诏增给银牌十。”《金史》卷四《熙宗纪》记载，皇统二年（公元1142年）“七月甲午，回鹘遣使来贡。北京、广宁府蝗。丁酉，赐宗弼金券。”《金史》卷六《世宗纪》上记载，大定元年（公元1161年）十月“丁巳，出内府金银器物赡军，吏民出财物佐官用者甚众。”《金史》卷一〇《章宗纪》二记载，明昌五年（公元1194年）“八月辛亥，至自景明宫。壬子，河决阳武故堤，灌封丘而东。丁巳，赐从幸山后亲军银、绢有差。”明昌六年（公元1195年）三月“丙申，如万宁宫。戊戌，以北边粮运，括群牧所、三招讨司猛安谋克、随乣及迭剌、唐古部诸抹、西京、太原官民驼五千充之，惟民以驼载为业者勿括。以银五十万两、钱二十三万六千九百贯以备支给。银五万两、金盂二千八百两、金牌百两、银盂八千两、绢五万匹、杂彩千端、衣四百四十六袭以备赏劳。”《金史》卷一一《章宗纪》三记载，泰和三年（公元1203年）“八月丙辰，还宫。庚申，命编修官左容充宫教，赐银、币。”《金史》卷十七《哀宗纪》上记载，正大三年（公元1226年）十一月“诏谕陕西两省，凡戎事三品以下官听以功过赏罚之，银二十五万两从其给赏。”正大“六年（公元1229年）春二月丙辰，枢密院判官移剌蒲阿权枢密副使。耀州刺史李兴有战功，诏赐玉兔鹘带、金器。”天兴元年（公元1232年）三月“癸卯，……出内府金帛器皿以赏战士。”《金史》卷一八《哀宗纪》下记载，天兴元年（公元1232年）九月“闰月戊申朔，遣使以铁券一、虎符六、大信牌十、织金龙文御衣一、越王玉鱼带一、弓矢二赐兖王用安，其父母妻皆赠封之。又以世袭宣命十、郡王宣命十、玉免鹘带十付用安，其同盟可赐者即赐之。”《金史》卷六十六《勖传》记载，金熙宗“八年，（勖）奏上《太祖实录》二十卷，赐黄金八十两，银百两，重彩五十端，绢百匹，通犀、玉钩带各一。”《金史》卷七三《阿邻传》记载：“及入见，上闻阿邻淮止战功，又以全军还，迁兵部尚书，监督经画征窝斡诸军粮饷，授以金牌一、银牌四。窝斡败，还至懿州，以疾卒。丧至京师，上命致祭于永安寺，百官赴吊，赙银五百两、重彩三十端、绢百匹。”《金史》卷七四《宗翰传》天辅五年（公元1121年）“十一月，宗翰复请曰：‘诸军久驻，人思自奋，马亦壮健，宜乘此时进取中京。’群臣言时方寒，太祖不听，竟用宗翰策。于是，忽鲁勃极烈杲都统内外诸军，蒲家奴、宗翰、宗干、宗磐副之，宗峻领合紥猛安，皆受金牌，余睹为乡导，取中京实北京。”《金史》卷七四《宗望传》记载：“宗望请以为燕京留守。及董才降，益知宋之地里。宗望请任以军事。太宗俱赐姓完颜氏，皆给以金牌。”《金史》卷七六《宗磐传》记载：“皇后生日，宰相诸王妃主命妇入贺。熙宗命去乐，曰：‘宗磐等皆近属，辄构逆谋，情不能乐也。’以黄金合及两银鼎献明德宫太皇太后，并以金合、银鼎赐宗干、希尹焉。”《金史》卷八五《永中传》记载：“章宗即位，起复判西京留守，进封汉王，与诸弟各赐金五百两、银五千两、钱二千贯、重币三百端、绢二千匹。”《金史》卷九二《徒单克宁传》记载：“章宗深然之。无何，进拜太傅，兼尚书令，赐尚衣玉带。……赐金五百两、银五千两、钱千万、重彩二百端、绢二千匹。”《金史》卷九三《洪裕传》记载：

“洪裕，大定二十六年（公元 1186 年）生。是时显宗薨逾年，世宗深感，及闻皇曾孙生，喜甚。满三月，宴于庆和殿，赐曾孙金鼎，金香合，重彩二十端，骨睹犀、吐鹘玉山子、兔儿垂头一副，名马二匹。章宗进玉双驼镇纸、玉琵琶拨、玉凤钩、骨睹犀具佩刀、衣服一袭。”《金史》卷九三《承裕传》记载，泰和“八年（公元 1208 年），罢兵，迁河南东路统军使，兼知归德府事，俄改知临潢府事。赐金带、重币十端、银百五十两。”《金史》卷九三《仆散揆传》记载：“明昌四年（公元 1193 年），……以战功迁西北路副招讨，进官七阶，赐金马盂一、银二百两、重彩一十端。复以战功升西南路招讨使兼天德军节度使，赐金五十两、重彩一十端。……（泰和）六年（公元 1206 年）春，……上即遣提点近侍局乌古论庆寿持手诏劳问征讨事宜，仍赐玉具剑一、玉荷莲盏一、金器一百两、重彩一十端。”《金史》卷九三《宗浩传》记载，章宗时期“撒里部长陀括里入塞，宗浩以兵追蹑，与仆散揆军合击之，杀获甚众，敌遁去。诏征还，入见，优诏奖谕，躐迁仪同三司，赐玉束带一、金器百两、重币二十端，进拜左丞相。”《金史》卷九四《夹谷清臣传》记载，大定“十二年（公元 1172 年），授右副都点检，迁左副都点检，出为陕西路统军使，兼知京兆府事。朝辞，赐以金带厩马……”《金史》卷一一〇《扶捻尽忠传》记载：“泰和八年（公元 1208 年），入为吏部郎中，累迁中都、西京按察使。是时，纥石烈执中为西京留守，与尽忠争，私意不协。尽忠阴伺执中过失，申奏。……及执中自紫荆关走还中都，诏尽忠为左副元帅兼西京留守。以保全西京功进官三阶，赐金百两、银千两、重彩百段、绢二百疋。……贞祐二年（公元 1214 年）五月，自西京入朝，加崇进，封申国公，赐玉带、金鼎、重币。”《金史》卷一一六《徒单兀典传》记载，天兴年“初，兀典发阌乡，拜天，赏军，人白金三两，将校有差。州之库藏，军资器械，为之一空。期日进发，已而不行，日造银器及兵幕牌印，陕州及盐司牌亦夺取之。”《金史》卷一二五《杨伯仁传》记载："海陵尝夜召赋诗，传趣甚亟，未二鼓奏十咏，海陵喜，解衣赐之。海陵射乌，伯仁献《获乌诗》以讽。丁父忧，起复，赐金带袭衣，及赐白金以奉母。”

从以上的记载看，金代的金银一方面具有流通的功能，另一方面还用来制作器物，而且颇具规模。文献中的金银器包括符牌、鼎、盒、盂、带、币等，其中的符牌与辽代一样，代表了皇帝传达的某种信息，也是受赐者身份和地位的象征。《金史》卷五八《百官志》四记载："初，穆宗之前，诸部长各刻信牌，交互驰驿，讯事扰人。太祖献议，自非穆宗之命，擅制牌号者置重法。自是，号令始一。收国二年（公元 1116 年）九月，始制金牌，后又有银牌、木牌之制。盖金牌以授万户，银牌以授猛安，木牌则谋克、蒲辇所佩者也。故国初与空名宣头付军帅，以为功赏。递牌，即国初之信牌也。至皇统五年（公元 1145 年）三月，复更造金银牌，其制皆不传。”

金代金银器中，龙纹和墨书装饰显然是受中原文化的影响，同时也显示了皇家贵族的豪华风范。《金史》卷四三《舆服志》上记载："大辇，赤质，正方，油画，金涂银叶龙凤装。其上四面施行龙、云朵、火珠，方鉴、银丝囊网，珠翠结云龙，钿窠霞子。四角龙头衔香囊。顶轮施耀叶，中有银莲花，坐龙。红绫里，碧牙压帖。内设圆鉴、香囊，银饰勾栏台坐，紫丝条网帉錔。中施黄褥，上置御座、曲几，香炉、锦结绶。几衣、轮衣、络带并绯绣云龙宝相花，金线压。长竿四，饰以金涂银龙头。画梯、托叉、行马。”这里记载的大辇四角上的“龙头衔香囊”之物与金上京故城窖藏出土的龙首衔环银香炉相似，可能为金朝天子用辇时可供执用。另一方面，华丽的金银饰品又是女真贵族生活的真实反映。

八、辽、金和西夏

草原丝绸之路经济文化的兴盛

丝绸之路从本意上看是指一条连接东西方贸易的交通要道，但随着商贸的交往，必然引起文化间的交流与碰撞，因而又是一个上升到文化的问题，后者尤其重要，受到了国际学术界的重视，并为此做了大量的研究工作。草原丝绸之路不仅是连接东西方经济、文化交往的通道，也是连接中国长城以南地区与北方草原地区经济、文化交往的要道。因此，在研究丝绸之路的诸多问题时更加显得非常重要。

草原丝绸之路是一个国际性的研究问题，也是一个综合性的研究问题，无论是国内从事民族学、考古学、历史学等领域的学者，还是国外的同行学者，都在围绕这一问题去追寻草原丝绸之路上的古人类遗留下来的足迹，来反映曾经辉煌很长历史时期的经济、文化交往的通道。联合国教科文组织曾于1989年、1990年和1992年连续三次组成考察队，对沙漠丝绸之路、草原丝绸之路、海上丝绸之路进行了详细地考察，取得了很大的成绩。近年来，又组织考察组对丝绸之路的中国段进行考察，来寻找丝绸之路的起点。2004年7月在苏州召开的第28届世界遗产大会上，国家文物局有关负责人称，中国正通过世界遗产中心与日本、中亚诸国进行磋商，将联合申报“丝绸之路”为世界遗产，并有望于2007年提交世界遗产委员会讨论。考虑到丝绸之路的覆盖地域广泛，在中国境内凡能证明与丝绸之路有重要关系的历史文化遗迹，都可纳入这一项目之中。2005年10月在西安召开的国际古迹遗址理事会第十五次大会上，国家文物局负责人在其主旨报告中提到了“丝绸之路申报世界文化遗产的问题，表示说：“今天来看‘丝绸之路’无疑是重要的‘文化路线’，应通过加强国际文化遗产保护领域的合作和相关国家共同努力，在搞好‘丝绸之路’研究等基础工作的情况下，将之申报世界文化遗产。”① 这说明我国已经对丝绸之路问题的研究非常重视，也为我们研究草原丝绸之路的文化交流和文化现象奠定了坚实的后盾。

（一）草原丝绸之路的开通与早期发展

草原通道的形成，与自然生态环境有着密切的关系。在整个欧亚大陆的地理环境中，要想沟通东西方交往是极其困难的。北亚处于寒冷的苔原和亚寒带针叶林，难以适宜人类的生存。中亚又有崇山峻岭和广阔无垠的戈壁沙漠，筑成一道天然屏障阻隔了东西方的通道。通过环境考古学资料表明，欧亚大陆只有在北纬40度至50度之间的中纬度地区，才有利于人类的东西向交通，这个地区恰好是草原地带，东起蒙古高原，向西经过南西伯利亚和中亚北部，进入黑海北岸的南俄草原，直达喀尔巴阡山脉。在这条狭长的草原地带，除了局部有丘陵外，地势比较平坦，生态环境比较一致，中国北方草原地区正好位于欧亚草原地带之上，其生态环境与欧亚

---

① 《“丝绸之路”有望申报世界文化遗产》，《光明日报》2005年10月21日第2版。

草原的其他地区基本相同。这条天然的草原通道，向西可以连接中亚和东欧，向东南可以通往中国的中原地区。可见，中国北方草原地区在中国乃至世界古代东西方交通要道上的重要作用。

在草原丝绸之路正式开通以前，东西方的文化交往就已经非常频繁。早在旧石器时期，在中国北方草原地区就发现了人类活动的遗迹。内蒙古呼和浩特市东郊大窑村南山四道沟发现的旧石器文化遗址①，从文化内涵和文化堆积层看，在时间上具有连续性，从旧石器时代早期至晚期，最早可追溯到距今五十万年前，属于大型尖状器－砍砸器文化系统，对山西省襄汾县丁村文化的石器有很大的影响。在蒙古国也发现距今十三万至十万年前的旧石器遗存，其石器以砍砸器为主，与大窑文化的石器同属于一个系统。另外，在蒙古国的亚赫山还发现了典型的手斧，这是非洲阿舍利技术传入欧洲之后，又经过草原通道传入蒙古高原的一个例证，也是整个远东地区唯一发现阿舍利技术的地点。正如前苏联考古学家所说，早在旧石器时代，“蒙古便是各民族间通行道路和文化接触的一个远古交汇点，使中亚、西伯利亚、满洲、中国和印度互相联系。”② 虽然各民族和满洲的提法不很准确甚至错误，但说明了旧石器时代草原通道对东西方交往的重要性。

在考古学上，当人类进入新石器时代以后，出现了以农业为标识的新的时代，并为后来畜牧业的发展奠定了基础，人类从采集天然食物发展到生产经济的阶段。在西亚，距今一万一千年至九千年前之间就已经开始种植大麦、小麦，饲养绵羊、山羊。在中国，距今八千至七千年前已经种植粟、稻等作物，饲养了猪、狗、鸡。中国北方草原地区的核心地

---

① 汪宇平：《呼和浩特市大窑村四道沟东区旧石器时代石器制造场 1983 年发掘报告》，《史前研究》1987 年第 2 期，第 53～61 页。

② 《考古学参考资料》(1)，北京，文物出版社，1978 年，第 101 页。

内蒙古发现了距今八千年前的兴隆洼文化遗址，其文化内涵反映出当时已经进入了农业经济的时代。而其后的红山文化受到了中国中原地区后冈一期文化和庙底沟类型的影响，内蒙古中南部地区的白泥窑文化遗存、庙子沟文化遗存、老虎山文化遗存等，多受到中原地区仰韶文化、龙山文化的冲击。内蒙古东南部地区小河沿文化遗址出土的双口双耳红陶壶，又与伊朗高原出土的同类器非常相似①。可以看出新石器时代中国北方草原地区在沟通东西和南北文化交流中的作用。

在进入青铜时代以后，草原通道及东西两端的相邻地区都不同程度地出现了牧业经济和游牧经济，有的地区在新时期时代就出现了牧业经济。草原丝绸之路的西端南俄草原，在距今四五千年前，处于农业、牧业、渔猎、采集相结合的混合经济时代，后来由于气候的干燥使农业经济难以支撑下去，代之而起的牧业经济越来越占有重要地位。在蒙古，游牧经济形成于公元前三千年代后半期至前二千年代前半期②。在中国北方草原地区，公元前十六世纪由于气候条件的变化，开始进入牧业经济与农业经济并重的时代，直到公元前九世纪至前八世纪游牧经济的兴起。与草原通道的其他地区相比，中国北方草原地区的游牧文化出现的比较晚，但与其他地区游牧文化比较而言有其共同的特征，即青铜器、马具和野兽纹，而且非常发达，有自己的渊源和发展演变规律，与蒙古、南西伯利亚、南俄草原、黑海沿岸、北高加索地区的游牧文化有着直接的联系。在中国北方游牧文化出现以后，彻底与欧亚草原融为一体。特别是在匈奴民族统一中国北方草原地区之后，这里

① 笔者于1995年11月，在加拿大蒙特利尔文明博物馆参观时，发现伊朗文物展中的一件红陶双口双耳壶与内蒙古小河沿文化的同类器非常相似，时代也接近，意味着早在我国新石器时代就与伊朗高原存在着某种文化的交往。

② ［日］江上波夫：《新石器时代的东南蒙古》，樋口隆康主编《日本考古学研究者中国考古学研究论文集》，香港东方书店，1990年，第3～35页。

成为东西方和南北方经济、文化交流的汇集地，草原丝绸之路在中国古代历史上交通地位愈加显得重要。

草原丝绸之路在沟通东西和南北经济、文化交流中所起的作用，比其他丝绸之路都要显得更加重要和优越。中国北方草原地区是游牧民族生息的主要之地，匈奴、鲜卑、敕勒、柔然、突厥、回纥、契丹、党项、蒙古等游牧民族在势力强大后，都控制了北方草原地区，向西可抵达今新疆境内，使沙漠丝绸之路经常出现隔断的现象。如汉武帝时期张骞出使西域，打通了沙漠丝绸之路，但张骞的出使每次都被匈奴所截获，影响了通道的畅通。以后历代中原王朝的使者通过沙漠丝绸之路出使西域诸国，这种被截获的现象非常多。如唐朝安史之乱以后，河陇被吐蕃占领，河西走廊及青海道被阻隔，唐朝的使者、僧侣、商人通往西域都必须取道回纥，走草原丝绸之路。游牧民族的经济是不稳定的，遇到天灾人祸，都会使游牧民族的经济溃退，因而必须依赖于中原地区的农耕经济，才会出现和亲、朝贡、战争等交替的局面。当游牧民族与中原王朝和睦相处之时，双方的使者频繁来往，使中原地区的文化传入北方草原地区，而西方的商人也经过草原通道来到中国北方草原地区，加强了东西方之间的经济、文化的交流。

草原丝绸之路的繁荣，与突厥和回纥两个游牧民族有着密切关系。突厥人于公元六世纪中叶建立了突厥汗国政权，其疆域在最盛时，东尽大漠，西至里海，南抵波斯、印度，使许多草原和森林部落都处于突厥的控制范围之内，加强了各种古代文明之间早已存在的联系。在突厥人统治中国北方草原地区之前，丝绸之路的交通主要是沿着欧亚大陆腹地边缘地带进行，将中国、印度、波斯和罗马连接起来，但通往罗马的道路需要从波斯境内通过，从事商业贸易需要经过波斯的中间环节进行，从而对突厥和罗马的直接利益受到损害。

为了摆脱这种局面，突厥和罗马进行了多方的努力，但收效甚微，甚至导致了突厥与波斯关系的破裂，同时促成了突厥与罗马之间直接贸易的开展，开辟了新的东西方之间交往的通道。这条通道在波斯以北，穿越碱海与里海之间的荒漠地区。可分两条：一条由锡尔河出发，通过碱海北岸；另一条沿阿姆河，通过碱海南岸。两条通道在乌拉尔河口附近会合，通向伏尔加河，再沿顿河和黑海北岸到君士坦丁堡，或者穿越高加索，到达黑海的港口。这条通道是指草原丝绸之路的西段，虽然不很便捷，但在波斯阻隔正常通道以后又恢复了东西方的交往，突厥在新道的开通中扮演了重要的角色。在北高加索西部库班河上游的莫谢瓦亚·丘巴尔卡墓葬中，出土了公元八九世纪产于唐朝的丝绸、汉文文书残片等，证实了这条通道的存在和唐朝与西方国家交往的历史事实。

随着唐朝对漠北草原的统一，草原丝绸之路得到进一步的发展。唐朝贞观年间（公元627～649年），唐朝连破突厥、铁勒汗国，漠北草原游牧部落在回纥的率领下归附唐朝。贞观二十一年（公元647年），唐朝以铁勒、回纥诸部设置六个都督府和七州，并给诸部首领玄金鱼符为符信。“于是回纥等请于回纥以南，突厥以北，置邮驿，总六十六所，以通北荒，号为参天可汗道，俾通贡焉。”① 回纥汗国的牙帐位于鄂尔浑河上游（今蒙古国哈尔和林西北），参天可汗道就是由唐朝关内道北部军事重镇丰州（治所在今内蒙古五原南），向北通往回纥牙帐的交通要道。这与唐朝地理学家贾耽记载的通四夷七道之一的中受降城入回纥道大概相同，其走向是由长安北上至丰州，西北经鸊鹈泉入碛，经麚鹿山、鹿耳山、错甲山、密粟山、达旦泊、野马泊、可汗泉、横岭、绵泉、镜泊到回纥牙帐。这样，草原丝绸之路的东段又得到了开发，并为辽朝

---

① ［宋］欧阳修、宋祁撰：《新唐书》卷二一七《回鹘传》上，北京，中华书局点校本，1975年。

时期草原丝绸之路的全面繁盛奠定了基础。

（二）辽、金、西夏草原丝绸之路的繁荣盛况

唐代晚期，吐蕃兴起，占据了河西走廊一带，割断了沙漠丝绸之路，使这条通道不能进行正常的东西交往，但草原丝绸之路仍然畅通无阻。契丹族成为草原的新主人后，对繁荣草原丝绸之路做出了重大的贡献。辽太祖耶律阿保机曾远征西域，至鄂尔浑河畔的古回鹘城刻石记功而还。早在辽代早期，波斯、大食等国就先后给辽朝进贡。神策初年，耶律阿保机率兵侵掠突厥、吐浑、党项、沙陀诸部，俘虏各部酋长及民户一万五千六百，牲畜无数。天赞三年（公元 924 年），阿保机西征吐浑、党项、阻卜诸部，至古回鹘城刻石纪功。继续越过流沙，攻克浮图城，征服西北诸部，捕获甘州回鹘都督毕离遏。次年，甘州回鹘乌主可汗遣使“贡谢”。契丹的政治势力由此西达甘州，西北至鄂尔浑河。辽代中期继续开拓西北边境，统和十二年（公元 994 年），诏皇太妃领西北路乌古等部兵及永兴军分军，抚定西边，以萧挞凛为招讨使督其军事。统和二十一年（公元 1003 年），修筑旧时回鹘的“可敦城”。次年，“以可敦城为镇州，军曰建安”。① 从此，可敦城作为辽代钳制西夏和西北诸部落的军事重镇，维护草原丝绸之路的畅通。

在辽圣宗时期，根据《辽史·圣宗纪》的记载，统和七年（公元 989 年），阿萨兰、辖烈、于阗等，遣使来贡。统和八年（公元 990 年），阿萨兰回鹘于越达剌干，遣使纳贡于辽。开泰二年（公元 1013 年）七月，“化哥等破阻卜酋长乌八之众”，平定西北路，次年正月“阻卜酋长乌八来朝，封为

---

① ［元］脱脱等撰：《辽史》卷一四《圣宗纪》五，北京，中华书局点校本，1974 年。

王”；四月“沙洲回鹘曹顺遣使来贡”。开泰四年（公元1015年）二月，“于阗国来贡”。五年三月“党项魁可来降”；六月“回鹘献孔雀”。开泰九年（公元1020年），“大食国遣使进象及方物，为子册割请婚。”太平元年（公元1021年），“大食国王遣使请婚，封王子班郎君胡思里女可老为公主，嫁之。”辽朝还设置榷场和西北各族贸易，“高昌、龟兹、于阗、大小食、甘州人，时以物货至其国（契丹），交易而去。”① 契丹与周边民族政治上的联姻、军事上的攻战、经济上的往来，在很大程度上促进了文化的交流。辽代时，草原丝绸之路分为南、北两路，分别从上京临潢府和南京析津府出发，通往西域和中亚、西亚乃至欧洲。辽朝从西方诸国国输入珠玉、琥珀、玛瑙器、珊瑚、犀、硇、砂、皮革、毛织品、乳香、珍玩、玻璃器、镔铁兵器、斜台里皮、门得丝等，同时向西方诸国输出马、牛、羊、貂鼠皮、银鼠皮、熟皮靴鞋、海豹皮带、毡、青毡帐、毡鞯、朝霞锦、云霞锦、绫罗绮锦绢纱、匹缎、鎏金银龙鞍勒、银鞍、白楮皮黑银鞍勒、素鞍辔、银匣、银带、北珠、弓箭、镔铁刀、剑、青盐、白盐、加工食品、佛经、海冬青等。在双方交流的物品中，都包括了金银器，而且辽代金银器第一、二期中有很多器物具有波斯萨珊、粟特、古罗马等国家和地区金银器的风格。辽朝政府在上京城内的同文馆设置驿馆，给诸国信使提供方便的住宿条件。当时，西夏占据河西走廊，辽朝与西方国家的往来都要依靠草原丝绸之路，而上京、中京就成为各国使者、商贾的集散地。

辽代金银器的文化内涵能反映当时草原丝绸之路经济、文化交流的状况，其他的器物、饮食和艺术风格也能表现出西方文化的特征。辽代墓葬出土的玉石、玛瑙、琥珀等，证实了辽朝与西域、中亚、西亚各国或部落之间物质文化交流

---

① ［元］马端临撰：《文献通考》卷三四六《契丹》下，北京，中华书局标点本，1986年。

的密切关系。辽宁省建平县张家营子辽墓、硃碌科辽墓、新民县巴图营子辽墓[①]、法库县叶茂台辽墓[②]出土大量的玉石、玛瑙、琥珀等装饰品；内蒙古赤峰市大营子辽驸马墓[③]出土绿松石玛瑙、琥珀璎珞；内蒙古奈曼旗辽陈国公主墓[④]出土一千余件琥珀、玛瑙、玉石等装饰品，其中一件胡人戏狮琥珀雕刻品，从人物衣着看完全是波斯人的形象（图125）。内蒙古巴林右旗辽庆州白塔[⑤]上，浮雕有胡人牵狮的图案；内蒙古敖汉旗北三家辽墓[⑥]壁画中，绘有狮子蹲在鼓上的图案。这表明西方文化融入契丹文化之中，被广泛运用于造型艺术中。辽代契丹族的饮食文化，不仅向中原地区、西北地区、东北地区传播，还通过高丽传入朝鲜、日本，经过西域传入中亚一带，扩大了交流的区域。同时，中亚、西亚的饮食器不断传入契丹境内。胡峤的《陷北记》记载："自上京东去四十里，至真珠寨，始食菜。明日东行，地势渐高，西望平地松林，郁然数十里。遂入平川，多草木，始食西瓜，云契丹破回纥得此种，以牛粪覆盆而种，大如中国冬瓜而味甘。"内蒙古敖汉旗羊山一号辽墓[⑦]壁画中，发现一幅"西瓜图"，在墓主人面前放置一张木桌，桌上置两个大果盘，一盘放石榴、桃、杏等

---

① 冯永谦：《辽宁省建平、新民的三座辽墓》，《考古》1960年第2期，第15~24页。

② 辽宁省博物馆等：《法库叶茂台辽墓纪略》，《文物》1975年第12期，第26~36页。

③ 前热河省博物馆筹备组：《赤峰县大营子辽墓发掘报告》，《考古学报》1956年第3期，第1~36页。

④ 内蒙古自治区文物考古研究所等：《辽陈国公主墓》，北京，文物出版社，1993年，第1~186页。

⑤ 德新等：《内蒙古巴林右旗庆州白塔发现辽代佛教文物》，《文物》1994年第12期，第4~31页。

⑥ 内蒙古自治区敖汉旗文物管理所：《内蒙古昭乌达盟敖汉旗北三家辽墓》，《文物》1984年第11期，第1156~1162页。

⑦ 邵国田：《敖汉旗羊山1~3号辽墓清理报告》，《内蒙古文物考古》1999年1期，第1~38页。

水果，另一盘盛三个碧绿的长圆形西瓜。在契丹的食物中有一种回鹘豆，“高二尺许，直干，有叶无旁枝。角长二寸，每角止两豆，一根才六七角，色黄，味如粟。”① 这种豆是从回鹘传入的，并引种。另外，葡萄也从西域传入辽朝境内。

图 125　胡人戏狮琥珀雕饰
辽
内蒙古奈曼旗辽陈国公主墓出土
（刘洪帅　绘）

从辽太祖开始，在契丹原有纺织业的基础上，传播加强纺织技术，发展契丹的织造业。辽代的上京城，有“绫锦院”和“绫锦诸工作”，负责纺织业的管理和生产，绫锦院有契丹、渤海、汉人的织工约三百多人。东京道原渤海国地区生产麻织品，唐朝时曾以生产布、绵、绸著称。东丹国向辽代

① ［宋］叶隆礼撰：《契丹国志》卷二七《岁时杂记》，上海，上海古籍出版社点校本，1985 年。

朝廷“岁贡布十五万端”①。统和元年（公元983年），辽圣宗“以显州岁贡绫锦分赐左右贵族”②。宋朝使者路振在《乘轺录》中记载：沿灵河（今大凌河）“有灵、锦、显、霸四州，地生桑麻贝锦，州民无田租，但供蚕织，名曰太后丝蚕户”。辽中京的州县有许多“丝蚕户”，只纳丝和绢，不纳粟，所属的川州生产桑柘，所产的帛被辽朝作为珍贵物品送给宋朝。南京的纺织产品也作为礼物赠送宋朝，以精进工艺而受到称赞。这些都表明了辽代纺织业繁盛的状况，并通过草原丝绸之路，经西域高昌、回鹘，进入中亚而流向西方诸国，繁荣了草原丝绸之路的经济和文化。

在中国北方草原地区，北方游牧民族的西迁现象并非偶然，有其必然性。每当一个民族的势力强大之时，都要占据整个北方草原地区，并且紧紧依靠中原地区的农耕经济而生存，而原先占据草原地区的民族必然寻求适合自己生存的空间，北方草原地区的东、南、北都不适宜游牧民族生活方式，只有沿草原丝绸之路的通道向西发展，如匈奴、回纥、契丹等都属于这种情况。公元1124年，辽朝被金朝覆灭之际，契丹皇族耶律大石率部北趋，沿草原丝绸之路西迁至中亚地区，征服了高昌回鹘、喀喇汗王朝、花剌子模等政权和乃蛮、葛逻禄、康里等游牧部落，定都巴拉沙衮（今吉尔吉斯斯坦共和国托克马克），实现了对西域的统一，威服今新疆和中亚地区，这就是历史上的西辽政权，穆斯林史料称之为哈拉契丹。辽代经济、文化对西方国家的冲击，在耶律大石建立西辽政权以后仍然有很大的影响。西辽的领土分王朝直辖地和附属国、附属部族领地两部分，西迁契丹统治者征服西域以后，

---

① ［元］脱脱等撰：《辽史》卷三八《地理志》二，北京，中华书局点校本，1974年。

② ［元］脱脱等撰：《辽史》卷一〇《圣宗纪》一，北京，中华书局点校本，1974年。

均采取羁縻政策，对辖地的属民和附属国、附属部族征收赋税和派驻“少监”，在一定程度上影响了本地的文化和风俗习惯。西辽的统治地南接锡尔河上游，北含整个伊犁河谷，西起塔剌斯河，东北达额敏河，包括了今新疆西北和哈萨克斯坦东南部，在地域上更有利于契丹人与当地的文化交流。

西辽王朝的创建者耶律大石，是一位汉文化修养很高的契丹贵族，考中进士，“擢翰林应奉”。大石生于辽代晚期，作为皇族，为匡扶大辽朝廷尽了一切努力。在五京俱失，天祚皇帝一意孤行的情况下，奋然北走可敦城，转战至巴拉沙衮，都是为“复大业，以光中兴”，等待在物力人力等条件具备之后，打回西拉沐沦河流域，重建大辽帝国，始终未接受伊斯兰教，顽强地保持着自己的文化传统，在各方面都强烈地表现出汉文化的特色。西辽王朝的建立，结束了西域各国内部纷争不已和各国之间相互侵袭的局面，使社会秩序比其前其后的朝代都为安定。西辽统治者以儒家思想作为指导，对人民“轻摇薄赋”，对属国属部“柔远怀来”，“羁縻”、“安抚”，对宗教信仰“循俗”、“宽容”，对风俗习惯和文化内涵继承、传播。

耶律大石西征的军队中有大批汉人，他们与契丹人一起在传播汉文化方面起了很大作用。《长春真人西游记》记载，伊犁河谷地区“土人推以瓶取水，戴而归。及见中原汲器，喜曰：‘桃花石诸事皆巧。’桃花石，谓汉人也。”这里虽然只举出汉人把中原“汲器”传入西域这一事例，但是当地人明确指出，汉人“诸事皆巧”，足见传入的先进技术很多。考古资料表明，在西辽王朝直辖领地的遗址中发现很多的箭簇、斧、刀、短剑、铠甲等，可见工匠们使用了中原地区先进的锻造技术，制造工具和武器。另外，在建筑、造型艺术、语言文字等方面也多受汉文化的影响。西辽军队进入中亚后，在生活习惯方面还保持着原有传统，如饮食仍以肉类、乳品为主，辅以米面、蔬菜、水果等。穆斯林史籍说，耶律大石除中国丝绸外，不穿别的。末代公主浑忽在出嫁时还坚持“按照汉女的习惯”梳妆。蒙古国时期，常德出使西域，见到阿里麻里“回纥与汉氏杂居，其俗渐染，颇似中国”。因此，西辽时期汉文化对西域的影响是多方面的。

西辽政权共统治了八十余年，由于有着主要的契丹民族成分、传统文化、典章制度等，虽然在异乡他地，但经过辽朝二百余载的高度文化素养的熏陶，在保持着正统的游牧民族文化的同时，包括儒家思想、汉语言文字、中原典章制度及生产方式在内的汉文化已经成为契丹文化的主要支柱。因此，西迁中亚地区后，并未被当地伊斯兰教的文化洗礼，反而使契丹民族的文化和汉文化对当地造成很大的影响，让西方国家领略了东方文化的魅力。所以说，中国北方游牧民族沿着草原丝绸之路的西迁，不但加强了东西方文化的交流，还对东西方经济贸易的沟通起到了重要作用，并且促进了东西方民族关系的进一步发展。

从目前发现的西夏和金代金银器的器形、纹样和工艺来看，继承了唐宋时期的风格，西方文化的因素不太明显，虽然有源于印度佛教文化艺术的造像，但已经中国化了。多曲式银器的渊源在中亚地区，西夏和金代的多曲式金银器在风格上已经是从唐宋文化中转借过来的，并不是直接从西方国家传入。可是，此时的草原丝绸之路仍在繁盛，中西文化交流还在频繁往来，西夏正处于沙漠丝绸之路的咽喉，从其西行可以进入草原丝绸之路，沟通西夏与辽朝、金朝的经济、文化的交流。西夏先后与吐蕃、西域诸族、契丹、女真等发生经济往来，西夏与金国发生联系是在辽国灭亡的前夕。公元十二世纪初，女真的势力不断强大，建立金政权，对辽进行战争，迫使辽天祚帝西逃至夹山（今内蒙古萨拉齐西北、乌拉特中旗界）。金为了消灭辽国以解除后患之忧，全力对付宋朝，便联合西夏许以“下寨以北，阴山以南，乙室耶刮部吐禄泺西之地”① 给西夏。西夏应允若天祚帝逃奔至夏境，即行执献于金。双方就此确立了政治上的主从关系。在金攻灭辽以后，就把战争烽火引入西夏，不时发生战争，阻隔了西夏与南宋间的联系，迫使西夏在经济上依赖于金国。公元1141年，金同意了西夏的请求，在边境设置榷场。其后金国在市场中开放铁禁，让西夏的经济得以缓和。公元1172年，金世宗认为用生活必需品与西夏交易珠玉一类的奢侈品不太合算，下令停罢了保安、兰州两处榷场。五年后，因顾虑西夏与西辽相勾结，发生异动而不利；又因尚书省奏：“夏国与陕西边民私相越境，盗窃财富，奸人托名榷场贸易，得以往来，恐为边患。使人入境，与富商相易，亦可禁止。”② 便下令关闭了绥德榷场，只留东胜州和环州两地。公元1181年，西夏仁宗请求恢复兰州、保安、绥德三处榷场，并要求准许西夏使人入金贸易日用物品。金国以保安、兰州不产布帛为由，只允许在绥德设立关市，互通有无，并听西夏使人在都城进行贸易。直到公元1197年，金国才全部开放了和西夏交易的旧有榷场。

党项与西域诸国及中亚一带也有着密切的联系。《西夏书事》卷一五记载：“回鹘土产，珠玉为最；帛有兜罗、锦毛氎、狨锦、注丝、熟绫、斜褐；药有腽肭脐、硇砂；香有乳香、安息、笃耨。其人善造宾铁刀、乌金银器。或为商贩，市于‘中国’、契丹之处，往来必由夏界。夏国将吏率十中取一，择其上品；贾人苦之。”对西域诸国至宋朝的商贾，截道于西夏，勒索财物。还请求宋朝下诏令大食（波斯）贡使取道西夏，以图掠夺。这虽然不是正常的现象，但西域诸国的商

---

① ［元］脱脱等撰：《金史》卷一三四《西夏传》，北京，中华书局点校本，1974年。

② 同注①。

人、使者前往宋朝、辽国时，必经西夏，尤其在与辽朝、金朝的交往中，西夏成为中转站，然后通过草原丝绸之路进入辽、金境内，把西方的金银器和制作技术传入北方草原地区。

宋朝与西域诸国及中亚地区的贡使来往，金银器为主要的贡赐品，并且通过草原丝绸之路或者沙漠丝绸之路进入各自的境内。《宋史》卷四九〇《于阗传》记载：天圣三年（公元1025年）十二月，“（于阗）遣使罗面于多、副使金三、监使安多、都监赵多来朝，贡玉鞍辔、白玉带、胡锦、独峰橐驼、乳香、硇砂。诏给还其直，馆于都亭西驿，别赐袭衣、金带、银器百两、衣著二百，罗面于多金带。”“熙宁（公元1068－1077年）以来，远不逾一二岁，近则岁再至。所贡珠玉、珊瑚、翡翠、象牙、乳香、木香、琥珀、花蕊布、硇砂、龙盐、西锦、玉鞦辔马、腽肭脐、金星石、水银、安息鸡香石，有所持无表章，每赐以晕锦旋襕衣、金带、器币，宰相则盘球云锦夹襕。《宋会要辑稿·藩夷四》记载：元祐元年（公元1086年）闰二月二十二日，“诏赐于阗国王衣一袭、腰带器币有差。”元祐二年（公元1087年）正月十二日，“诏：于阗国黑汗王贡方物，回赐外，余不以有无进奉悉加赐钱三十万。二月十四日诏：回赐外，更加元丰八年例赐金带、锦袍、袭衣、器币。”宋地和西方的金银器，必然经过辽、西夏、金朝，走草原丝绸之路而带入两地，促进了西夏、金朝与宋朝、西方国家的金银器文化的交流。

在公元十世纪初至十三世纪前期，随着中西经济文化和南北经济文化的频繁接触和互相往来，草原丝绸之路也呈现出繁荣的景象。通过以上内容的分析，无论是历史文献的记载，还是考古学资料的分析，都表明了辽、西夏、金朝时期草原丝绸之路的发展状况。自匈奴“冒顿以兵至，击，大破灭东胡王，而虏其民人及畜产。既归，西击走月氏，南并楼烦、白羊河南王。”① 统一北方草原地区后，地控大漠南北，彻底打通了东西方经济、文化交往的通道，标志着草原丝绸之路的正式开通，直至辽金时期达到兴盛。从北方草原地区历代遗迹出土的金银器以及所透出的文化信息看，辽金时期草原丝绸之路上的经济、文化交往十分频繁，在器物形状、装饰纹样、制作工艺等方面有诸多的相似或相同因素。如錾耳杯、錾耳罐、折肩罐、高足杯、带指环的壶、花瓣形碗、联珠纹、摩羯纹、狮子衔绶纹、金珠细工技术等，有的完全是波斯、粟特、拜占庭式的造型与风格，有的为仿这些国家和地区的制品，而辽金金银器上的莲花纹、宝相花纹等影响了西方国家的装饰艺术。因此，辽金时期的金银器在很大程度上是草原丝绸之路繁盛的具体表现。

---

① ［汉］司马迁撰：《史记》卷一一〇《匈奴列传》，北京，中华书局点校本，1959年。

参考文献

1. 文物出版社主办:《文物》月刊。

2. 中国社会科学院考古研究所主办:《考古》月刊。

3. 中国社会科学院考古研究所主办:《考古学报》季刊。

4. 黑龙江省文物局主办:《北方文物》季刊。

5. 陕西省考古研究所、洛阳文物工作队主办《考古与文物》双月刊。

6. 内蒙古自治区文化厅、内蒙古考古博物馆学会主办:《内蒙古文物考古》半年刊。

7. 内蒙古文物工作队编:《内蒙古文物资料选辑》,呼和浩特,内蒙古人民出版社,1962年。

8. 内蒙古文物工作队编:《内蒙古文物资料续辑》,内部资料,1984年。

9. 内蒙古自治区文物考古研究所编:《内蒙古文物考古文集》第一、二辑,北京,中国大百科全书出版社,1994年、1997年。

10. 内蒙古自治区文物考古研究所编:《内蒙古文物考古文集》第三辑,北京,科学出版社,2004年。

11. 内蒙古自治区文化厅编:《草原文化》,香港,商务印书馆,1996年。

12. 张景明:《中国北方草原古代金银器》,北京,文物出版社,2005年。

13. 内蒙古自治区文物考古研究所、哲里木盟博物馆：《辽陈国公主墓》，北京，文物出版社，1993 年。

14. 孙莉：《四川彭州宋代金银器窖藏》，北京，科学出版社，2003 年。

15. 陆九皋、韩伟：《唐代金银器》，北京，文物出版社，1985 年。

16. 韩伟：《海内外唐代金银器萃编》，西安，三秦出版社，1989 年。

17. 齐东方：《唐代金银器研究》，北京，中国社会科学出版社，2003 年。

18. 齐东方主编：《花舞大唐春》，北京，文物出版社，2003 年。

19. 谭前学：《盛世遗珍：唐代金银器巡礼》，西安，三秦出版社，2003 年。

20. 冉万里：《唐代金银器纹样的考古学研究》，日本株式会社雄山阁，2007 年。

21. 龚国强：《与日月同辉：中国古代金银器》，成都，四川教育出版社，1998 年。

22. 徐湖平：《南京博物院珍藏系列——金银器》，上海，上海古籍出版社，1999 年。

23. 李飞：《中国传统手工艺文化书系·中国传统银器》，北京，人民美术出版社，2005 年。

24. 吕济民等：《中国传世文物收藏鉴赏全书·金银器卷》，北京，线装书局，2007 年。

25. 张静、齐东方：《古代金银器》，北京，文物出版社，2008 年。

26. 李飞：《中国传统金银器艺术鉴赏》，杭州，浙江大学出版社，2008 年。

27. 朱天舒：《辽代金银器》，北京，文物出版社，1998 年。

28. ［宋］欧阳修、宋祁撰：《新唐书》，北京，中华书局点校本，1975 年。

29. ［宋］叶隆礼撰，贾敬颜、林荣贵点校：《契丹国志》，上海，上海古籍出版社，1985 年。

30. ［元］脱脱等撰：《辽史》，北京，中华书局点校本，1974 年。

31. ［元］脱脱等撰：《金史》，北京，中华书局点校本，1974 年。

32. ［元］脱脱等撰：《宋史》，北京，中华书局点校本，1977 年，第 4563 页。

33. ［宋］宇文懋昭撰：《大金国志》，北京，中华书局点校本，1986 年。

34. ［宋］徐梦莘撰：《三朝北盟会编》，上海，上海古籍出版社点校本，1987 年。

35. 冯继钦、孟古托力、黄凤岐：《契丹族文化史》，哈尔滨，黑龙江人民出版社，1994 年。

36. 田广林：《契丹礼俗考论》，哈尔滨，哈尔滨出版社，1995 年。

37. 张碧波主编：《中国古代北方民族文化史》，哈尔滨，黑龙江人民出版社，2001 年。

38. 董恒宇、马永真、王学俭主编：《论草原文化》第一辑，呼和浩特，内蒙古教育出版社，2005 年。

39. 胡匡敬、王学俭、董汉忠主编：《论草原文化》第二辑，呼和浩特，内蒙古教育出版社，2006 年。

40. 马永真主编：《论草原文化》第三辑，呼和浩特，内蒙古教育出版社，2007 年。

41. 董恒宇、马永真、主编：《论草原文化》第四辑，呼和浩特，内蒙古教育出版社，2008 年。

42. 王健群、陈相伟：《库伦辽代壁画墓》，北京，文物出版社，1989 年。

43. 马永真、王学俭、钱荣旭主编：《论草原文化》第五辑，呼和浩特，内蒙古教育出版社，2009 年。

44. 马永真等主编：《论草原文化》第六辑，呼和浩特，内蒙古教育出版社，2009 年。

作者关于金银器研究方面的成果

1.《中国北方草原古代金银器》，北京，文物出版社，2005 年。

2.《辽代金银器概述》，《继往开来——内蒙古博物馆文集》，呼和浩特，内蒙古人民出版社，1997 年。

3.《论北方草原地区的汉代金银器》，《远望集——纪念陕西省考古研究所四十周年华诞》，西安，陕西人民美术出版社，1998 年。

4.《内蒙古地区蒙元时期的金银器》，《内蒙古文物考古》1999 年第 2 期。

5.《论辽代早中期金银器的唐风格》，《内蒙古大学学报》（社科哲学版）1999 年第 5 期。

6.《金步摇冠饰》，《中国文物报》1999 年 2 月 7 日第 3 版。

7.《辽代金银器的器形、纹饰演变及工艺》，《北方文物》2000 年第 1 期。

8.《论辽代金银器》，《考古与文物》2001 年第 2 期。

9.《辽代金银饮食器的文化内涵》，《饮食文化研究》（香港）2001 年第 1 期。

10.《内蒙古凉城县小坝子滩的金银器窖藏》，《文物》2002 年第 8 期。

11.《鲜卑金银器及相关问题》，《内蒙古文物考古》2002 年第 1 期。

12. 《内蒙古发现的隋唐金银器研究》，《考古与文物》2002年增刊。
13. 《北方草原的金银器》，《中华文化画报》2004年第1期。
14. 《中国北方草原的金银器艺术》，《典藏·古美术》（台湾）2005年第8期。
15. 《辽代金银器的特征及造型艺术》，《大连大学学报》（社会科学版）2006年第1期。
16. 《辽代金银器中之西方文化和宋文化的因素》，《内蒙古大学艺术学院学报》2006年第1期。
17. 《匈奴金银器造型艺术的文化象征》，《民族艺术》2006年第2期。
18. 《辽代金银器在社会生活和风俗习惯中的反映》，《中国古代社会与思想文化研究论集》，哈尔滨，黑龙江人民出版社，2006年。
19. 《中国古代北方草原的金银器与中西文化交流》，《中国古代社会与思想文化研究论集》（第二辑），黑龙江人民出版社，2007年。
20. 《论金银器在草原丝绸之路文化交流中的作用》，《论草原文化》（第四辑），呼和浩特，内蒙古教育出版社，2008年。
21. 《北方草原地区鲜卑金银器造型艺术研究》，《民族艺术》2008年第1期。
22. 《辽代金银器造型艺术的唐文化因素》，《论草原文化》（第六辑），呼和浩特，内蒙古教育出版社，2009年。
23. 《北方游牧民族造型艺术的风格与思想表述》，《内蒙古社会科学》2010年第3期。

后 记

早在 1993 年，国家文物局一级文物鉴定专家组来到内蒙古，工作期间鉴定了很多金银器，并且提出了内蒙古地区出土的金银器是中国出现金银器最早的地区之一的观点。受此影响，从此作者走上了研究中国北方草原地区金银器之路。经过十多年的努力耕耘，终结累累硕果。完成了《中国北方草原古代金银器》、《金银器与草原丝绸之路》与《辽代金银器研究》“三部曲”。《辽代金银器研究》是 2005 年辽宁省哲学社会科学规划基金项目的主要研究成果，虽然有些内容在前两部专著中有所论述，但只是作为书中的一部分内容出现，没有形成系统的研究成果。经过整理编排和深入研究，形成了这部拙著。

中国北方草原地区的金银器，最早出现的时间可以追溯到夏代，比中原地区和南方地区出现的时间都要早。到了西周至春秋中期，金银器的数量逐渐增多，除了衣饰品外，还在兵器上装饰，并出现了草原文化的精髓——动物纹装饰，与亚欧草原的马具、兵器、野兽纹等文化特征融为一体。汉代以后，金银器继续发展，直到辽代契丹民族控制北方草原地区时期，创造了本民族所特有的金银器文化，从考古发现看，种类、分布、造型等看都是前代民族和后代民族所不能比及的，与我国中原地区、南方地区，西方国家进行文化交流，使其金银器的发展达到了鼎盛时期，并在辽代的政治、经济、文化、社会生活等方面都有具体的表现。这也是作者之所以将辽代金银器作为一个专题来研究的主要原因。

在本书作为辽宁省哲学社会科学规划基金项目的申报中，经过课题组成员——大连大学中国东北史研究中心王禹浪教授、中国古代社会与思想文化研究中心王善军教授、中国人民大学历史学院马利清博士、河北大学宋史研究中心肖爱民博士等共同努力，使课题得以申报成功，也使作者能够完成本课题的研究工作。在项目的结题过程中，辽宁省社会科学院历史研究所的廖晓晴研究员、民族研究所的张佳生研究员，辽宁师范大学历史文化旅游学院的田广林教授，大连大学人文学部的刘毅教授、语言文化研究所的王立教授，为本项目写了鉴定意见。本书的图片拍摄由内蒙古博物院副研究馆员孔群先生和作者完成，绘图由大连大学美术学院教师谢天、刘洪帅、孙晓毅完成。在此对以上诸位师友的帮助表示真挚的感谢。

张景明于滨城大连寓所

2009 年 12 月 1 日